企业经济管理理论创新与发展研究

陆 昊 于 水 姜小花 著

中国商业出版社

图书在版编目（CIP）数据

企业经济管理理论创新与发展研究 / 陆昊，于水，姜小花著. -- 北京 ：中国商业出版社，2023.7

ISBN 978-7-5208-2587-0

Ⅰ. ①企… Ⅱ. ①陆… ②于… ③姜… Ⅲ. ①企业管理-经济管理-研究 Ⅳ. ①F272

中国国家版本馆 CIP 数据核字（2023）第 155473 号

责任编辑：黄世嘉

中国商业出版社出版发行

（www. zgsycb. com　100053　北京广安门内报国寺 1 号）

总编室：010-63180647　编辑室：010-6303 3100

发行部：010-83120835/8286

新华书店经销

北京虎彩文化传播有限公司印刷

*

710 毫米×1000 毫米　16 开　16. 25 印张　349 千字

2023 年 7 月第 1 版　2023 年 7 月第 1 次印刷

定价：58. 00 元

* * * *

（如有印装质量问题可更换）

前言

FOREWORD

在当前不断发展的经济社会和经济环境下，任何市场因素、政治因素、人为因素以及一些突发事件都可能对我国的各种经济体造成影响。因此，企业经济管理创新活动的意义变得十分重要，这种创新活动既是为了调整过去的经济体制和工作方法，也是为了增强各个经济体的应变能力，更是验证它们的执行力和把控力。任何一次创新活动都是一个复杂且漫长的过程，都将涉及各个部门、全体员工以及规章制度，只有企业中的各个部门及员工之间同步和谐，才能均衡地实现企业目标。

全书主要内容包括经济与管理的关系、经济管理研究的内容以及经济管理中的若干问题、企业的主要管理活动和企业在经济发展中的作用等，重点对经济管理的创新策略以及企业经济管理创新与发展等内容进行详细的阐述。

本书由烟台工程职业技术学院的陆昊、于水、姜小花编写，从经济管理理论的基本问题、企业发展研究入手，回答了企业发展等问题，以期为学者进行更深入更持续的研究提供启发和借鉴。

为了确保研究内容的丰富性和多样性，本书在写作过程中参考了大量文献，在此向相关专家学者表示衷心的感谢。由于水平有限，书中难免存在疏漏之处，恳请各位读者不吝指正，以期进一步完善。

作者

2023 年 1 月

目录

CONTENTS

第一章　企业管理基础理论 …… 1
第一节　现代企业经营管理 …… 2
第二节　现代企业生产管理 …… 18
第三节　现代企业战略管理 …… 42
第二章　企业经济发展中的管理创新 …… 57
第一节　创新理论及其发展 …… 58
第二节　管理创新在企业发展中的作用 …… 68
第三节　管理理论的发展与创新 …… 73
第三章　企业商业模式创新 …… 81
第一节　商业模式创新主导的企业创新 …… 83
第二节　商业模式 …… 85
第三节　互联网商业模式创新 …… 90
第四节　创新网络与创新型企业的商业模式 …… 98
第四章　企业营销模式创新 …… 105
第一节　营销创新的内涵 …… 106
第二节　营销观念创新 …… 109
第三节　绿色营销与知识营销 …… 114
第四节　关系营销与全球营销 …… 130
第五节　互联网营销 …… 135
第五章　企业投资与资本运营创新 …… 141
第一节　企业内部与外部投资 …… 142
第二节　“互联网+”下的流动资产与债务管理 …… 147

第六章　网络经济条件下的企业战略转型 ………………… 165
第一节　企业战略转型理论概述 ………………………… 166
第二节　网络经济对企业发展的影响 …………………… 171
第三节　网络经济条件下企业战略转型的要求 ……… 177
第四节　网络经济条件下企业战略成功转型的对策 ………………………………………………………… 183
第七章　企业财务体系建设的创新 …………………… 187
第一节　财务数字化建设的路径 ………………………… 188
第二节　数字化财务助力企业价值提升 ………………… 230
第三节　数字化财务的未来 ……………………………… 245
参考文献 ………………………………………………………… 251

第一章

企业管理基础理论

第一节　现代企业经营管理

一、现代企业经营管理概论

（一）企业经营管理的含义与职能

1. 企业经营管理的含义

企业经营管理是指在市场经济条件下，对企业经营活动具有支配作用的人们，面向市场和用户的需要，平衡企业内外一切条件和可能，自觉地利用价值规律，通过一系列的运筹、谋划活动去达成企业目标。企业经营管理是一个连续不断的循环过程。现代企业经营管理是现代企业管理的重要组成部分。

2. 企业经营管理的职能

（1）决策职能

决策职能是企业经营管理的基本职能，企业经营管理过程中无时无刻不在进行着决策，因此，经营管理在一定程度上就是决策。在企业经营管理中，决策是指为了达到某个特定的目标，在经过详细的调查和严密分析的基础上，借助一定的科学手段和方法，从两个以上的可行方案中，选择最优方案，并付诸实施的过程。

（2）计划职能

计划职能是在调查研究和总结经验的基础上，预测未来，以一种合理的、经济的和系统的方式对企业未来的发展目标作出决策，然后把确定的目标进行具体安排，制订长期和短期计划，确定实现计划的措施和方法。

（3）协调职能

协调职能是指消除管理过程中各环节、各要素之间的不和谐状态，加强相互之间的合作，达到同步配合发展的目的。协调可分为对外协调和对内协调、垂直协调和水平协调。对外协调是指本企业与外界环境之间的协调，如企业与国家、市场和其他单位之间的协调；对内协调是指企业内部各部门、各环节之间的协调。垂直协调是指对上下级机构和人员之间的纵向协调；水平协调是指企业内部各部门、各单位之间的横向协调。

（4）开发职能

在企业经营管理中开发职能的重点在于产品的开发、市场的开发、技术的开发、人才的开发等方面，有效的经营管理必须善于有效地开发和利用各种资源。

（5）财务职能

财务职能是指资金的筹措、运用与增值。企业的经营管理过程始终与财务活动相伴随，企业各项经营管理活动的计划与决策都离不开对财务因素的考虑，因此，财务职能已经逐渐成为合格的管理者应具备的一项基本职能。

（6）公关职能

企业是社会经济系统的一个子系统，是进行经济活动的基本单位。企业与社会经济系统的诸多环节保持协调一致的职能是公关职能。公关职能要求管理者以企业为中心，有意识地进行积极的协调和必要的妥协，使各种利益团体根据各自的立场，对企业的生存与发展给予承认与合作。

（二）企业经营思想与经营目标

1. 企业经营思想

企业经营思想又称为企业经营哲学，是指贯穿企业经营活动全过程的指导思想，它是由一系列观念或观点构成的，是对企业经营过程中发生的各种关系的认识和态度的总和。具体包括以下六个观念。

（1）市场观念

树立市场观念，就是要以市场为导向，不断开发市场需要的产品，满足市场的需要，并创造市场需求。

（2）客户观念

客户是市场与消费者的具体组成部分，满足市场的需求要从研究客户入手，树立客户至上的理念。

（3）竞争观念

在市场经济条件下，企业时刻面临着竞争，企业要敢于竞争，又要善于竞争，要懂得竞争与合作并存，而不是盲目地竞争。

(4) 创新观念

企业的生命力在于创新能力。创新观念既包括产品创新、服务创新、技术创新，也包括经营理念与方式创新。

(5) 开发观念

开发观念要求企业经营者善于将企业中的资金、物质资源、人力资源、市场资源、技术资源、信息资源、管理资源等各种资源不断开发，并合理利用。

(6) 效益观念

企业经营的根本目的包括实现社会效益和经济效益两个方面，这也是企业经营的任务所在。企业的社会效益包括以产品或服务满足社会需求、为社会提供就业机会、树立价值典范等；经济效益是指企业经营中产生的利润。

2. 企业经营目标

经营目标是企业在一定时期内，其生产经营活动所期望达到的最终目的。根据经营目标的重要性划分，可以将经营目标分为战略目标与战术目标。战略目标是指企业经营活动的方向和所要达到的水平，包括成长性目标，如销售额与销售增长率、利润额与利润增长率、资产总额、设备能力、品种、生产量等；稳定性目标，如经营安全率、利润率、支付能力等；竞争性目标，如市场占有率等。战术目标是战略目标的具体化，一般具有短期性。

(三) 企业经营环境分析

企业经营环境分析包括外部环境分析和内部环境分析两大部分。企业外部环境分析包括对政治环境、经济环境、法律环境、社会文化环境、科学技术环境、自然地理环境等方面的分析。内部环境分析包括对企业资源、内部管理、市场营销能力、财务状况、研发能力、生产能力、营运能力等方面的分析。

(四) 企业竞争分析

美国学者迈克尔·波特提出了产业竞争结构分析模型，即五力分析法。他认为，一个产业的竞争状态取决于五种基本的竞争力量，即潜在竞争者进入的能力、购买者的议价能力、替代品的替代能力、供应者的议价能力、行业现有企业的竞争能力。

五力分析法可以让企业清楚地分析所在行业中的竞争状况以及竞争压力的来源，使企业能够正确地采取措施应对竞争。

二、现代企业经营决策与计划

（一）经营决策及分类

经营决策是指企业为了达到一定的经营目标，在国家宏观产业政策与规划的指导下，在市场调查和市场预测的基础上，运用科学的方法，根据一定的价值准则，从两个或两个以上的备选方案中，选择一个比较满意方案的过程。

企业决策主要涉及企业总体发展战略模式的选择、经营战略目标的抉择、经营策略的制定等问题。企业经营决策可以按照不同的标志加以分类。

1. 根据决策问题的性质分类

（1）战略性决策

战略性决策是指有关企业长期发展的决策，如决定企业的经营方针、经营目标、经营组织、企业的合作与联盟、生产规模、长期投资、产品更新换代等。

（2）管理性决策

管理性决策是战略决策的具体化，是属于执行战略决策过程中的战术性决策，是对企业的人、财、物等资源进行合理安排的决策。

（3）业务性决策

业务性决策是指在日常经营活动中为提高工作效率所作的决策。

2. 根据决策者在企业组织中的层次分类

（1）高层决策

高层决策是指企业最高领导所作的决策。它所解决的问题通常是全局性的以及与外界环境有密切联系的重大问题。越是高层决策，越具有战略性和长期性的特点。

（2）中层决策

中层决策是指企业中层管理人员所作的决策。这类决策所涉及的问题大多是安排一定时期的任务，或解决生产中存在的某些矛盾。

（3）基层决策

基层决策是指企业基层管理人员所作的决策，这类决策主要是解决日常作业任务中的问题。

3. 按决策问题是否重复出现分类

（1）程序性决策

这类决策多是解决经常重复发生的问题，只要环境基本不变，这些程序可以重复使用解决同类问题。

（2）非程序性决策

这类决策解决的问题不常出现，属于无法用常规办法来处理的一次性非例行的新决策。

4. 按决策问题所处的条件不同分类

（1）确定型决策

确定型决策是指各种可行方案所需要的条件都是已知的，并且一个方案只有一种确定结果的决策。

（2）风险型决策

风险型决策是指在决策变量中存在着不可控因素，可能遇到各种不同的情况（自然状态），从而引起不同结果，但对各种不同情况可以预计出它们发生的概率，因而其决策结果是具有风险性的。

（3）不确定型决策

不确定型决策与风险型决策类似，但不确定型决策条件下各种情况出现的概率无法估计，因而其结果是完全不能确定的，如新产品开发决策等。

（二）经营决策的原则与程序

1. 经营决策的原则

一个高质量的决策，除了具有好的决策基础和运用科学的决策方法外，还必须遵循一些基本原则。

（1）全局性原则

经营决策要有全局观念，必须从社会的整体利益出发，使企业的发展方向与社会需要相一致。

（2）整体性原则

企业的决策是多种多样的，为了实现企业的整体目标，从高层决策到基层决策必须在整体方向上一致。

（3）可行性原则

可行性原则要求企业经营决策从实际出发，所选方案一定要在市场上、技术上、经济上、社会上、实践上均可行。

（4）经济效益原则

企业作为经济组织，其决策必须把经济效益放在首位，既要考虑企业的经济效益，又要考虑社会经济效益。

2. 经营决策的程序

要作出正确的决策，必须有一个科学的决策程序，它主要分为提出问题、确定决策目标、收集资料、拟订多种方案、选择最满意方案、实施方案及反馈六个步骤。

（三）经营决策方法

根据决策问题所处的条件，企业的决策方法可以分为确定型、风险型和非确定型三类。

1. 确定型决策方法

确定型决策所处理的未来事件的各种自然状态是完全稳定而明确的。线性规划法和盈亏平衡分析法是两种常用的确定型决策方法。

2. 风险型决策方法

风险型决策的特点是对问题的未来情况不能事先确定，是随机的，但对未来情况发生的各种可能情况的概率是可以知道的。根据各种情况的概率和损益值计算得到各方案的期望值，对不同方案的期望值进行比较，期望值大的方案为最优方案。风险型决策可以采用决策表法和决策树法。

3. 非确定型决策方法

非确定型决策的特点是对问题的未来情况不但无法估计其结果，而且也无法确定在各种情况下结果发生的概率。在这种情况下，方案的选择主要取决于决策者的经验，对企业和环境状况的分析判断能力，以及审时度势的胆略。非确定型决策方法主要有以下几种。

（1）大中取大法

大中取大法又称乐观决定法。这一抉择标准的基本思想是持乐观态度，先从各方案中取出其最大收益值，然后从选出的最大值中再选出最大值，以最大值所在方案为决策方案。这种方案常常为敢冒风险的进取型决策者所采用。

（2）小中取大法

小中取大法又称悲观决定法。这一抉择标准的基本思想是对客观情况持悲观态度，把不利因素看得较重，在每个方案中选定一个最小收益值，在所有最小收益值中再选取其中最大者为最优方案。如果是损失值，则选取损失最大值中最小者为最优方案。采取此种方法的决策者通常为稳重型。

（3）等概率法

等概率法是在假设自然状态出现的概率相等情况下，选取期望收益值最大方案为最优方案的方法。

（4）后悔值法

后悔值法又称最大后悔值中求最小值法。决策者往往都有因情况变化而后悔的经验，希望能使选定方案后可能出现的后悔值达到最小，因此，就可以把后悔值作为一个决策标准来进行决策。首先，后悔值法要找出每种自然状态下的最大收益值；其次，分别求出每种自然状态下各方案的后悔值（后悔值=最大收益值-方案收益值）；再次，编制后悔矩阵表，找出每个方案的最大后悔值；最后，比较各个方案的最大后悔值，选取最大后悔值中最小者为最优方案。

（四）经营计划的编制

经营计划是指在经营决策基础上，根据经营目标对企业的生产经营活动和所需要的各项资源，从时间和空间上进行具体统筹安排所形成的计划体系。不同的经营计划，其编制方法也不相同。

1. 长期经营计划的编制

长期经营计划的编制一般分为以下三个阶段。

（1）分析阶段

这个阶段在明确企业经营战略的基础上调查分析企业的内部条件和经营环境。

（2）设定目标阶段

这个阶段通过外部环境和内部条件的分析，发现企业存在的问题，设定企业发展目标。

（3）计划编制阶段

这个阶段通过设定的企业发展目标来编制企业的各项长期经营计划。

2. 年度经营计划的编制

年度经营计划的编制，应经历以下四个步骤。

（1）调查研究收集资料

通过广泛的调查研究，收集市场信息和企业内部状况信息。

（2）统筹安排确定计划目标

在充分使用信息资料和分析的基础上，提出年度企业总目标、各部门目标等。

（3）拟订评价方案

目标确定以后，就要确定保障目标实现的计划方案中的各项指标水平，并进行综合平衡。

（4）编制计划草案

在综合平衡的基础上，由计划部门审核汇总各有关部门编制的专业计划，拟订出企业年度经营计划草案，经上级批准后成为企业的正式计划。

（五）经营计划的控制

经营计划的控制就是在计划执行过程中，根据原定的计划指标或标准，对计划执行情况和结果进行经常的检查和监督，及时发现偏差，查明原因，采取措施加以纠正，使其达到原定的计划目标，或者进行适当的调整。

经营计划的控制包括事前控制、事中控制和事后控制。事前控制是指计划执行前对各种将要输入的资源，如材料、设备、人员以及信息等进行控制，尽量做到标准化。事中控制即过程控制，是指在运行过程中，及时发现问题，并加以解决。事后控制是计划执行至一个阶段，将实际结果与标准比较，发现差异，并采取改进措施。

计划控制常采用的方法是滚动计划法。滚动计划法就是按照“近细远粗”的原则，把近期的计划订得具体些，较远期的计划订得宏观些；每年（或每期）根据计划执行的结果以及出现的新情况，对下几期的计划进行调整、修改，并将计划向前滚动顺延一个时期。

三、现代企业新产品开发与管理

（一）新产品及新产品开发程序

1. 新产品的概念

工业企业的新产品是指国内、本地区内、本企业内第一次试制成功的产品，或原来生产过，但做了重大改造，在结构、技术性能、材质等几方面或一方面有显著改进和提高的产品。

2. 新产品开发程序

开发新产品是一项十分复杂并且风险很大的工作。一般来说，一项新产品从构思到成功上市的发展过程，需要经过市场调研阶段、寻求创意阶段、新产品开发创意的筛选阶段、新产品开发决策和设计任务书编制阶段、新产品设计阶段、新产品试制阶段、新产品试验与评价鉴定阶段、市场试销阶段、正式生产和销售九个阶段。

（二）新产品开发管理

新产品开发是一个复杂的系统工程，为了使新产品开发能够顺利进行，企业在新产品的规划、评价和组织管理工作方面应进行适当安排，以取得预期成果。

1. 新产品开发管理的作用

新产品开发管理工作主要是进行具体的规划、预算，进行机构设置和人员配备，并进行过程控制，以保证新产品开发活动的顺利进行。

2. 新产品开发的组织形式

新产品开发需要创新作为动力，因此，企业进行该项活动应具有不同的组织形式。目前应用最广泛的新产品开发的组织形式包括以下几种：设立临时的新产品开发组织、设立专门的新产品开发委员会、设立矩阵小组、设立产品经理、设立独立的新产品部门、依靠外部组织、依靠上游企业与下游企业的配合。

（三）新产品营销策略

新产品营销策略的选择首先要明确营销目标。新产品的营销目标就是向目标市场的消费者传递新产品的信息，激发他们的购买动机，进而产生购买行为，实现产品创新利润。新产品进入市场的时间不同，其营销策略也是不同的。

1. 早期进入市场策略

早期进入市场策略是指在新产品生命周期的第一阶段，即投入期，领先于竞争对手率先推出自己的产品。这一策略的优点在于可以建立行业的进入壁垒，并获得领先的市场地位。然而，在这一时期市场存在着高风险和不确定因素，因此，在产品定价、渠道选择等方面需要谨慎考虑。

2. 同期进入市场策略

同期进入市场策略是指与其他厂商同时或在十分接近的时间里将新产品推向市场。在这段时间，消费者还没有对一种品牌形成偏好。这一时期应该迅速定位，进入并占领一个细分市场。

3. 晚期进入市场策略

晚期进入市场策略是指等竞争对手进入市场后，再将自己的新产品推向市场。采取晚期进入市场策略是为了取得长期竞争优势。晚期进入市场一方面可以规避风险，另一方面可以学习对手的经验。实施该项策略也要通过对手的市场开拓和对消费者偏好的了解，发现自己新产品的特点和可能的消费者，还要善于发现未被开拓的细分市场。

四、现代企业物流管理

（一）物流与物流管理

我国《物流术语》国家标准将物流定义为："物品从供应地向接收地的实体流动的过程，根据实际需要，将运输、储存、装卸、搬运、包装、流通加工、配送、信息处理等基本功能有机结合起来，以实现用户需要的过程。"

物流是现代经济中不可或缺的一环，它是产品从生产到消费的流动过程中的重要组成部分。随着经济全球化和信息技术的发展，物流的作用越来越受到重视。物流不仅关乎企业的生产效率和经济效益，还关系到国家的经济发展和国际竞争力。

物流管理是实现物流优化的核心要素之一，它是物流活动中各种资源的计划、组织、调度、控制和协调的过程，以最小的物流成本为前提，满足客户的需求和企业的利益最大化。物流管理包括供应链管理、库存管理、运输管理、配送管理、信息管理等多个方面，通过对物流环节的科学规划、有效协调和高效管理，使物流系统的各个环节形成一个紧密有序的整体，达到最优的物流效果。

（二）现代企业物流

企业物流是指企业在生产经营活动中所涉及的物流活动，包括物流规划、物流组织、物流控制、物流信息化和物流服务等方面的工作。其主要目标是实现物流活动的高效、低成本和高服务水平，以满足消费者对产品质量、交货时间、价格等方面的需求。

在实践中，企业物流通常包括采购物流、生产物流、销售物流和售后服务物流等方面。采购物流主要包括供应商管理、采购计划和采购执行等环节；生产物流则包括生产计划、生产调度、物料配送和工厂仓储等环节；销售物流则包括订单管理、仓储配送、运输管理和客户服务等环节；售后服务物流则包括产品维修、售后配件供应和退换货管理等环节。

现代企业物流具有以下特点。

1. 系统化

物流最优化的时候，是从系统的角度出发，通过物流各项功能的最佳结合，使企业整体物流功能最强大。

2. 总成本最小化

物流系统各功能要素之间存在效益背反现象，常被称为“交替损益”。例如，减少库存量能节省保管费，但必然会加大运输次数而使运费增加；减少包装可以减少包装费，但可能会导致物料破损率的增加等。因此，必须通过物流各功能活动的相互配合和总体协调，来达到物料总成本最小化的目的。

3. 信息化

现代企业物流通过信息系统将各项物流功能活动有机结合在一起，使企业能够实时控制物流系统的协同运作。

4. 服务性

企业的物流活动与生产经营活动紧密相连，不可分开，为企业生产经营活动服务，是服务性的系统。

5. 柔性化

现代企业物流的柔性化意味着与制造业的柔性化相配套，能够对顾客的需求作出快速反应，既能及时调整物流作业，又能有效地控制物流成本。

（三）企业物流现代化

企业物流现代化是指在顾客先导和顾客满意的思想指导下，不断地以先进、适用的物流技术和物流方法取代或改造传统的或落后的物流技术和物流方法，提高物流作业的可靠性及效率和效益。企业物流现代化的过程是不断通过先进的物流思想、物流系统以及优秀的物流人员来提高物流服务水平及其顾客满意度，并不断降低物流总成本。企业物流的发展趋势分为以下几点。

1. 物流一体化和供应链一体化

物流一体化是指企业的各项物流功能能够很好地协调；供应链一体化是指供应链上的企业之间进行合作，以达到供给与需求协调一致。

2. 企业物流国际化

企业经营活动国际化就要求企业的物流活动必然朝着国际化方向发展。

3. 企业物流管理现代化

企业物流管理现代化是指物流企业不仅操作流程要规范化，而且物流容器、器具也要规范化，要用先进的管理思想去管理物流企业。

4. 企业物流技术现代化

物流技术的发展推动了物流企业的现代化，企业物流现代化必须以物流技术现代化为前提。

五、现代企业销售管理

（一）销售管理概述

美国经济学家科特勒在《营销管理》一书中对营销管理的定义如下：营销管理是为了实现各种组织目标，创造、建立和保持与目标市场之间的有益交换和联系而设计的方案并进行分析、计划、执行和控制。美国印第安纳大学的达林普教授对销售管理的定义如下：销售管理是计划、执行及控制企业的销售活动，以达到企业的销售目标。由此可见，销售管理是制定并执行市场营销策略，并对销售活动进行管理。

（二）销售计划管理

销售计划是指在进行销售预测的基础上，设定销售目标数额，并进行任务分配，随后编写销售预算，来支持未来一定期间内销售配额的达成。

销售计划是各项计划的基础。销售计划书应包含以下内容。

1. 市场分析

企业应对市场情况进行全面、深入的分析，包括市场规模、市场结构、竞争格局、消费者需求等方面。通过市场分析，企业可以确定产品的定位和目标消费群体，为后续销售活动提供指导。

2. 销售方式

企业应根据产品特点和市场需求选择合适的销售方式，包括直销、代理、批发等方式。同时，企业还应考虑网络销售等新型销售方式的应用，提高销售渠道的覆盖面和效率。

3. 客户管理

客户是企业销售活动的重要对象，对已有客户进行服务、维护和拓展，对潜在客户进行跟进和开发，是企业销售计划的重要组成部分。企业应建立健全客户管理体系，提高客户满意度和忠诚度。

4. 销量任务

销售计划的核心是要明确销售任务，即制订具体的销售目标和计划，以实现销售业绩的增长。企业应根据市场需求、产品特点和销售能力等因素，制定合理的销售任务和指标，并通过营销策略和销售技巧等手段，完成既定的任务。

5. 考核时间

销售计划可分为年度销售计划、季度销售计划、月销售计划等多个层次，每个层次都应有相应的考核时间。企业应根据自身情况和市场变化，适时调整销售计划和考核时间，以保证计划的有效性和可行性。

6. 总结

销售计划的最后一个环节是总结，对前一时间段的销售计划进行评估和反思。企业应根据销售计划的执行情况和市场反馈情况，进行适当的调整和改进，不断提高销售计划的精准度和效果。

此外，销售计划书还应包含销售预算、销售策略和销售流程等内容。

（三）销售人员管理

销售人员管理又称销售人力资源管理，是为组织的销售机构吸收、开发和保留合格工作人员的活动。主要包括销售人员规模设计、销售人员的激励方式和销售人员考评。

1. 销售人员规模设计

企业销售人员的数量多少一般受企业的业务增长情况和人员流动率两个因素的影响。对于销售人员的配置方法，可按地区分派、按产品分派、按不同顾客分派或按综合因素分派。

2. 销售人员的激励方式

对销售人员的激励方式主要有以下几种。

（1）环境激励

环境激励是指企业创造一种良好的工作氛围，使销售人员能心情愉快地开展工作。

（2）目标激励

目标激励是指为销售人员确定一些拟达到的目标，如通过销售额、访客数等为目标来激励销售人员上进。

（3）财务激励

财务激励主要有薪金、佣金、奖金、福利等形式。

（4）精神激励

精神激励是指对作出优异成绩的销售人员给予表扬，以此来激励销售人员追求上进。

（5）授权激励

授权是责权一起授，要求尽可能明确每个被授权销售人员应负的责任，让他们承担更多的任务，并享有相应的权利，完成得好还应给予奖励。

（6）竞赛激励

销售竞赛是为了鼓励销售人员超常发挥，为达到短期的特定目标而开展的比赛。竞赛中的优胜者可以得到财务或非财务报酬的机会。

（四）客户管理

客户管理是指对客户的业务往来关系进行管理，并对客户档案资料进行分类和处理，从而与客户保持长久业务关系。客户管理包括以下四方面内容。

1. 客户基本资料管理

客户基本资料管理是对客户最基本的原始资料的管理，如客户的性别、住址、工作单位、电话等。

2. 交易状况管理

交易状况管理的内容，首先包括销售实绩、经营管理者和业务人员的素质、与其他竞争者的关系、与本公司的业务关系及合作态度等；其次包括销售活动现状、存在的问题、保持的优势、企业的形象、声誉、信用状况、交易条件等。

3. 客户关系管理

客户关系管理是通过与顾客的感情沟通、良好的服务等方式追求客户满意，培养客户的忠诚度，在此基础上建立起稳定的客户关系。

4. 客户风险管理

客户风险管理是指及时收回货款，防止客户出现经济困难或倒闭而带来的不能回款等销售风险。

六、现代企业跨国经营管理

（一）跨国经营概述

企业的跨国经营又称企业的国际化经营，是指企业为了寻求更大的市场、寻找更好的资源、追逐更高的利润而突破一个国家的界限，在两个或两个以上的国家从事生产、销售和服务等活动。

（二）跨国经营形式

1. 收购兼并当地企业

收购兼并是指一个企业通过购买另一个现有企业的股权而接管企业的方式。

（1）收购

收购根据对象不同分为两种：资产收购和股权收购。实际中通常采用股权收购。

（2）兼并

兼并分为三种形式：横向兼并，即同行企业的兼并；纵向兼并，即具有密切的投入产出关系的同一生产过程前后企业的兼并；综合兼并，即没有共同工艺或投入产出关系的企业进行的跨行业企业之间的兼并。

2. 投资创建国外企业

其形式可以分为两种：建立国际独资企业和建立国际合资企业。

（1）建立国际独资企业

国际独资企业是指外国投资者遵照东道国的法律，在东道国境内设立的全部资本为外国投资者所有的企业，外国投资者对该企业具有全部所有权的控制权，并对企业承担全部责任和风险。

（2）建立国际合资企业

国际合资企业是指跨国公司与东道国企业依照当地法律在其境内共同投资，共同经营一家企业。

3. 非股权经营

非股权经营是指跨国公司在东道国企业中不参与股份，通过向东道国企业提供技术、管理、销售渠道等与股权没有直接联系的各项服务（无形资产），参与企业的经营活动，从中获取相应的利益与报酬。它的形式很多，最常见的有许可证贸易、合同安排和技术咨询三种。

（三）跨国经营管理

1. 跨国经营的战略选择

企业进行跨国经营决策时，首要问题就是选择一个比较有利的国际目标市场，据此在经营目标、经营区域、经营行业等方面作出正确的战略抉择。

企业跨国经营的目标选择有资源导向型、市场导向型、生产要素导向型、技术与管理导向型四种模式。

对于区域战略的选择应结合战略目标模式。在市场导向型中，对于产品市场导向模式，跨国经营的区域应以发展中国家为主，然后逐步向发达国家发展；对于服务市场导向模式，跨国经营的区域选择应以发达国家及高收入的石油出口国为主，因为这些国家的工业发展水平和国民收入很高，对服务业的需求也很大。对于资源导向模式，由于各国资源条件不同，总体的战略思考应当是选择资源丰富、投资环境较好的国家。对于技术与管理导向模式，企业应选择发达国家和地区，因为全世界的新技术主要来源于这些国家和地区。

2. 跨国经营的组织结构与控制

根据跨国经营企业的经营活动情况，可以将跨国经营企业的组织结构分为以下三种形式。

（1）出口部组织结构

这种形式通常采用在总公司下设一个出口部的组织形式，全面负责对外业务。

（2）国际事业部组织结构

这种形式是在总公司下设一个国际事业部，通常由副总经理主管，协调各经营实体的跨国经营活动。

（3）全球性组织结构

这种形式是由企业总部从全球的角度协调整个企业的生产与销售，统一安排资金，统一分配利润。

跨国经营企业的组织控制是总部对其子公司一系列生产经营活动的控制，包括股权控制、人事控制和要素控制。

第二节　现代企业生产管理

一、生产过程组织

（一）生产环境概况

1. 生产环境与市场需求

生产环境主要是指用户不断变化的需求，市场需求是指企业所面临的不断变化的经济、政治、法律和环境状况，市场潜力等。消费者的需求是生产环境中最重要的影响因素。企业若不提供产品，或者所提供的产品品种、质量或其他问题不为消费者所接受，企业就不能满足消费者的需求，不会得到社会的承认。因此，企业生产管理的结果应是所生产的产品必须能够满足市场需求。

2. 现代技术的发展

（1）工业工程

工业工程（IE）是研究把人、物料、设备等组成集体系统，对该系统进行设计、改进和组织配置的科学。

（2）成组技术

成组技术（GT）是组织多品种、中小批量生产的一种科学方法。它将企业生产的各种产品，以及组成产品的各种部件、零件，按结构和工艺上相似原则进行分类编组，并以“组”为单元组织技术工作和管理生产。

（3）并行工程

并行工程（CE）是一种针对产品设计和制造过程的管理方法，其核心思想是将产品的不同任务并行进行，以提高生产效率和质量。传统的并行工程是在设计完成后再逐步开展其他任务，由于这种方式存在信息不对称和协同不足等问题，会导致设计修改的成本和时间的增加，影响产品的开发速度和成本效益。该方法强调在产品开发的早期阶段，设计人员就需要充分考虑产品的整个生命周期，包括设计、工艺、装配、检验、维护、可靠性、成本、质量等方面，通过多部门协同工作，使不同的任务相互协调，同步进行。

（4）敏捷制造

敏捷制造（AM）是在20世纪80年代市场竞争日趋激烈的背景下提出来的，其指导思想是“灵活性”。其优势在于通过提高灵活性，增强企业的应变能力和竞争能力。

（5）精益生产

精益生产（LP）既是一种原理，又是一种对人类社会和人们的生活方式影响最大的现代生产方式。精益生产方式具有以销售部门作为企业生产过程的起点，产品开发采用工程方法，生产按多品种、小批量生产等特点。

（6）世界级制造

世界级制造（WCM）的概念包括四个方面：无缺陷的全面质量管理新技术、准时生产方式、充分授权的工人自主管理、满足用户要求的高度的柔性制造系统。

（二）生产过程的组织与生产方式

1. 生产管理与生产过程概述

生产是一切社会组织将它的输入（生产要素）转化为输出（产品或服务）的过程，或者创造产品或服务的过程。生产管理就是对这一过程进行计划、组织和控制，目的在于高效、低耗、灵活、准时地生产合格产品和提供令顾客满意的服务。

2. 生产过程的组织与生产方式

合理组织生产过程，需要将生产过程的空间组织与时间组织有机地结合起来，充分发挥它们的综合效率。

(1) 生产过程的空间组织

生产过程的空间组织主要是研究企业内部各生产阶段和各生产单位的设置及运输路线的布局问题，即厂房、车间和设备的布局设置。企业内部基本生产单位的设备布置，通常有工艺专业化设备布置、对象专业化设备布置和混合形式设备布置三种基本形式。

①工艺专业化。工艺专业化又称工艺原则，是按照生产过程的工艺特点建立生产单位的形式。在工艺专业化的生产单位内，配置同种类型的生产设备和同工种的工人，对企业生产的各种产品零件进行相同工艺方法的加工。每一个生产单位只完成产品生产过程中部分的工艺阶段或工艺加工工序，不能独立地生产产品。

②对象专业化。对象专业化又称对象原则，是按照产品零件、部件的不同来设置生产单位的形式。在对象专业化的生产单位里，配置了为制造某种产品所需的各种不同类型的生产设备和不同工种的工人，对其所负责的产品进行不同工艺方法的加工。其工艺过程基本上是封闭的，能独立地生产产品、零件、部件，如汽车制造厂的发动机车间等。

③混合形式。混合形式又称混合原则、综合原则，是把工艺专业化和对象专业化结合起来设置生产单位的形式。它有两种组织方法：一是在对象专业化的基础上，适当采用工艺专业化形式；二是在工艺专业化的基础上，适当采用对象专业化形式。这种形式灵活机动，综合了工艺专业化和对象专业化的特点。因此，许多生产单位都是采用这种形式来设置的。

(2) 生产过程的时间组织

生产过程的组织在时间上要求生产单位之间、各工序之间能够相互配合、紧密衔接，保证充分利用设备和工时，尽量提高生产过程的连续性，缩短产品生产周期。

如果同时制造一批相同的产品，各工序在时间上的衔接方式有以下三种。

①顺序移动方式。一批零件在前道工序全部加工完成以后，再整批地

运送到下道工序加工。

②平行移动方式。在一批在制品中，每一个零件在上一道工序加工完毕后，立即转移到后道工序继续加工，形成各个零件在各道工序上平行地进行加工作业。

③平行顺序移动方式。这是将前两种移动方式结合起来，取其优点，避其缺点的方式。零件在工序之间移动有两种情况：一是当前道工序的单件作业时间大于后道工序的单件作业时间时，则前道工序完工的零件并不立即转移到后道工序，而是积存到一定的数量，足以保证后道工序能够连续加工时，才将完工零件转移到后道工序去。二是当前道工序的单件作业时间比后道工序的单件作业时间短或相等时，则前道工序上完工的每一个零件应立即转移到后道工序去加工。

（3）生产方式

企业的生产方式一般按专业化程度和工作地专业化程度可划分为大批量生产、成批生产和单件生产。

①大批量生产。大批量生产是一种生产效率高、成本低的生产方式，通常适用于产品需求量大、生产周期长、生产工艺稳定、产品设计简单的情况。大批量生产所需的设备和技术专业化程度高，通常采用流水线生产方式，工作地各自负责一道或几道工序，协同工作完成产品生产。这种生产方式的缺点是生产效率低、工人劳动强度大、产品变化困难，缺乏灵活性和适应性。

②成批生产。成批生产是一种介于大批量生产和单件生产之间的生产方式，通常适用于产品品种较多、生产周期较短、生产过程相对稳定的情况。成批生产的工作地通常需要负责较多的工序，工作地之间协同生产，每个工作地生产一批或几批同类产品，然后切换到其他产品进行生产。这种生产方式可以在一定程度上提高生产效率和灵活性，但也存在产品变化困难和生产成本高等问题。

③单件生产。单件生产是一种以产品个性化、定制化为特点的生产方式，通常适用于产品品种多、需求量小、产品设计复杂的情况。单件生产需要满足顾客个性化需求，产品设计和制造过程往往需要根据顾客要求进行调整和变化，生产过程也相对不稳定。这种生产方式的缺点是生产成本高、生产效率低、周期长，但可以获得更高的利润率和顾客满意度。

3. 生产与运作系统

生产运作系统是指与实现规定的生产目标有关的生产单位的集合体，是一个人造的、开放的和动态的系统。根据系统理论，生产系统是由物流、信息流和资金流三大部分组成的系统。生产与运作系统的运行包括人事管理、库存计划控制、进度安排、项目管理和质量保证等。

二、质量管理

（一）现代企业质量管理的一般概述

1. 产品质量形成的规律与全面质量管理

产品质量的形成不是市场部门宣传出来的，也不是生产部门生产出来的，更不是依靠检验部门检验出来的，而是对产品实现全过程质量管理的结果，在过程中每个环节都直接影响到产品的质量。质量形成过程的另一种表达方法就是“质量环”。质量环又称质量螺旋，最早由朱兰博士提出，代表性的质量环包括 13 个阶段：市场调研、开发、设计、制定产品规格、制定工艺、采购、仪器仪表配置、生产、工序控制、检验、测试、销售、售后服务。

全面质量管理的原理是基于对质量形成全过程即质量环的控制。全面质量管理创始人费根堡姆博士认为，全面质量管理是为了能够在最经济的水平上，并考虑到充分满足顾客要求的条件下，进行市场研究、设计、制造和售后服务，把企业内各部门在研制质量、维持质量和提供质量服务的活动构成一体的有效体系。

在推行全面质量管理时，要求做到“三全一多”，即全面的质量管理、全过程的质量管理、全员参加的质量管理，所采用的方法是科学的、多种多样的。

（1）全面的质量

全面的质量，是包括产品质量、服务质量和工作质量在内的广义质量。

（2）全过程

全过程，即不限于生产过程，还包括从市场调研到售后服务等质量环中所包含的各环节。

（3）全员参加

全员参加，即全体企业职工都要参加。

（4）多方法

多方法，是指全面质量管理是集不同现代管理科学和工程技术于一体的先进科学管理体系，借鉴了所有先进管理思想和技术方法。

2. ISO9000 族标准的产生与发展

在世界经济一体化进程中，为了保护民族工业和消费者的合法权益，许多国家都制定了较高的市场准入制度，规定必须符合某种标准要求的商品才能进入市场。由于每个国家的标准不同，甚至名词术语也不一致，因此，企业为了获得市场，往往需要付出巨大的努力去满足形形色色的质量体系要求。

1986 年 6 月正式发布了 ISO8402《质量——术语》国际标准。1987 年 3 月，由国际标准化组织（ISO）正式发布了 ISO9000 系列国际标准。ISO9000 系列和与之配合的 ISO8402 术语标准带来了国际范围内的协调，并促进了国际贸易中的重要因素——质量因素的日益增长。

1988 年 12 月，我国正式发布了等效采用 ISO9000 标准的 GB/T 10300《质量管理和质量保证》系列国家标准，并于 1989 年 8 月 1 日起在全国实施。经过 1994 年、2000 年、2008 年的修订，现在我国根据 ISO9000：2005、ISO9001：2008 版的发布，同步发布了 GB/T 19000—2008、GB/T 19001—2008 标准。

3. 质量与质量管理的基本概念

在 ISO9000：2000 标准中，质量的定义是：一组固有特性满足要求的程度。其中，固有是指在某事或某物中本来就有的，尤其是那种永久的特性；特性是指“可区分的特征”；要求是指“明示的、通常隐含的或必须履行的需求或期望”。

对于质量管理，ISO9000：2000 的定义为：指导和控制组织的与质量有关的相互协调的活动。它以质量管理体系为载体，通过建立质量方针和质量目标，并为实现规定的质量目标进行质量策划，实施质量控制和质量保证，开展质量改进等活动。

4. 企业质量管理体系的建立与改进

建立、实施 ISO9001：2000 质量管理体系主要包括下列步骤：

（1）识别所要达到的目标；

（2）识别其他相关方要求；

（3）获取有关ISO9000族的信息资料；

（4）在管理体系中应用ISO9000族标准；

（5）获取质量管理体系的指南；

（6）明确现状及现行质量管理体系与ISO9001：2000要求之间的差距；

（7）确定向顾客提供产品所需过程；

（8）提出解决上述要求的方案；

（9）贯彻执行计划；

（10）定期进行内部评审；确定是否需要证实符合性（可能有几种目的，诸如合同要求、向市场作解释或顾客需要、强制性要求、风险管理、为内部质量改进设置明确的目标）；进行独立的审核；持续改进业务（审核质量管理体系的有效性和适宜性）。

各类组织在确保满足ISO9001：2000标准要求的基础上，按ISO9004：2000标准提供的业绩改进指南进一步改进、完善质量管理体系，提高其有效性和效率，进而开发改进组织业绩的潜能和促进总体绩效的增长是十分必要的。ISO9004：2000标准提供了“自我评定指南”，提供了很多模式；其提供的“持续改进的过程”，为过程进行持续改进提供了两条基本途径，包括突破性项目的改进和对现有过程进行渐进的持续改进活动。

5. 企业质量管理的基础工作

（1）质量教育

质量教育包括两方面内容：一是加强思想教育，增强质量意识，特别是要强化领导干部的质量意识；二是普及和深化技术业务教育。

（2）标准化工作

既要重视各项标准的制定，更要强调各项标准的贯彻落实，做到人人、事事有标准，使各种质量都有衡量尺度。

（3）计量工作

其任务是保证计量的量值准确一致，以保证各项标准的贯彻执行。

（4）质量信息工作

质量信息是在产品形成的全过程中发生的有关质量的信息，包括工作质量信息、工序质量信息、产品质量信息和质量管理信息。

（5）质量管理小组活动

它是以保证和提高质量为目的，围绕现场存在的问题，由班组工人和科室人员在自愿基础上组成的开展质量活动的小组。这是全面质量管理的群众基础。

（二）生产过程的质量控制

1. 技术准备过程的质量控制

技术准备过程的质量控制是根据产品设计要求和企业生产规模，把材料、设备、工装、能源、测量技术、操作人员、专业技术与生产设施等资源系统，合理地组织起来，进行过程策划，规定工艺方法和程序，分析影响质量的因素，采取有效措施，确保生产正常进行，使产品质量稳定地符合设计要求和控制标准的全部活动。

2. 生产制造过程的质量控制

生产制造过程的质量控制是指从材料进货到形成最终产品全过程的质量控制，其基本任务是：严格贯彻设计意图和执行技术标准，对过程实施控制，以确保过程能力，并建立起能够稳定地产出符合要求的产品的生产系统。

3. 辅助服务过程的质量控制

辅助服务过程主要包括物资采购供应、设备维修保养、工艺装备及工具制造与供应、动力供应、仓储、运输、通信及后勤保障等。辅助服务过程的质量控制是不可忽视的环节。

（三）过程控制常用的几种工具

1. 核查表

核查表又称分析表、检查表或调查表，是用表格形式来收集资料和数据，并对其进行粗略整理和分析的一种方法。

常用的核查表是缺陷位置核查表和不合格品分项核查表。

2. 分层法

分层法又称分类法或分组法，是把性质相同、在同一条件下收集的数据归纳在一起，以便进行比较分析。分层可依实际情况需要进行，如对操作人员可按工人的技术级别、工龄、性别、班次等进行分层；对使用的设备可按不同型号、不同工具、不同使用时间等进行分层。

3. 排列图

排列图又称帕累托图或 ABC 分类法，是分析和识别影响质量的主要因素、寻找质量改进的机会所采用的一种图示技术。

4. 散布图

散布图又称散点图，适用于判断两个变量之间是否存在相关关系。散布图由分布在直角坐标系中的一系列点组成。

5. 直方图

直方图适用于分析观测值分布的状态，以便对总体的分布特征进行推断。直方图由直角坐标系中若干顺序排列的长方形组成。

6. 控制图

控制图可被用来检验某一工序，以判断该工序的产品特性值分布是否是随机的。控制图还被用来确定质量问题发生的时间以及引起质量差异的原因。

三、人力资源开发与管理

（一）人力资源开发与管理概述

1. 人力资源的含义

人力资源有广义和狭义之分，广义的人力资源认为凡是智力正常的人都是人力资源。狭义的人力资源概念有以下四种说法。

（1）人力资源是指一个国家或地区有劳动能力的人的总和。

（2）人力资源是指具有智力或体力劳动能力的人们的总和。

（3）人力资源是指一切具有为社会创造物质文化财富，为社会提供劳务和服务的人。

（4）人力资源是指包含在人体内的一种生产能力。如果这种生产能力没有发挥出来，这就是潜在的劳动生产能力；如果发挥出来，它就变成了现实的劳动生产能力。

因此可以说，人力资源是指存在于人身上的社会财富的创造力，是人类可用于生产产品或提供服务的体力、技能和知识的总和。

2. 人力资源的特点

（1）人力资源的可再生性

人力资源的可再生性体现在三个方面：一是通过人的自身繁衍，人力资源可不断地再生产出来；二是人的体力和脑力在消耗后通过休息和补充能量能够得到恢复，而且如果人的技能和知识陈旧过时了，还可以通过学习等手段得到更新；三是人力资源的使用过程也是一个持续开发和再生的过程。

（2）人力资源的时效性

人力资源的时效性是指人力资源无法储存，其发挥作用要受其生命周期的限制。人力资源的有效时期是人能够正常工作的时期，年老或因意外丧失劳动能力后就不属于人力资源范围了。

（3）人力资源的能动性

人力资源是诸多生产要素中唯一具有主观能动性的生产要素。人通过发挥主观能动性作用于其他生产要素，并通过劳动过程创造社会财富。

（4）社会性

人类本质上是一种依靠群体力量而生存发展的社会动物。个人的创造力受社会关系、文化气氛的影响和制约。

（5）资本性

人力资源是资本性资源，可以进行投资并得到回报。

（6）系统性

不同类型的个体人力结合在一起，形成一个有机互动的系统，该系统的能力要远远超过单个人力量的简单总和。

3. 人力资源开发与管理

人力资源开发与管理是指企业根据战略目标，以人为本，科学地进行组织规划、人员招聘、培训发展、绩效考核、薪酬福利、员工关系等方面的活动和管理，以提高员工的工作效率、发挥员工的潜能、增强员工的归属感和忠诚度，从而实现企业的长期发展战略目标。从人力资源管理的过程和职能来看，其内容包括员工招聘、选拔、考核、绩效评估、薪酬、激励、培训开发、职业生涯设计与组织发展和劳务关系等。

人力资源开发与管理是一个应用性交叉学科，它是以提升为目标，以问题为导向，系统性地研究人员的培训与发展和组织发展中存在的问题并解决问题的过程。人力资源开发将经历分析、建议、创造、实施、评估五个阶段的过程。

4. 人力资源开发与管理的基本原理

人力资源开发与管理被认为通过心理学理论、经济学理论与系统论这三个核心理论领域来得到解释和支持。经济学理论被认为是组织的基本动力和生存指南；系统论能够辨识可以增强或遏制一个组织的目标、构件及其相互关系；心理学理论以分析文化和行为的差异为基础在人与生产力之间架起了一座桥梁。它们是独特的、互补的，一起构成了支撑人力资源开发（HRD）学科的核心理论。

（二）人力资源开发

1. 人力资源开发的基本途径与方法

（1）劳动技能开发

劳动技能开发既包括劳动者从事体力劳动的技巧，也包括劳动者从事脑力劳动的能力。体力劳动技巧的开发是新技术、新工艺、新方法、新设备等的学习与掌握；脑力劳动能力的开发是专业知识、学术动态等的学习、交流与讨论。

（2）生理素质开发

生理素质开发是依据个体的生理机能充分地发掘其潜能和发挥其能力。

（3）心智水平开发

心智水平开发是运用科学的手段和方法，强化人的知识和能力。

（4）道德修养开发

道德修养是指人们依据一定的道德规范和原则而进行的自我锻炼、自我改造、自我陶冶、自我教育的道德实践活动，以及在这一过程中所形成的道德修养和达到的道德境界。

2. 人员培训

培训是指组织或员工本人为达到既定目标、围绕提高学习和工作能力而开展的有组织、有计划、有目的的培养和训练活动。

人员培训方法多样，常用的方法主要有以下八种。

（1）辅导法

传统的师傅带徒弟便是一种辅导法。辅导法成本低、针对性强、灵活性大，尤其适合于技术技能、人际关系技能和决策技能的培训。

（2）讲授法

讲授法成本低、操作灵便、信息量大、前沿性强，适合于企业主管的培训，有利于保持主管层信息新颖性和思维活力。

（3）研讨会

研讨会成本低，员工参与性强，能激发员工主动学习，综合效应好。

研讨会不但能提高员工素质，加强员工之间的沟通，还具有公关宣传功能。

（4）案例研讨

案例研讨是一种针对企业高级管理人员的具有主动性学习特征的培训方法。通过案例研讨，可以丰富高级管理人员的间接经验，使他们不断换位思考，提升决策与沟通能力。

（5）岗位轮换

岗位轮换能使员工掌握更多的技术技能，有利于企业内部的沟通。

（6）电脑网络培训

这是近年来流行的一种新型的计算机网络信息培训方式。这种方式投入较大，可以节省学员集中培训的时间与费用，是培训发展的一个重要趋势。

（7）学校正规教育

企业与学校合作，把学校作为一个培训员工的基地，广泛开展校企合作。

（8）情景模拟

常用的情景模拟培训方法主要有公文处理、无领导小组讨论、角色扮演、管理游戏等。

3. 人员激励

激励主要是指激发人的动机，使人有一股内在的动力，朝着所期望的目标前进的心理活动过程。有关激励的理论有很多，下面列举三种典型的理论。

（1）哈克曼提出的五种具有激励作用的工作特性

五种具有激励作用的工作特性如下。

①工作所需技能的多样性。所需技能种类越少、越单调，工作越乏味，越得不到学习与提高，因而越不想干。

②工作的整体性。工作被分割得越支离破碎，干劲越小。

③任务的重要性。所从事的工作越重要，越有意义，干起来劲头越足。但必须使工作者亲身体会和认识到他的工作确实重要，受到人们的尊重，才能真正把他激励起来。

④工作的自主权。无论是工作的目标、内容和所用方法的决策，都应

使员工得以参与，具有一定的影响力，才具有激励作用。

⑤工作反馈。能及时准确地向工作者提供其工作进展和完成的全面情况，对工作积极性也有不少的积极影响。

（2）组织中的心理契约

心理契约是借用了社会心理学中的概念。社会心理学认为，人们在交往中除了签订法律意义上的书面契约外，还会存在着另一种心理性的契约，它是非正式的、无须签字的、非书面的、无法律效力的、但违约时会给双方关系带来消极影响，严重时会导致交往中断和关系破裂。

将心理契约概念用于企业管理中，就要求上级得用心了解下级的期望，并适当给予及时满足，而不能只对下级提出要求，只有这样才有利于组织目标的实现。

（3）员工行为改造与强化

①强化理论由美国心理学家斯金纳提出，他认为人的行为可分为三类：一是本能行为，这是人生来就有的行为；二是反应性行为，这是环境作用于人而引起的反应；三是操作性行为，这是人为了达到一定目的而作用于环境的行为。

操作性行为会随着强化刺激的增强而增强，也会随着强化刺激的减弱而减弱。这样，人们就可以通过控制强化物来控制行为，引起行为的改变。由于这一理论的中心思想在于通过强化刺激来改变人们的行为方向，故又称作行为改造理论。

②斯金纳提出了以下三种行为改造方式。

正强化是通过奖励来增加某种行为的发生频率和持续时间。这种奖励可以是物质上的、精神上的或社会上的，比如钱、表扬、升职等。正强化可以增强人们对某种行为的喜爱程度，从而使其更加积极地去实施这种行为。

负强化是通过消除某种不愉快的后果来增加某种行为的发生频率和持续时间。负强化是一种惩罚性的行为改造方式，其目的是通过避免某种不愉快的结果来提高人们对某种行为的重视程度，从而促使他们更加积极地去实施这种行为。

自然消退是一种不经意的行为改造方式，它是指某种行为由于缺乏强化而逐渐消失或减少。当一个行为不能获得正向或负向的强化时，该行为会逐渐消失或减少。自然消退通常发生在一段时间内，而不是通过一次性的奖励或惩罚来实现。

③在管理实践中，强化理论是一种有效的行为改造方式。然而，强化理论的应用需要遵循一定的原则：一是应优先考虑正强化方式，即通过给予奖励来增加员工良好行为的频率。同时，强化物的选择应考虑企业的整体目标和员工个人目标的一致性，以及不同强化物对员工行为的不同影响。二是应慎重考虑采用负强化和惩罚的方式，尽可能减少副作用和负面影响。三是要注意强化的时效性，即在适当的时机及时给予强化。强化并非随时都要进行，需要根据实际情况灵活调整。四是要因人制宜，考虑员工的个性和需求层次以及环境和情境的变化来采用不同的强化方式。五是利用信息反馈增强强化效果，让员工了解自己的表现，促进其自我改进，增加绩效。

（三）人力资源管理

1. 人员招聘

招聘是企业人才的流入环节。新员工的质量对企业员工的总体素质和企业的发展至关重要。

（1）外部招聘的方法

企业的人员招聘主要是指外部招聘，外部招聘的方法主要有：员工推荐、媒体招聘、招聘会招聘、校园招聘、网络招聘、委托猎头公司招聘、从竞争对手处招聘等。

（2）其他招聘方法

企业招聘人员的方法差别很大，针对不同的招聘对象可以采用不同的招聘方法。

①加权申请表和自传式调查表。这是针对应聘职务所需要的个人条件和以后工作成就之间的关系制定的特殊测评工具。可根据历史资料或权威机构确定，然后根据应聘者受教育程度打分，将各种影响绩效的因素打分后累计，作为比较评价应聘者的依据。

②心理测试。心理测试是指通过一系列的科学方法来测量被试者的智力水平和个性差异的一种方法，可分为智力测验、个性测验和特殊能力测验三种。

③知识测验。根据职务对工作人员的知识要求，组织应聘者参加书面

考试，这是招聘中最常用的方法。

④情景模拟。编制与真实的工作环境相似的测试题目，考察应聘者处理问题的能力，以综合测评其心理素质、潜在能力。情景模拟往往只在招聘高级管理人员时运用。

⑤面试。面试分为平时面试、正式面试、随机问答和论文答辩。面试的基础是面对面进行口头信息沟通，效果主要取决于主考者的经验。

⑥评审中心的方法。它是一种标准的评价、选拔管理人员的方法。首先由专家分析某种职位所必需的能力和态度，并设计能够让被试者表现出其能力及态度的测验，在既定的控制条件下进行测试，由一组评审员各自观察并记录被试者的表现，最后综合成评估报告，作为被试者晋升、培训、任用的参考依据。

2. 人员绩效考核

绩效评价又称绩效考核、绩效考评或绩效评估。它是指衡量和评价员工的工作绩效的过程。在这个环节，管理者检查和分析员工的绩效完成情况，判断绩效标准或目标是否达成。

绩效评价的主要方法如下。

(1) 评分表法

评分表法是最常用的绩效评估方法。它列出一系列绩效因素，如工作的数量与质量、职务知识、协作与出勤，评估者逐一对表中的每一项给出评分。评分尺度通常采用 5 分制，如对职务知识这一因素的评分可以是 1 分（对职务职责的了解很差）至 5 分（对职务的各方面有充分的了解）。

(2) 关键事件法

运用关键事件法进行考评时，管理者要观察、记录员工特别好的和特别差的工作行为，即关键性事件，再根据这些事件来评价员工的工作绩效。

(3) 行为锚定等级评价法

行为锚定等级评价法将关键事件法和评分表法的优点相结合，使用一个等级评价表，将关于特别优秀或特别差的绩效的描述加以等级量化。

(4) 目标考评法

目标管理最早由美国管理专家彼得·德鲁克提出。根据德鲁克的观点，管理必须遵循的一个原则是，每一项工作都必须为达到总目标而展开。目标管理理论强调结果导向，用于绩效评价时，管理者关注和评价的重点应放在员工的工作业绩上。目标管理评价法适合于企业内实行目标管理的项目。

（5）交替排序法

交替排序法是指根据某些工作绩效评价要素将员工从绩效最好到最差进行排序。通常来说，从员工中挑选出最好的和最差的要比绝对地对他们的绩效进行评价容易得多，因此，交替排序法被广泛运用。

（6）评语法

评语法是最常见的以一篇简短的书面鉴定来进行评价的方法。评语的内容、格式、篇幅、重点等完全由评价者自由掌握，不存在标准规范。这种方法与评价者的写作能力关系较大。

（7）360度评价法

这是一种自我、上司、下属、同行及顾客等多元主体共同评价，再进行加权处理的评价办法。这种方法能从不同视角考评员工。

3. 人员薪酬管理

人员薪酬是指员工为公司或组织提供劳动所获得的报酬，通常以货币形式发放，包括基本工资、奖金、津贴、福利等多种形式。薪酬是组织对员工提供的价值的一种反映，也是一种激励手段，能够直接影响员工的工作积极性、工作满意度和员工的忠诚度，对于企业的发展和员工的生活都有着重要的影响。

常用的人员薪酬模式可以从不同的角度进行分类。从计算方式角度，可以把薪酬分为计时薪酬和计件薪酬；从支付手段角度，可以把薪酬分为货币薪酬和实物薪酬；从购买力角度，可以把薪酬分为名义薪酬和实际薪酬。在现代企业薪酬管理中常采用以岗位为基础的薪酬模式、以能力为基础的薪酬模式、以绩效为基础的薪酬模式和以市场供求为基础的薪酬模式。

人员薪酬设计应遵循以下五大原则，以确保员工满意度和企业效益的平衡。

（1）公平性原则

薪酬的公平性对员工的工作绩效和生产率具有显著影响。在设计薪酬水平和结构时，应关注员工可能进行的三种公平性比较，包括外部公平

(与其他企业的薪酬对比)、内部公平（企业内不同岗位、部门之间的薪酬对比）和自身公平（员工在不同时间或情境下的薪酬对比）。

(2) 竞争性原则

为在市场竞争中脱颖而出，企业需在人才竞争中取得优势。因此，企业应提供具有市场竞争力的薪酬，以吸引、留住并激励人才。

(3) 平衡性原则

控制人力成本是人力资源管理的重要任务之一。在进行薪酬管理时，应在保持竞争力的薪酬水平与控制高额人工成本之间找到平衡。此外，还需关注薪酬各组成部分之间的比例，以更好地满足员工需求。

(4) 激励性原则

有效的补偿和薪酬系统应能激发员工的积极性和工作效率。薪酬分配应适度倾斜于高级岗位、关键人才和市场短缺人才。同时，适当拉开薪酬差距，对表现优异的员工给予更高的薪酬待遇。

(5) 战略性原则

企业薪酬设计应支持企业战略目标。薪酬制度在价值导向和行为导向上应与企业发展战略相一致。

四、企业设备管理

(一) 设备的选购与使用

1. 设备的选购

设备的选购，是指新设备从企业外部经过选择、购买、运输、安装、调试进入企业的生产过程，是设备管理的首要环节。设备选购的程序主要有三步：一是手机设备的市场信息；二是通过论证选择最优方案；三是按照所选方案购置设备。

2. 设备的合理使用

在设备的整个寿命周期中，设备的使用阶段所经历的时间最长，因此，设备的使用对设备的维护和保养、经济效益的实现具有重要影响。

(1) 设备的结构、性能和技术经济特点是影响设备使用的关键因素

在使用设备时，应根据设备的特点恰当安排加工任务和工作负荷，以确保设备能够稳定运行和发挥最佳性能。

(2) 制定并严格执行设备使用与维护方面的规章制度是确保设备正常

运行和提高设备经济效益的重要措施

规章制度应包括设备的操作规程、设备的润滑规程等技术文件，以指导工人正确操作和保养设备。

（3）操作者是影响设备使用的另一个重要因素

应为设备配备具有相当熟练程度和技术水平的操作者，操作者应熟练掌握设备的性能、结构、工艺加工范围和维护保养技术，并且要遵守设备使用与维护方面的规章制度。

（4）为设备创造良好的工作条件也是设备合理使用的重要因素

应根据设备使用与维护的要求，搞好文明生产，保持设备本身和工作环境的整洁；安装防护、防潮、防尘、防腐、防震、保暖、降温等装置，配备必要的测量、保险用的仪器装备等。同时，在设备布置时，要作出合理布局，并采取隔离措施，以确保设备之间相互干扰影响的最小化。

（5）经常对员工进行正确使用与爱护设备的宣传教育也是设备合理使用的重要内容

通过对员工的宣传教育，可以增强员工的设备安全意识和责任心，提高员工对设备的使用和保养水平，从而保证设备能够长期稳定的运行。

（二）设备的维护与修理

1. 设备的磨损规律

设备磨损规律是进行设备维护保养和修理的重要依据。设备在运转过程中，由于零件的相对运动产生摩擦，形成磨损。设备在使用过程中，发生磨损大致可分为三个阶段。

（1）初级磨损阶段

这一阶段，零件之间表面磨损较快，但不影响设备的技术性能，仅是把表面磨平，逐渐适应生产环境，设备生产效率也逐步提高并趋向于稳定。这一阶段时间较短。

（2）正常磨损阶段

这一阶段，设备的可靠性基本稳定，零件磨损值增加缓慢，设备容易保持最佳的技术状态，创造出比较稳定的最高生产率。这段时间占设备寿命周期的很大一部分。

（3）急剧磨损阶段

这一阶段，设备磨损已达到一定限度，零件的正常磨损被破坏，设备的性能、精度迅速降低，如果不及时修复，设备的技术性能下降，生产率也降低，并容易发生生产事故和设备事故。在此前阶段就要进行修理。

2. 设备的维护保养

设备的维护保养是设备自身运动的客观要求，其目的是及时地处理设备在运动中由于技术状态的发展变化而引起的大量、常见的问题，随时改善设备的使用状态，保证设备正常运行。设备的维护保养工作，依据工作量大小、难易程度，可划分为以下三类。

（1）例行保养

例行保养又称日常保养，它的保养项目和部位较少，大多数在设备的外部，由操作工人承担，在交接班时作为检查内容。

（2）一级保养

它的保养内容项目较多，由设备外部进入设备内部。它是在专职检修人员的指导配合下，由操作人员承担，定期进行的。

（3）二级保养

它的保养项目和部位最多，主要在设备内部。它是由专职检修人员承担，操作人员协助，定期进行的。

3. 设备检查

设备检查是对设备的运行状况、工作精度、磨损或腐蚀情况进行检查和校验，及时消除隐患。设备检查分类：按间隔时间不同可分为日常检查和定期检查；按技术功能分为机能检查和精度检查。

4. 设备修理

设备修理是指修复由于正常原因而引起的设备损坏，从而使设备的有形磨损得到局部补偿。根据修理内容、要求和工作量大小的不同，通常分为小修、中修和大修。

（三）设备的更新与改造

1. 设备的更新

设备的更新时间不仅取决于设备自身的磨损，也取决于科学技术的发展，还取决于经济上的考虑，因此设备更新期的确定应从这三个因素去分析评价。

设备更新期决策可采用追踪测算法和经济寿命法。追踪测算法是指通过追踪测算每次大修理的实际费用和当时的设备残值，并与新设备价值进行比较来确定更新周期。经济寿命法是指通过计算设备的经济寿命来确定设备的更新期。设备经济寿命计算的依据是设备的年运行费用，包括设备的平均折旧费、营运费用和维修费用。

2. 设备的改造

随着时间的推移，生产设备在结构上会产生磨损，导致价值减少，同时在技术上会逐渐落后，导致使用价值降低，因此，设备就会产生折旧。但可通过改变原有设备的结构，提高原有设备的性能、效率，使设备局部达到或全部达到现代新型设备的水平，即进行设备改造。由于设备改造比更新的费用少、见效快、适应性好，对促进企业技术进步有重要意义。

五、管理信息系统

（一）管理信息系统的发展过程

1. 管理信息系统的概念和特性

管理信息系统（Management Information System，MIS）是指利用计算机等现代信息技术和系统思维来对组织和管理进行支持、优化和创新的一种信息系统。它将信息技术与管理科学相结合，通过收集、处理、存储和传递数据，为管理决策提供信息支持。MIS 在组织中发挥着至关重要的作用，因为它可以帮助管理者更加高效地处理信息、作出决策和实施措施，从而提高组织的运营效率和竞争力。

MIS 具有以下几个特点：一是 MIS 具有明确的信息需求。MIS 系统需要明确组织内部各个层级的信息需求，以此来确定需要收集哪些数据，以及如何对这些数据进行加工处理。这样，MIS 才能够为管理层提供有用的信息支持。二是 MIS 能够对信息进行采集、加工和传递。MIS 系统能够将各种不同的信息来源整合在一起，对这些数据进行分析和加工处理，然后将得出的结果传递给需要的人员，以便他们作出更好的决策。三是 MIS 能够帮助管理者进行信息管理。MIS 系统能够对数据进行管理，包括存储、备份、恢复等操作，从而保证数据的安全和可靠性。此外，MIS 还可以帮助管理者对数据进行分类、归档、清理等管理操作，以保证数据的有效性和可用性。四是 MIS 是一个不断发展变化的系统。MIS 系统需要随着组织的发展和变化不断进行调整和升级，以满足新的信息需求和管理要求。这就要求 MIS 的设计和实施必须具有一定的灵活性和可扩展性。五是 MIS 的开发需要有一定的科学管理基础。MIS 的开发需要有良好的管理体制、规章制度、生产秩序、管理方法和准确的原始数据作为基础，才能确保 MIS 的开发质量和效果。

2. 常见的管理信息的系统

(1) 企业资源计划系统

企业资源计划（Entente rise Resource Planning，ERP）系统是指建立在信息技术基础上，以系统化的管理思想，为企业决策层及员工提供决策运行手段的管理平台。该系统把企业的物流、资金流、信息流统一起来进行管理，实现企业经济效益的最大化。

ERP 系统的基本功能模块包括财务模块、生产控制管理模块、物流管理模块、人力资源管理模块、企业情报管理模块。其扩展功能有供应链管理、客户管理及销售自动化、电子商务。

(2) 供应链管理系统

供应链管理（Supply Chain Management，SCM）系统是对供应链中的信息流、物流和资金流进行设计、规划和控制，从而提高供应链中各成员的效率和效益的管理过程。

国内供应链管理系统的功能主要包括需求管理、渠道管理、促销管理、采购管理、集成管理、综合分析。

(3) 客户关系管理系统

客户关系管理（Customer Relationship Management，CRM）系统是指基于信息技术获得并管理客户知识，建立客户忠诚和创造客户价值，从而使企业的成本和利益最优化并保持竞争优势的信息系统。

CRM 系统的基本功能有客户管理、联系人管理、时间管理、潜在客户管理、销售管理、电话营销和电话销售、营销管理、客户服务。扩展功能有呼叫中心、合作伙伴关系管理、知识管理、商业智能、电子商务。

(4) 电子商务系统

一般认为，电子商务（Electronic Commerce，EC）是在互联网环境下，实现消费者的网上购物、商户之间的网上交易和在线电子支付等的一种新型的商业运营模式。我们将帮助企业完成电子商务活动的信息系统（包括门户站点、与电子商务相关的企业内部系统等）统称为电子商务系统。

电子商务系统的组成包括以下内容：企业内部信息管理系统、电子商务基础平台、电子商务服务平台、电子商务应用系统、电子商务应用表达平台、电子商务的物流系统、安全保障环境。

3. 管理信息系统的发展历程

管理信息系统（MIS）是一个涵盖了多个技术和领域的概念，其发展历程是伴随着计算机技术的不断发展而不断演化的。在电子数据处理系统（EDPS）阶段，计算机技术被用来处理业务操作，但并未涉及管理问题。而随着MIS的出现，计算机技术开始被广泛用于管理领域，并对组织内部的各个部门进行管理活动的支持。此外，MIS还注重信息的系统性、综合性，以及支持决策制定的能力。

在决策支持系统（DSS）阶段，MIS又迎来了新的发展机遇。DSS是为高层管理人员提供决策制定支持的一种信息系统。相较于MIS，DSS更加注重系统的灵活性和适应性，能够通过将数据库处理和经济管理数学模型的优化计算结合起来，为管理者解决更为复杂的管理决策问题提供帮助。

当前，MIS已经进入了智能、集成和网络化的发展阶段。随着人工智能、大数据、云计算等新技术的不断涌现，MIS在信息处理的效率和精确度方面有了很大的提高，同时在信息的集成和共享方面也得到了极大的发展。未来，MIS还将继续融合新技术，不断发展和完善，为组织管理和决策制定提供更加精确、高效的支持。

（二）管理信息系统的结构

管理信息系统（MIS）的结构是由多个模块组成，以完成数据采集、处理、分析和决策支持等各种管理信息服务。这些模块包括数据处理系统部分、分析部分和决策部分。

1. 数据处理系统部分

数据处理系统部分是MIS的基础模块，主要用于数据的采集、输入、存储和管理。其中，数据的采集可以通过多种方式实现，包括手动输入、自动采集和第三方数据接口等。采集的数据经过清洗、筛选和处理后，存储在数据库中，并按照一定的数据结构进行组织和管理。

2. 分析部分

分析部分是MIS的核心模块，其主要任务是对数据进行深加工和分析。通过各种管理模型、定量定性分析方法、程序化方法等手段，对组织的生产经营情况进行深入分析和挖掘，以发现其中的规律和趋势，提供决策支持的信息和建议。

3. 决策部分

决策部分是 MIS 的高级模块，其主要任务是为高层管理者提供最佳的决策方案。MIS 的决策模型多用于解决结构化的管理决策问题，通过对数据的深度分析和建模，帮助管理者更好地理解问题的本质和影响，为其提供最佳的决策方案。

（三）管理信息系统的开发方法

常见的管理信息系统的开发方法按照是否有严格规范的流程分为结构化方法和原型法；按照开发的驱动力分为面向过程的方法和面向对象的方法。

1. 结构化方法

结构化方法又称生命周期法或结构化生命周期法。该方法在系统开发过程中，遵循由上到下，由全局到局部，由系统请求开始，依次进行系统规划、系统分析、系统设计最后到系统的实施，完成系统开发的一个生命周期，各个阶段存在严格的先后次序。该方法比较适合大型复杂系统的开发。

2. 原型法

原型法的基本思想是一开始并不进行全局分析，而是抓住一个子系统或一个模块首先开发，或在初步了解用户需求后快速开发出一个具有基本结构和功能的原型系统，然后再在交给用户试用过程中通过与用户的交流、反馈来不断修改、扩充，而成为一个完善的全局系统。该方法不适合大型系统的开发；不适合含有大量运算、逻辑性强的程序模块的开发；不能承受用户无止境的需求更改。

3. 面向过程的方法

传统的结构化方法从开发驱动力的角度看是面向过程的，这类方法首先关心的是功能，强调以模块（过程）为中心，采用模块化、自顶向下、逐步求精设计过程。系统是实现模块功能的函数和过程的集合，结构清晰、可读性好，是提高软件开发质量的一种有效手段。但是当需求发生变化，必须进行程序的修改甚至是模块的重新开发时，由此造成大量的开发资源难以重复利用而使得系统开发的效率较低。

4. 面向对象的方法

面向对象方法是从所处理的数据入手，以数据为中心来描述系统。数据相对于功能而言，具有更强的稳定性，这样设计出的系统模型往往能较好地映射问题域模型。目前，面向对象方法已成为软件开发的主流方法。

（四）管理信息系统的开发流程

虽然不同的开发方法，其开发系统的过程不尽相同，但总体而言，主要包括以下五个阶段。

1. 系统规划阶段

系统规划是指根据组织的战略目标和用户提出的需求，从用户的现状出发，经过调查，对所要开发管理信息系统的技术方案、实施过程、阶段划分、开发组织和开发队伍、投资规模、资金来源及工作进度，用系统的、科学的、发展的观点进行全面规划。

2. 系统分析阶段

系统分析就是分析组织要利用信息系统来解决的问题，它包括定义问题、确认解决方案以及识别系统解决方案所需满足的信息需求。通过系统规划确定新系统的开发项目后，便应对企业原管理系统进行详细调查研究，确定系统目标，构造新系统逻辑模型，提交系统分析报告供组织审批。

3. 系统设计阶段

系统设计是说明在系统分析中所提出的各种需求通过什么样的技术方法加以实现，即根据系统分析阶段提出的系统逻辑模型，具体地对新系统进行物理设计，包括系统功能结构、输入输出界面、文件（数据库）、程序流程、控制流程、安全机制、硬件与网络环境、组织变革等设计，本阶段的成果包括上述内容的程序设计说明书。

4. 系统实施阶段

系统实施是按照系统设计的信息系统方案实现并投入使用的过程。主要工作包括：硬件人员对系统设备进行安装调试，软件人员根据程序设计说明书进行程序编制与运行调试，编制各种文档，组织对新旧系统进行转换，等等。

5. 系统评价阶段

主要对系统进行技术、经济的综合评价，总结经验，找出不足，以便系统进一步完善。

第三节　现代企业战略管理

一、企业战略管理概论

（一）企业战略管理的意义

企业战略管理是一个广泛的概念，涉及整个企业的经营决策，包括战略制定、实施和监控等方面。制定企业发展战略并进行战略管理，是企业发展的必经之路，其意义如下。

1. 企业战略管理可以提高企业的预见性和主动性

通过对内外部环境的分析和评估，企业可以提前预见到市场的变化和风险，及时调整战略方向，保证企业的持续发展。

2. 企业战略管理为企业的发展指明方向

战略是企业长期发展的蓝图，其制定需要考虑到内部资源、市场环境、竞争对手等多方面因素。

3. 企业发展战略是企业经营管理成败的关键

一个好的战略可以使企业在市场中立于不败之地，获得更大的市场份额和利润，而一个糟糕的战略则会导致企业的失败和倒闭。

（二）企业战略管理的特征

企业战略管理具有以下特征。

1. 全局性

企业战略管理的目的是创造企业的未来，它立足于企业的长远利益，从总体出发，追求企业总体效果。

2. 长远性

企业战略的制定着眼于企业未来的生存和发展，如果对短期利益的追求与长期利益相矛盾，则短期利益的放弃就是必要的。

3. 竞争性

没有激烈的市场竞争，就不会有对企业战略的思考、研究和应用，制定战略的目的就是要在竞争中取得优势地位。

4. 稳定性

为了实现可持续发展，战略决策要建立在大量的调查研究分析基础上，应具有相对的稳定性。

5. 可行性

企业制定战略是为了实现其价值目标，它必须是切实的、可行的，只有这样才能得到员工的认可并为之努力，力争战略目标的实现。

6. 风险性

企业是环境的产物，企业经营的外部环境和内部环境都具有一定的风险。

二、企业战略环境分析

（一）企业战略的宏观环境分析

企业战略的宏观环境是指处于企业外部，影响企业战略总体发展目标、规划制定和战略实施的社会因素，一般包括政治法律环境、经济环境、社会文化环境和科学技术环境。对企业宏观环境所进行的政治法律环境、经济环境、社会文化环境和科学技术环境分析，称为 PEST 因素分析。

（二）企业战略的行业环境分析

行业环境分析主要是行业五种基本竞争力量模型分析。按照美国学者迈克尔·波特的观点，一个行业激烈竞争的根源在于其内在的经济结构。行业中的竞争来自五种基本竞争力量，即潜在进入者的进入能力、替代品的威胁能力、购买者讨价还价的能力、供应者讨价还价的能力以及现有竞争对手的竞争能力。这五种竞争力量的相互关系，既决定着企业的竞争激烈程度，又决定了行业最终的获利能力。

（三）主要竞争对手分析

在对竞争对手的分析中，要了解竞争对手的实力和优势，同时也要对竞争对手未来的竞争行为进行预测和分析，从而制定出具有互动性、针对性、对抗性的进攻或反应组合行动。

三、企业内部战略要素分析

（一）企业战略资源与战略能力

企业一切经营活动的最小单位是资源，企业的资源可以分为有形和无形两种，具体分为人力资源、物质资源、技术资源、财务资源、网络资源和隐性资源。

对企业资源进行分析，可以找出企业发展过程中可能面临的资源短板，同时也可以对资源的利用程度和活性进行分类，如分为固化资源、活力资源、问题资源和闲置资源，从而对资源进行合理配置。

（二）企业要素 SWOT 分析

为了综合分析企业内外环境对企业战略的影响，达到内外环境的协调，通常会采用 SWOT 分析法进行分析。SWOT 代表优势（Strength）、劣势（Weakness）、机会（Opportunity）和威胁（Threat）。SWOT 分析可以帮助企业制定战略规划、改善内部经营管理、挖掘潜在机会和预警风险。将企业外部环境中的机会和威胁、内部条件的优势与劣势进行比较分析。

（三）价值链分析

价值链分析是由哈佛商学院著名战略管理学家波特提出的一种企业内部活动评估和优化的方法。波特认为，企业的生产经营活动都是创造价值的重要经济活动，这些活动互相联系，构成了一个动态的、连续的价值链过程。

根据波特的理论，企业的生产经营活动可以划分为基础活动和支持活动两大类。其中，基础活动包括原料供应、生产制造、成品储运、市场营销、销售以及售后服务六种活动，直接影响商品实体在流通转化过程中所产生的增值。而支持活动则主要为基础活动提供辅助和支持服务，包括企业采购管理、技术研发、人力资源管理以及企业基础设施等活动，旨在提高基础活动的效率和效果，并协同构建成为自身特色鲜明的价值链。通过价值链分析，企业可以对其内部条件进行全面、系统的评估，进而识别自身的竞争优势，为未来的战略调整和决策提供重要依据。

（四）企业战略竞争能力

利用价值链等工具来确定一个企业的成本竞争力是很有必要的，但并不够，还必须从更广泛的角度来评价企业的竞争地位和竞争优势。

企业战略竞争能力主要来自其产品竞争力、管理能力、生产经营能力以及基础能力等方面。

1. 企业产品竞争力

企业产品竞争力反映了企业素质，主要表现为产品盈利能力和市场适应能力。产品盈利能力体现在价格竞争力、品质和创新性等方面，市场适应能力体现为产品符合市场需求的程度。产品竞争力直接决定企业的市场份额和竞争优势。

2. 企业管理能力

企业管理能力包括决策能力、规划能力、组织能力、控制能力、协调能力以及管理基础能力。这些能力直接影响企业人才、财务和物质资源的潜力发挥。

3. 企业生产经营能力

企业生产经营能力主要包括产品开发、资源输入、生产制造、销售和售后服务等多个环节。每个环节的竞争力由技术、人员和管理能力决定，体现企业整体技术水平和管理实效。

4. 企业基础能力

企业基础能力包括基础设施适应生产能力、技术装备能力、工艺技能、员工文化技能、劳动力效率、团队合作能力以及创新管理能力。这些能力提供物质和技术基础，影响企业各方面竞争力的发挥。

要取得竞争优势，企业必须在各个方面保持较高的竞争力，并形成系统的协同效应。价值链分析提供了系统评估企业竞争力的框架和途径，但企业竞争地位的判断还需要考虑更宽的视角。只有充分结合产品、管理、运营和基础能力的综合评估，才能较为准确地判断企业的竞争力及其在市场中的竞争地位。

四、企业经营战略分析

（一）多样化经营战略

多样化经营战略是指企业同时在两个或两个以上的行业中进行经营活动。多样化经营战略按照产品之间的关系和收入比例可分为相关多样化和非相关多样化；按技术与市场的关联程度又可分为同心多样化、水平多样化和复合多样化。相关多样化就是向具有相关的技术或相关市场的领域扩张；非相关多样化即向与本企业原有行业完全不相关的行业扩张；同心多样化是指以企业现有的技术和设备能力为基础，发展与现有产品或服务不同的新产品或服务项目；水平多样化指企业利用不同技术在同一市场上进行扩张，其实质与纵向一体化类似；复合多样化是指通过合并、收购其他企业或合股经营等形式来增加与现有产品或服务不相同的新产品或新服务的一种战略。同心多样化和水平多样化属于相关多样化，复合多样化属于非相关多元化。

（二）成本领先战略

成本领先战略是一种企业在市场竞争中追求低成本，并以此为基础获得市场份额的战略。它适用于市场竞争激烈、价格敏感度高的行业，如快速消费品、劳动密集型制造业等。

成本领先战略的实施需要企业从各个环节降低成本，包括采购、生产、销售等方面的成本。一般来说，这种战略强调提高生产效率、缩减营销费用、科学配置资源，并通过技术创新和流程改进等手段不断提高产品质量和服务水平，以进一步提高市场占有率和利润水平。然而，成本领先战略并非万无一失的，因为企业需在保证产品品质的前提下降低成本，这需要合理的资金投入、人员培训和缜密的管理，同时也需要面对来自竞争对手的价格挑战。

（三）差异化战略

差异化战略是一种企业通过创新、独特性和个性化等手段在市场竞争中突出自身优势，使得其产品或服务在同行业竞争中脱颖而出的战略。

1. 差异化战略的特征

其特征可以表现在以下七个方面。

（1）产品设计方面

如产品功能、规格、参数等的差异。企业需要在产品设计上下足够功夫，打造出独一无二的产品。

（2）技术特性方面

如专有技术、原材料、工艺工序等的差异。企业可以通过技术创新来实现产品差异化。

（3）产品品牌方面

如建立独特的品牌形象和文化。品牌是企业实现差异化的重要手段。

（4）产品形象方面

如价格品类、宣传形象等的差异。企业需要利用品牌形象来构建产品差异化。

（5）包装方面

如包装设计、商标等的差异。包装设计也是企业实现差异化的重要一环。

（6）服务方式方面

如交付、售后服务等的差异。服务也是企业提供差异化产品的重要一部分。

（7）销售方式方面

如渠道选择、促销方式等的差异。销售方式的差异同样可以体现企业的差异化。

2. 实施差异化战略应具备的条件

（1）企业需要具有很强的研发和营销能力，不断进行创新来实现产品差异化。

（2）企业需要通过广告宣传、品牌推广等方式有效地向用户传达产品差异化信息，树立独特形象。

（3）需要具备合理的组织结构，促进各个职能部门的协调；需要能激发员工创造性的激励机制。

（4）市场环境也需要具备差异化的基础，如顾客偏好差异、需求多样性较大等。如果市场环境不具备这些条件，差异化战略将难以实施。

（四）集中化战略

集中化战略是企业在市场竞争中通过专注于某一核心业务或产品，将有限的资源集中投入该领域以实现效率和规模优势的战略。实施这种集中战略需要具备以下条件。

1. 购买者群体之间需求存在差异

集中策略需要辨认细分市场之间的需求差异，选择其中一个市场作为主要目标市场。

2. 目标市场内无采取同样集中策略的竞争对手

在企业的目标市场上，没有竞争对手采取同样的集中策略。如果竞争对手也集中力量进攻同一目标市场，将降低这种策略的可行性和实效性。

3. 企业在目标市场的竞争力

企业的目标市场在市场容量、增长速度、盈利能力、竞争强度等方面具有相对吸引力。选择的市场应具有较大潜力和较低竞争性，利好企业的集中发展。

4. 锁定目标市场

企业的资源有限，无法扩展至更大的目标市场。这种策略尤其适用于中小企业，能够集中精力服务一个目标市场。

此外，实施集中策略还需要深入研究目标市场的特点，理解其发展趋势和潜在机会，以便提供针对性产品和服务；调整企业的战略资源配置，将更多资源投入目标市场，包括研发、营销、人才等方面；创新性地改进产品和服务，不断优化产品组合来满足目标市场的需求；构建目标市场专业的销售团队，提供高质量的服务交付；通过渠道合作、品牌推广等方式优化市场渗透，不断提高在目标市场的知名度和影响力；定期评估市场变化和企业策略实施的进展，在必要时适当调整策略来应对新的机遇和挑战。

（五）一体化战略

一体化战略是从企业的经济业务角度进行战略分析和选择的，即把两个或两个以上的原本分散的企业联合起来，组成一个统一的经济组织，这种联合并不是企业间简单的联合，而是在生产过程中或市场上有一定联系的企业之间的联合。采用一体化战略必须具备两个条件：一是企业所属的行业有广阔的前景；二是企业在一体化后能增加活力、效益、效率和控制力。

一般来说，一体化战略主要包括三种方式。

1. 后向一体化

即沿着与企业当前业务价值链的前端（输入）有关的活动向上延伸，如原材料、能源、设备等都是制造业重要的前端，制造类企业进入上述项目的生产经营领域就是后向一体化。

2. 前向一体化

即沿着企业当前的业务活动价值链的后端（输出）有关的活动向下延伸，如生产企业为了解决自己产品的运输问题而进入运输行业就是前向一体化。

3. 水平一体化

即开展与当前企业业务相互竞争或相互补充的经营活动，也是为了扩大生产规模、降低成本、巩固企业的市场地位、增强企业实力而与同行业企业进行联合的战略。

（六）并购战略

并购战略是企业通过收购或合并其他企业来扩大规模、优化资源配置，并实现战略转型和涉足新市场的战略。企业并购可以从以下三个方面分类。

1. 从并购双方的行业关系分类

从并购双方所处的行业关系来看，可以分为横向并购、纵向并购和混合并购。

（1）横向并购

在同一产业和市场内，生产同类产品或服务的企业间并购。这可以迅速扩展市场份额，提高竞争能力。

（2）纵向并购

生产流程相连企业的并购，可以节约成本、加速流程和缩短周期，如上下游企业并购。

（3）混合并购

不同产业、不同市场的企业并购。难度较大但可以扩展范围。

2. 从收购方式分类

从收购方式来看，可以分为直接收购和间接收购。

（1）直接收购

收购公司直接向被并购企业提出并购条件和要求。双方协商过程中低成本，成功比例较高。可以要求取得部分所有权或全部所有权。

（2）间接收购

收购公司通过在证券市场上购买被并购企业的股票来间接接收被并购企业。成本较高，难度大，被并购企业可能采取防御措施，但成功后控制力较强。

3. 从并购动机分类

从动机来看，可以分为善意并购和恶意并购。

（1）善意并购

被并购企业同意并购条件和要求。双方高管沟通，通过董事会批准，成本低，成功率高。

（2）恶意并购

被并购企业不同意并购要求，收购公司通过证券市场强行收购控制权。被并购企业采取防御措施，成本高但控制力强。较难成功，除非收购方资力雄厚。

企业实施并购策略需要全面考虑所处行业关联、收购方式和动机等多个方面因素。选择适当的并购对象和方式，细致评估成本和收益，合理规划整体实施流程，并在实施过程中留有灵活性以应对挑战，这些都是实现成功并购的关键所在。并购策略需要理性判断和持续实践。深思熟虑，物美价廉，是构建竞争优势的根本所在。

（七）联盟战略

组建战略联盟是一种具有机动灵活性和反应迅速性的新组织形式，与并购相比，在实施及运营阶段具有较大优势。战略联盟的形成动机涉及企业间的协同增强实力、拓展市场影响、技术创新引导、跨国市场渗透及风险优化管理五个方面。

1. 实力提升

竞争对手通过合作协同增强竞争力，共同抵御其他市场参与者或潜在进入者的挑战。

2. 市场扩展

互补网络与资源，共同进入新市场空间、强化产品推广或联合促销，扩展商业影响力。

3. 技术进步

技术变革速度加快，创新需求强而信息不足，各行业能力互补、满足战略联盟需求。技术驱动下市场竞争加剧，技术联盟成为企业持续优势的重要来源。

4. 国际化发展

市场全球化趋势明显，企业普遍认同以与海外企业合资、合作或特许经营等方式迅速渗透海外市场的必要性及优势，远超过直接投资或并购。

5. 风险管理

市场变化加快、竞争激烈，业务风险明显提高，通过战略联盟分散风险，有效降低企业运营风险。合理风险控制是企业持续稳定发展的基石。

（八）扩张型战略

扩张型战略是现有企业依靠自身的力量或与其他企业联合、并购，以促进企业经营快速发展的一种总体战略。

这种战略一般适用于处于有利发展的环境，在产品、技术、市场等方面占有很大优势的企业，特别是拥有名优特新产品或知名度、美誉度较高的企业。企业往往通过技术创新、产品开发、市场开拓以及联合兼并等方式来实现这一战略。

（九）紧缩型战略

紧缩型战略是企业在面临艰难的经营局面时，缩小生产规模、关闭工厂、出让资产或取消某些产品生产的一种战略。

一般适用于企业处于经济不景气、资源短缺、银根紧俏、产品滞销、竞争乏力、财务状况恶化等情况。它对扭转企业经营被动局面，使企业适应新环境而求得生存是十分必要的。

（十）国际化经营战略

参与跨国经营的企业通常有以下七种战略选择。

1. 发放许可证

授予国外公司使用企业技术生产和分销产品，实现跨国运营。授权许可是进入多国市场的一种方式，但责任和控制都较低。

2. 维持生产基地出口

利用自有或国外公司控制的渠道出口产品到国外市场。这种方式控制较大，但成本高昂，市场适应能力较低。

3. 采纳多国家竞争战略

针对不同市场采取不同战略以适应需求差异和竞争环境变化。良好适应各国市场至关重要，但跨国协调也不容忽视。这需要在本地化与全球统一间建立合理平衡。

4. 全球低成本战略

竭尽全力成为全球大部分或所有战略重要市场的低成本供应商。这需要在全球范围内协调战略行动以获得相对优势地位，但难以长期维持。

5. 全球差异化战略

对产品进行差异化以实现全球一致形象和主题。需要全球协调以获得差异化，但难以在不同文化背景下保持差异性。

6. 全球聚焦

在每个重要市场为同一小市场服务。需要全球协调以实现一致策略，侧重狭小市场难以扩展。

7. 全球最优成本供应商

努力与竞争对手在成本和价格上保持竞争力以赢得全球市场。需要全球协调以在各国市场获取一致优势地位，但难以长期维持。

五、企业战略的评估、控制与变革

（一）企业战略的评估标准与实施

1. 企业战略的评估标准与方法

评价战略的论述主要如下。

（1）伊丹敬之适应战略

首先，需环境适应，考虑技术进步、竞争加剧和顾客需求变化等外部因素。其次，需内部资源适应，资产、人才等要适应战略发展。最后，需组织结构适应，要协同推进战略实施。体现系统优化与整体协调。

（2）斯坦纳和麦纳的评价战略六要素

评价企业战略的有效性应考虑六个要素：战略必须具备环境适应性，即与外部环境和趋势相符合；必须具备目标一致性，以确保实现企业战略目标；必须具备竞争优势，充分发挥企业能力，确保在激烈竞争中获得领先地位；必须具备预期的收益性，选择可获取长期利润的战略方案；必须具备资源配套性，以确保战略实施所需资源具备并相互配合；决策者科学地预测和应对即将发生但当前尚未出现的潜在风险。

（3）努梅特四标准

一致（内部统一）、协调（外部衔接）、优越（竞争优势）、可行（资源支持）。内部评估是一致和可行，外部评估是协调和优越。

2. 企业战略的选择与实施

通过战略评价体系对不同战略的权衡，企业应选择实施适合自身发展的战略。企业战略实施涉及以下工作内容。

（1）建立适应经营战略实施要求的企业组织机构

组织架构调整应匹配企业战略发展，才能有效推进实施。此调整可能需要改组或建立新的部门等。

（2）合理配置资源，制定预算和规划

资源投入应支持策略实施，需要合理分配资金、人力、技术等有限资源，并明确年度预算与短期规划目标。

（3）调动群体积极性，实现战略计划

通过沟通宣导、培训等方式，培养全员对战略的理解认同感，增强团队活力和主动性，共同推进战略进程。

（4）建立行政支持系统，实行有效的战略控制

要建立明确的工作机制与程序，对战略实施进展进行定期跟进检查与控制，发现问题及时作出调整，保障实施顺畅有序，达成预期目标。

（二）企业战略控制

1. 企业战略控制概述

战略控制作为实施企业战略的重要方法，主要涉及检查与评估实施进展及结果等工作。具体来说，战略控制主要过程包括以下五个方面。

（1）检查企业为达到预定目标所进行的各项活动的进展情况

在实施过程中定期跟踪重点任务进度和完成效果，借以掌握策略行动是否顺利推进，发现潜在问题或滞延。

（2）评价实施企业战略后的企业绩效

通过分析相关指标的变化趋势，判断实施是否达成预期效果和收益，是否满足发展需求。评估结果有助于判断整体方案的科学性和合理性。

（3）实际绩效与既定的战略目标和绩效标准相比较，发现战略差距

策略目标体现预期效果，标准体现可接受范围，两者共同构成绩效评价框架。通过比较，识别实际结果是否偏离合理范围，可以找出差异原因并作出调整。

（4）分析产生偏差的原因，纠正偏差

应透彻分析影响因素和关系，追究偏差的根本原因。只有纠正原因，实施才能持续优化和进步。需要通过优化设计、提升执行、增强因素适应等途径，逐步消除相关差错。

（5）实现企业战略

通过持续审视、评估与优化，确保企业行动符合策略方向，最终达成预期目标。战略控制的根本作用在于通过反复迭代，不断完善并推进策略实施。

2. 战略控制的类型

（1）从控制时间来分类

①前置控制，又称预防控制。它主要是在行动前采取一系列措施，降低潜在风险发生的可能性。前置控制通常是基于过去的经验及数据分析而制定相应的控制措施。例如，企业在生产新产品时会进行严格的试验和测试，以确保产品的质量和可靠性。

②同步控制，又称互补控制。它主要是在行动时对任务的执行过程进行监督和协调，以达到确保任务顺利完成的目的。同步控制通常需要对任务过程进行即时的记录和反馈，以及对任务人员的工作状态进行跟踪和管理。例如，在一个复杂的项目中，项目经理需要对各个子任务进行有效的协调和监督，确保整个项目能够按照计划顺利地进行。

③事后控制，又称纠错控制。它主要是在任务结束后对任务的执行结果进行评估和反馈，以发现并改正存在的问题。事后控制通常需要对任务结果进行详细的分析和评估，以找出问题根源并制定相应的纠正措施。例如，在企业的财务管理中，会对过去的财务数据进行分析和审计，以确保企业的财务状况良好，并及时发现和纠正财务问题。

（2）从控制主体的状态来分类

①避免型控制，即采用适当的手段，使不适当的行为没有产生的机会，从而达到不需要控制的目的。避免型控制侧重于事前规范和设定，通过制度安排、流程设计等方式，引导实施行为始终按照合理方向展开，避免偏差产生的可能性。例如，通过自动化使工作的稳定性得以保持，严格遵循企业的目标和标准正确地工作等。避免型控制操作难度较低，成本较低，但缺点在于错误发生后难以纠正。

②开关型控制，也称为事中控制或行与不行的控制。在战略实施的过程中，要按照既定的标准检查战略行动，确定行与不行。开关型控制主要通过持续监控来发现和纠正偏差，类似开关的开与关。这种控制方式操作灵活便捷，能够灵活应对环境变化和新问题，但监控成本较高，判断标准需要不断优化。

因此，避免型控制注重规范设定和流程安排，旨在避免偏差产生；开关型控制关注实时监控和纠偏，力争发现和纠正偏差。两种方式各有优势，需要权衡实施成本和效果，选择最合理方式或进行混合使用。避免型控制更适合操作稳定性高和偏差影响较小的领域；开关型控制更适合动态复杂环境和关键领域。

（三）企业战略变革

企业的战略不是万能的，随着环境变化和企业发展，固定不变的战略难以适应新情况，实现企业提质增效。战略变革的必要性体现在以下三种情况。

1. 环境变化引起战略不合理

外部环境的变化，如国家政策调整、技术革新、竞争格局变化等，可能导致原有战略不再合理或陈旧。战略变革旨在调整战略以适应环境变化，确保策略选择合理。

2. 企业发展阶段转变导致战略不匹配

企业随着成长而分阶段发展，每个阶段的战略取向和侧重也不同。如果战略不相应调整，难以适应企业新阶段的发展需求，以实现可持续发展。战略变革体现为不同阶段作出相适应的战略选择。

3. 内部能力提升出于对战略补充

随着企业能力不断增强，可能在某些方面已经超出原有战略要求，但战略却未相应调整。在这种情况下，内生能力难以得到充分有效利用，对企业发展产生不良影响。战略变革旨在根据企业实际能力对原有战略进行补充或替换，实现能力发挥。

第二章

企业经济发展中的管理创新

第一节　创新理论及其发展

一、创新的概念

（一）创新的来源与含义

“创新”一词的来源可以追溯到拉丁文中的“innovate”，意为更新、重组或改变。其在《现代汉语词典》中的解释是：“抛开旧的，创造新的。”《韦伯斯特词典》关于“创新”的定义：一是引入新东西新概念，二是制造变化。

在现代语境中，创新是指在一定范围或领域内，以新想法、新方法或新技术应用为基础，创造出新产品、新服务、新的生产流程和组织形式。创新通常被视为推动经济、技术和社会发展的重要力量，它具有推动社会变革、提高生产效率和促进可持续发展的潜力。

在现代经济学中，创新被视为经济增长的驱动因素，它可以创造新的产品、市场和产业，并提高生产效率和降低成本。因此，许多国家和企业都将创新作为核心战略之一，并积极投入创新研发和创新管理。

（二）创新理论

创新就是为了改进或重新设计产品、服务或流程而引入新想法或新方法。这些新想法或新方法可以来自技术突破、市场需求、社会趋势或其他创造性的思维方式。

创新是一个经济概念，而发明是一个技术概念，两者有严格的区别。创新理论中的发明是将知识与技能融合在一起转化为具体的技术成果，为创新提供重要来源。但是，科学技术的发明并不意味着创新，对创新来说，更重要的是如何将科学技术进行商业化运用，或者说如何把科学技术引入企业中来形成一种新的生产能力和竞争能力，只要发明还没有得到实际上的应用，那么它在经济上就是不起作用的。创新理论阐明了创新作为经济概念的内涵特征和基本机制，指出创新主要体现为建立新的生产功能或在生产系统中引入从来没有出现过的要素组合，包括新产品、新技术、新市场、新供应来源以及新管理方法等。这些新要素的组合才能形成企业新的生产能力和竞争优势。

相比之下，发明属于技术概念，是将知识与技能转化为技术成果。发明为创新提供源泉，但并非直接等同于创新。创新还需通过商业运用来实现对生产能力和竞争力的影响。只有发明得到实践应用，才能在经济上发挥作用。

二、创新的特点

（一）创造性

创造性是指创新所进行的活动与其他活动相比有所改变，这种改变带来了质的升华。从创新的字面意义上看，创新的本质包括创造性。无论是完全彻底的改变，还是“小修小改”，创新中必须包括新的不同的东西才能谓之创新，否则就失去了存在的依据。

创造性是创新最基本的特征。它体现为对当前活动或实践的改变，产生了新的、不同的内容，带来质的提升。新的内容可能为彻底的转变，也可能为局部的修正和补充，但必须超过简单的模仿或延续。任何没有包含新的、不同对象的活动都不能被视为创新。创新涉及的新内容可以为新产品、新技术、新理念、新模式等。这些新内容的构思、发展与应用，使创新能够为企业创造新的竞争优势，带动业务发展。只要没有产生新的内容，即使追求“不同”或“更好”，也难以谓为真正的创新。创造性正是创新本质所在，也决定了其对企业价值提升的意义。

因此，创造性是创新最基本且不可或缺的特征。它体现为产生新的、独特的内容，通过对现有活动或惯例的改变，实现了质的进步与提升。新的内容可以为突破性的转变，也可以为逐步累积的创新，但都必须超过简单的模仿扩展。只要没有新的内容作为载体，任何追求“不同”或“更好”的努力也无法被归属为真正的创新。创造性是判断一活动是否属于创新最权威和确定的依据。

（二）系统性

创新受诸多因素的影响，不论是创新前期工作的开展，还是后期实施的效果都会受各种因素的影响。创新不是“空中花园”，它会受创新者、投入资源、外界环境等的作用和影响，有时还会面临诸多的阻碍和压力。

创新是一个系统，它的各个要素及其相互作用共同构成整体功能和效果。系统性要求在开展创新前后期工作时，对系统内各要素及其联动关系进行全面考虑。创新既依赖创新者个人热情和才华，也依赖有效的资源投入。同时，外部环境的影响，如市场机遇与威胁、政策变化也同样重要。有时各要素的作用不仅单独显现，在交互作用中也能产生协同效应，甚至基于适当的协调机制实现更大提升。因此，为了创新的成功，必须综合考虑各种因素，将创新看成一个系统。这包括明确系统边界及内在要素，理解各要素之间的联系及影响；强化系统内协作机制；灵活应对外环境变化；根据实际需求进行必要的调整，以水到渠成的方式逐步提高系统性能以实现整体目标。

系统性不仅决定了创新的过程与结果，也体现在创新理念及模式层面。仅从自身出发的狭隘视角思考，难以构建具有包容性与适应性的创新框架。因此，系统性是判断一活动是否属于创新且能否实践化的重要标准，也是实现创新成功的基础。理解创新本质，强化系统视角，对于有效进行创新开展至关重要。

（三）高风险性

创新就是改变，是对当前状况的否定或者是升华，受多种因素的影响，而创新的效果也要在后期才能检验出来，有时这个时期还会非常漫长。

创新具有较高的风险性。即使前期进行了充分的论证，随着环境和条件的改变，先前的论证甚至实施中的创新项目都可能彻底颠覆。将创新视为“转变”，其中常常含有不确定性和风险，一个创新项目很可能进行到一半就要中止，甚至实施到最后才发现它没有实用价值。这时，投入的资源可能难以弥补，产出无法弥补成本，企业将面临更大不确定性。高风险性是创新的必然属性。作为一种新的思路或实践，创新先行于实践，其前行性和不确定性都增加了企业面临的风险。风险不仅存在于资源输入阶段，也体现在创新结果的不确定性中。新内容或新模式的价值难以预估，甚至在实施过程中或终止后才能明朗。这就要求企业在进行创新时，必须综合考虑风险，采取适当的回应措施。

为控制风险，企业可以进行严谨论证、适当试运行、设置终止条款、分阶段实施等。同时，还要培育包容犯错文化，试错学习成为鼓励创新的重要途径。只有进退有度，既要积极鼓励创新，也要科学管理风险，才能最大限度地实现创新的价值。高风险性是创新的必然属性，要求企业在进行创新活动时，必须综合考虑风险，采取适当措施，才能实现创新成功。理解风险、合理应对是提升创新竞争力的关键。

（四）高收益性

之所以很多人和企业痴迷于创新，是因为其一旦成功，创新成果就能带来巨大的收益，这里的收益既包括物质财富上的，也包括精神上的。人们对于创新结果的美好预期，推动了创新在满是荆棘的道路上前进。

创新有能力为企业带来高额收益，这种高额收益是与高风险性紧密相对应的。高收益性是推动企业积极开展创新的重要动机所在。创新收益的来源复杂多元，主要的营收来源包括以下四点。

1. 创新产品带来的额外销售收入

通过不断推出新的产品，满足市场更多需求，实现销售额的增长。

2. 创新技术带来的成本节约

采用更高效的技术和工艺节约了生产成本，带来利润提升。

3. 创新模式带来的竞争优势

发展出独特的宣传模式、管理模式、运营模式等，构建了由创新驱动的竞争壁垒，增强抵御压力的能力。

4. 文化创新带来的团队积极性提升

培育鼓励创新的企业文化，激发全体员工的主动性和创造力，提高团队整体的效能和效益。

除直接的财务收益外，精神满足感、工作动力提升等也是创新收益的重要来源。人们对美好结果的憧憬，推动了创新不断前行，最终聚焦于“以创新激发增长，以增长促进发展”。

高收益性是评判一活动是否属于创新且能否实践化的关键标准。创新带来的高额收益不仅体现在结果和数量上，更体现在实用价值和竞争优势中。理解收益来源，推算可能性，是企业进行创新的重要依据。高风险与高收益相对应，要求企业在创新中权衡两者，以实现创新成功。高收益性决定了创新成为企业发展动力所在。

（五）适用性

高收益性首先要求创新具有适用性，不适合现实环境即无法加以利用的创新成果是不能为企业带来相关收益的。创新成果为企业带来收益的方式有多种，归结起来就是自用和他用。不管哪种方式，如果创新成果没有现实环境的土壤就不能够开花结果，企业就不能够从中获得利益。

适用性是创新成果能为企业带来收益的基础。只有创新成果能够适应企业实际需求和环境，才能在实践中发挥作用，产生预期效果，并为企业创造收益。创新成果的适用性体现在以下五方面。

1. 与企业理念和战略契合

创新内容和企业目标视野一致，符合企业发展战略，更易被企业接受并实施。

2. 适应企业资源和能力

创新方式和所需资源适应企业实际，不超出企业吸收和应用的能力。避免出现“资源输入远大于输出”的情况。

3. 解决实际问题

创新针对企业关键业务过程或问题进行优化，真正体现在提升效率、增强竞争力等方面，而非“思想渲染”。做到“以问题为导向”。

4. 适应文化环境

创新理念和方式与企业文化、价值观以及运行环境相一致，易被员工普遍接受，更易顺利实施。考虑到“文化因素”对执行的影响。

5. 有效性验证

通过试行或模拟，验证创新理念和方式在企业内实施后能否达到预期效果，避免“空中花园”。在全面实施前要“先试水而后推广”。

只有创新产物和当前环境高度契合，才能在实践中悉心发挥作用，产生较大效果，为企业带来收益。适用性是创新能否造福企业的重要保障，也是高收益性的基石。企业在进行创新时，要重视并体现创新内容的适用性，以实现创新成功和收益最大化。理解需求、技能限制、文化影响等因素，适应性设计是企业进行创新的关键要点。

（六）时机性

创新的“新”以及相应的收益性要求创新具有时机性。时机性是指先一步或者晚一步对于创新而言意义重大。若有人先一步创新成功，先一步申请专利者在竞争中将获得占领性优势，而其他人的创新成果就不再“新”了，所带来的效益也将大打折扣。

1. 早创新、早获益

时机性是评判创新能否带来较高收益的重要因素。它体现为早创新、早获益。先后顺序直接影响创新成果的竞争力和收益空间，具体体现在以下四点。

（1）先于竞争对手开展创新，能够在竞争中获得先机优势。成为市场趋势及标准的制定者，其他企业就很难突围而出。

（2）提前进行研发，缩短了成果转化为商业模式的时间，使其在市场推出时具有较强的新鲜度和吸引力，更易引起消费者的关注并获得结果。

（3）提前申请专利或建立知识产权，在后续竞争中获得了法律保障，避免被侵犯知识产权。

（4）在规则制定阶段发挥影响力，能够确定行业产业标准和价值体系，更有利于其产品和模式的推广。标准的制定直接影响行业的发展方向和空间。

2. 被动创新，收益大打折扣

相对来说，晚于市场主流进步，具有“被动”色彩的创新，其收益会受到较大挑战，具体体现在以下几点。

（1）缺乏先机优势，更难突出自己的竞争力以引领市场变革，往往成为被动追随者。

（2）产品在推出时难以展现较高的“新鲜”度，消费者选择空间会缩小。

（3）机会成本会增加，同等条件下没能首先进入市场就无法获得应有收益。

（4）行业规则和标准在早期阶段已经形成，后续要想修订会面临较大阻力，难有较大影响。

时机性决定了创新能否在竞争中获得优势，成为市场主导者，从而达到较高收益。早创新获益，是企业追求创新成功的关键所在。要实践化创新，企业要重视并体现出创新内容的时机性，才能在竞争中脱颖而出，实现创新成功和收益最大化。理解行业发展趋势、竞品策略、监管政策等因素，根据环境变化灵活调整创新计划，抓住时机是企业进行创新的关键要点。

三、创新的基本类型

（一）按过程和效应来分

通过考虑创新过程的速度和深度，我们可以将创新划分为两类：突破性创新和渐进性创新。这两种创新的主要区别在于所取得的成果在彻底性和差异性上的表现。通常情况下，若将创新的成果与现有的生产方式、生产技术、产品范围、市场类别以及管理方法等进行比较，彻底性和差异性越大，则其突破性越强；相反，彻底性和差异性较小，则渐进性越强。

突破性创新指的是在生产方式、生产技术、产品、市场、管理、制度等方面实现重大变革的创新，例如组织重构。与此相对，渐进性创新只涉及生产方式、生产技术、产品、市场、管理、制度等方面的逐步改进或优化。因此，渐进性创新与突破性创新在彻底性和差异性上存在显著差异。由于突破性创新带来了现有技术、管理、制度等领域的重大突破，其结果通常是对过去的巨大变革，其影响也是显著和深远的。在许多情况下，突破性创新能够催生一个全新的产业。此外，突破性创新对现有的竞争规则产生巨大冲击，拥有突破性创新成果的企业往往能够改写竞争规则，成为新竞争格局的引领者。

总的来说，人类社会或企业的任何一项突破性创新都是无数渐进性创新不断积累和整合的结果。换言之，渐进性创新是实现突破性创新的必要条件。因此，在创新的道路上，企业不应盲目追求所谓的突破性创新。对于科研实力有限的中小企业而言，更应关注渐进性创新，不断总结、积累和应用渐进性创新成果，扩充自身的创新知识库，从而实现更具突破性的创新成果。

（二）按驱动创新的力量来分

在企业创新中，推动企业不断进行创新的驱动力主要来自两个方面：一是市场的需求；二是技术的进步。

需求是最终的顾客，需求也是最好的顾客，之所以这么说，是因为需求是所有经济活动的源泉，是企业生存和发展的基础，企业能够生存得益于市场对其生产的产品有需求并且企业能满足这一需求。从这一点可以得出一个非常重要的结论——企业的创新需要以市场需求为导向。企业是一种营利性的组织，在以需求为导向的企业创新过程中，与顾客的沟通和交流极为重要。许多创新的创意来源于深入与顾客沟通交流，适当了解他们的意见并作出相应调整，更能够推出符合市场需求的产品。

如在与年轻用户的持续互动过程中，企业可以不断倾听并获取宝贵意见，利用这些建设性意见不断优化产品以更好地与市场需求相匹配。有些公司虽然在创新的过程中没有根据当时的市场需求，但是能够为创新的成果创造出新的市场，从而实现创新和需求的最终匹配。相对而言，由技术进步推动的创新多为突破性创新，因此一种全新的技术有可能改变或者提高人类对自然规律的认识，并且提高人类改造客观世界的能力，还有可能形成一个全新的产业。技术创新往往能带来较大的社会影响，推动人类社会和生产方式的进一步变革。整体来说，技术驱动和市场需求双双推动企业的创新，二者相辅相成。

（三）按发生方式来分

按照创新的发生方式不同，创新可以分为程序化创新和非程序化创新。

程序化创新的特点是按部就班，创新的过程有一系列的程序可以遵守，先做什么后做什么都有比较明确的指示。创新的计划在创新之前制订好，整个创新的过程沿着既定的路线和程序进行。在创新过程中，程序化创新倾向于较强的控制力和可预测性，对偏差的容忍度比较低，除非有合理理由，否则不会轻易改变原来的路线或者程序。

非程序化创新则没有既定的路线和程序，创新的过程比较“随意”灵活。非程序化创新可以进一步分为两种类型：一种是消极型的非程序化创新，它属于发生机会的创新，创新的发生主要源于偶然的资金支持或者偶然的创意产生。这种创新的偶然性和突发性明显较强。另一种是痛苦型的非程序化创新，这种创新的主要原因在于企业正面临生存的风险压力，缺少创新将可能导致企业衰败、终止，因此，这种创新倾向具有较强的被动性和迫切性，通常是在没有其他选择的情况下进行的。

程序化创新更为注重规划和管理，带有较高的可控性，较强的可预见性；非程序化创新更具灵活性和机动性，但难以全面控制，存在较高的突发性风险。不同发生方式的创新各有优势，企业实践中往往结合两种方法，既有敏捷的非程序化创新又具备稳定的程序化创新以更好地应对复杂变革。两种创新方式的发挥都能够带来技术进步和产品革新，从而实现企业发展。

（四）按调整程度来分

调整程度是指对现有技术、人员、组织、管理、制度等进行调整的程度大小，根据调整的程度可以将创新分为独立创新和系统化创新。

如果新成果的运用或者商业化需要对以上要素进行较大范围的调整，则这种创新就是系统化创新。相比较而言，独立创新成果的使用或者商业化只需要对现有的技术、人员、组织、管理、制度等进行有限范围的调整，相对而言依赖性较小。

物联网是系统化创新的典型例子，物联网的开展需要对互联网服务公司、通信服务公司、参与物联网的企业、现有的信息技术等作出重大调整改革，才能有效实现。最新研发的城市立体公交也属于系统化创新的例子，在立体公交商业运营过程中，需要对存有的城市道路、公交站台、人员队伍、管理模式等进行根本变革，以适应立体公交运行的需要。

总体来说，系统化创新需要较大范围的调整，对现有技术、组织架构等要素的依赖性较高，成果的实用推广需要重大变革。独立创新相对独立，对现有系统的依赖较小，成果的运用较易推广。两种创新类型各有优势，在实践中企业经常结合系统化创新重构现有系统和独立创新补充新要素，以更好地适应环境变化、提升竞争力。适当的调整程度是实现创新与发展的重要保证，既大又宽，既深又细。

四、创新的多层次研究

组织是一个多层次的、层层相扣的系统结构，个体、团队与组织在多重层次中相互影响与整合，以创造价值产出。因此，必须视组织为一个整合的系统。然而，传统的组织研究往往片面将组织切割成个体、群体与组织层次，研究者倾向于要么强调宏观的观点，要么强调微观的观点，难以充分理解组织整体。宏观的观点容易忽视个体差异和个人的心理行为，微观的观点则未必考虑到社会文化等外部因素对个体的影响。综合考虑微观和宏观层次是理解组织现象的重要途径。

多层次理论旨在帮助人们更好地理解层次间如何互动影响，提供更为丰富的研究视角，广泛解释组织行为发展。研究多层次现象有两大方法：

一是从上往下研究，了解组织、团队等级别如何影响个体层次的研究变量；二是从下往上研究，理解个人感知、态度行为如何汇总形成群体、组织现象。

管理要理解组织发展，需要采取较为宽广全面的研究视角，考虑层次关系及相互作用，既关注宏观，又重视微观，实现宏观与微观的协调融合。只有在理论与方法上兼顾宏观与微观，才能更为准确、深入地解释组织变迁与创新，为管理实践提供更为准确可靠的指导。

（一）由下而上的涌现过程研究

由下而上的涌现过程，即由较低层次的互动和集聚而涌现到较高层次的过程。许多创新现象，如组织学习、团队学习行为、吸收能力、创新气氛都来源于个体行为、感知、态度和认知的方式，通过个人和群体间的互动和交换涌现为高层次的现象。涌现现象通常通过组合型（Composition）和汇聚型（Compilation）两种截然不同的机制产生，借助这两种机制产生由下而上的涌现过程。组合-涌现现象是基于同构的原则，反映功能等同的现象，从低层次到高层次现象的涌现过程。汇聚-涌现现象是基于相关的但不同的较低层次特性，当这些特性以合并方式涌现到更高层次时，其功能则不同。

一个由下而上的涌现过程不论是有赖于“组合”还是“汇聚”，都需要明白的是：高层次的分析概念如何从低层次的实体与交互中涌现，即从低层次现象升华出的高层次概念的结构是什么？搞不清楚这些作用结构和过程，则不可能描述理解个体是如何有助于较高层次的实体。交互形成结构基础。心理安全的涌现有助于阐明团队层次现象的本质。

（二）由上而下的过程和情境影响研究

由上而下的过程和情境影响是由高层次向低层次影响的过程。创新系统中每个层次都嵌入在一组或更高层次的情境中。情境可能有助于塑造低层次的创新现象本质。通过确定情境影响的本质来帮助加深理解创新现象，也有助于确定创新成果的影响来源。

由上而下过程的第一种情境作用类型是直接的跨层次影响，是高层次上的自变量影响低层次上因变量的结果。例如，有积极的纠错管理文化的组织，具有谈论自由和当错误发生时理解错误的强规范，并在问题出现和需要采取纠正措施的时候提供援助。这些共享的规范是代表建设性的纠错管理文化，有利于错误的开放性沟通，鼓励在这种文化环境中工作的个体更自由地承认并承担发生的错误，努力纠正发生的错误，并从错误中学习。

由上而下过程的第二种情境作用类型是作为跨层次调节变量——调节较低层次的变量。团队学习行为会正向调节个体学习倾向与创造力之间的关系，换言之，团队层面的学习行为跨层强化个体学习倾向对创造力的影响作用。

由上而下过程的第三种情境作用类型是跨层次青蛙池塘效应，它反映较低层次的个体在较高层次中的相对位置所产生的影响。同样的一只青蛙，假若池塘很大，这只青蛙看起来可能会很小；若池塘很小，这只青蛙看起来就可能很大。例如，假设要检测薪资的高低与工作满意度之间的关系，个体的工作满意度可能就会取决于该个体相对于群体中同事的平均薪资水准。个体创造性自我效能与创造产出的关系，可能受到上级主管对个体创造性角色期望程度的调节影响。再者，一个员工的创新价值观与组织的创新价值观相关，一个组织在多大程度上努力将员工视为新技术的目标用户，则影响员工对这种技术创新的态度。具有强烈的创新价值观的员工，如果是工作在一个强烈支持和鼓励员工尝试新的做法和学习的组织中，员工就很可能成为新技术的“领先用户”或创新冠军；如果是工作在一个自认为是完美的、反对冒险的不支持创新的组织中，员工对新技术的反应就完全相反。可见，一个组织是否重视员工在创新中的作用和地位，对员工的创新价值观及其行为产生完全不同的影响。

第二节　管理创新在企业发展中的作用

一、管理创新的概念

管理创新是指在组织管理及其相关领域，采用创新思维和方法，引入新的、有效的管理模式和技术手段，以提高组织运作效率、增强组织竞争力、推动组织可持续发展的一种创新活动。

管理创新可以系统和全面地优化资源配置、流程设计、管理框架建设和企业文化培育等多个方面。它需要企业科学规划，并选择合适的创新方案，通过不断创新实现企业持续发展。管理创新充分体现企业对环境变化的敏锐把握和主动应对，也体现了企业管理者对组织运作过程中的不足和问题所作出的创新性探索与应对。

二、管理创新体系

管理创新体系主要包括管理观念创新、战略管理创新、组织机构创新、制度创新、产品及服务创新和关系创新。

（一）管理观念创新

管理观念是企业管理的灵魂和基石，它指导与规范企业各项经营活动。对管理观念的确定是一件复杂的事，需要通过环境分析、资源评估、战略考量等多个方面的综合分析和衡量，最终形成企业发展的基本信念。管理观念具有较强的稳定性，因为一旦确定，随后实践中不容易更改。然而，外部环境和内部机制的变化也会影响管理观念的合理性，所以也需要适当调整。但调整前必须认真论证，避免随意更改。管理观念与实际运营密不可分，管理观念指导实践，实践反馈也影响管理观念。有了合理而灵活的管理观念，企业各项活动将更加顺畅高效。而管理观念创新就是在此基础上，提出新的不同方式看待企业经营和发展。

管理观念创新有以下特征。

1. 基于深思熟虑

需要通过深入分析，理性论证，形成足以指导企业发展的新的基本思想。

2. 既新颖又实用

新思路应具有全面性和前瞻性，既能看透趋势，为企业指明可持续发展之路；同时也要经过实践验证，证明是切实可行的。

3. 通常较为持续

除非环境变化过大或新思路明显不合理，一般新确定的管理观念会持续指导企业多年发展。

4. 可局限于部分领域

管理观念创新不必全面涉及企业各个方面，也可以针对某一方面或领域提出新的思路和途径。但应保证不同部分的衔接和融合。

管理观念创新是发展企业核心竞争力的基石。企业领导层必须认真思考，力求理性判断，审慎推进相关创新，以带领企业持续、健康发展。

（二）战略管理创新

战略管理创新是指在实施战略管理过程中，采用创新思维和方法，引入新的、有效的策略制定、战略执行和战略评估方式，从而提高组织战略管理水平、增强竞争力、推动可持续发展的一种创新活动。

战略管理创新包括多个方面，如战略思维创新、市场导向创新、创新型组织架构、数字化转型等。通过战略管理创新，企业可以更好地把握市场机遇和风险，提高决策质量和效率，加强组织内外部资源的有效整合和协调，优化资源配置和利用效率，推进企业战略目标的实现。

（三）组织机构创新

组织机构创新是企业为了跟上市场竞争和适应新形势而采取的一种创新方式，强调要注重对企业内部组织结构进行改革，以提高企业运转效率和响应速度，实现企业快速发展。

组织机构创新需要企业从管理理念上进行变革，推行开放、灵活的管理方式。同时还需加强对员工的管理和培训，提升员工的创新意识和更好地适应公司战略发展的要求。此外，还需引入先进的技术、理念和流程，不断完善公司的管理模式，提高公司的运作效率和管理水平。

组织机构创新的重点是在保证公司核心价值观和发展战略不变的基础上，根据市场需求和发展趋势不断进行各个方面的改变，以实现企业的持续发展和更好的市场表现。这也需要企业领导层具有敏锐的市场嗅觉和前瞻性的眼光，对市场动态进行透彻的分析和判断。

（四）制度创新

管理制度的创新或改革指通过设计新的管理方法或标准来优化企业管理方式和体系，以实现资源高效配置和战略目标。它是企业管理创新的重要方面和手段。有效的管理制度能直接或间接影响企业管理的整体或部分内容，引导企业运行方式和模式的变化。仅通过制度改良，企业管理会变得更加合理、资源更加集约、流畅度提高。这为企业发展奠定基础，实现战略目标提供保障。

管理制度的创新和优化主要依赖于系统分析和设计。企业必须考虑内外环境的变化和发展趋势，审慎审视现行管理制度的不足和弊端，进行革新的规划。优化的制度应注重灵活性、适应性和可操作性，以适应环境多变，同时激发创新活力和提高资源价值。制度创新不仅限于规则和标准本身，还体现在管理方式的调整上。企业可能需要放弃传统的垂直管理，转向权限下放、智能网络和项目制等。同时，也可优化组织结构，实施过程再造工程等，以促进资源整合和流畅交流。管理制度的持续创新既是企业应对环境变化的需要，也是实现战略进步的必由之路。它通过理念、规则、方式等多方面的优化，调动全员的积极性，合理整合资源，优化运行机制，从而助推企业持续发展。对此，企业必须系统审视现有制度，在发展战略依据下进行科学创新计划，采取灵活多样的方式推进制度变革，以获得管理高效和竞争优势。

（五）产品及服务创新

产品及服务创新是指企业在产品和服务方面采用创新思维和方法，引入新的、创造性的产品设计和服务流程，以满足消费者不断变化的需求和提高企业竞争力的一种创新活动。

产品及服务创新包括多个方面，如产品功能创新、产品外观创新、产品材料创新、售后服务创新、客户体验创新等。通过产品及服务创新，企业可以更好地适应市场变化和满足消费者需求，提高产品附加值和品质水平，增强品牌知名度和市场竞争力，促进企业的可持续发展。

（六）关系创新

关系创新指在关系管理中提出新的方法或合理改进原有方法，提高企业运行效率，增强员工间的和谐关系。这是一种管理创新，通过关系变革来优化企业气氛，增强团队凝聚力。关系创新主要包括以下五个方面。

1. 优化组织结构

改进部门设置、减少层级、实施扁平管理等，有效整合资源，提高信息流畅度和决策效率。

2. 改进沟通机制

建立更为便捷的内部交流渠道，鼓励员工间的沟通过程互动。通过常见交流平台，加强跨部门和层级的合作。

3. 推行员工关系管理

倡导以人为本的思维，注重员工满意度和忠诚度。运用工具如问卷调查、小组讨论等，了解员工需求，培养凝聚力。

4. 优化激励机制

根据团队和个人表现，打造适合企业文化的奖励机制。通过合理的薪酬、职称和职级设置等，激发员工的积极性和效用性。

5. 构建和谐文化

宣导企业核心价值观，培养积极向上和团队合作的意识。适当举办活动增强凝聚力和归属感。用以衡量员工满意度和企业文化健康程度的调查，反复优化。

关系创新旨在通过关系管理的适当变革，优化组织环境，增强团队凝聚力，提高企业运行效率和员工满意度。它基于充分理解员工需求并融合企业发展战略，通过科学方法引导关系的持续变革和优化。

三、管理创新的特点

管理创新的特点体现在多个层次和维度，主要包括以下五个方面。

(1) 管理创新是将传统管理方法和理念与先进的管理思想和技术相结合的一种方式，具有不断求新、勇于尝试的特点。

(2) 管理创新需要具备开放性和跨界性的思维，可以借鉴其他领域的经验和技术，通过融合创新，打造具有自身特色的管理理念和方法。

(3) 管理创新着重强调以用户为中心，注重顾客体验、市场需求和企业应变能力的提高，从而实现企业的可持续发展和差异化竞争。

(4) 管理创新需要具备团队协作和创新文化的支持，鼓励员工参与管理创新，营造积极创新的企业氛围，提升整个组织的创新能力和竞争力。

(5) 管理创新需要持续推进和不断完善，要意识到管理创新是一个长期的过程。需要逐步优化和完善内部管理体系，与时俱进地应对市场变化和挑战，实现企业的可持续发展。

第三节　管理理论的发展与创新

一、古典管理理论阶段

古典管理理论研究阶段与企业由小到大规模发展相适应。在市场需求推动下，企业通过增加投资、扩大生产、提高效率在一定时间内产出更多产品发展壮大。因此，古典管理理论形成阶段研究可以说是“建立在生产理论上，以提高效率为主要研究课题”。这体现在提高生产力和经济效率为初衷，通过标准化、专业化、分层等手段，实现资源优化配置，最大限度地提高企业竞争力和市场份额。古典管理理论的代表理论包括科学管理理论、管理过程理论和理想行政组织体系等。

（一）科学管理理论

科学管理理论是工业化时期最早出现的管理理论之一，其核心是提高劳动生产率。它强调通过定额制定、标准化、专业化、计划分离、激励机制等方式来提高效率和质量。这种理论基于对工作过程的科学研究和分析，以数据和事实为依据，强调规范和标准化管理。

在科学管理理论中，工作定额原理是一个重要的概念。通过研究性学习确定标准作业量，以提高效率和质量。同时，要配备第一流的工人，培训他们成为高素质员工，使他们掌握标准化的操作方法，使用标准化的工具、机器和材料，并使作业环境标准化。此外，科学管理理论还强调实行有差别的计件工资制来激励工人超额完成工作，提高生产力。同时，工人和雇主双方都必须进行“心理革命”，消除对立，建立合作关系。为了实现高效，科学管理理论还提出了分离计划和执行职能，实行职能工长制和例外原则等管理控制方法。这些方法旨在减少管理层级、提高管理效率，使每个工人专注于自己的工作，提高生产效率和质量。

虽然科学管理理论在现代管理中已经过时，但它的思想和工具对后续管理理论和实践都有深远影响。它是现代管理思想的基础，提出了许多重要的管理原则和方法，为管理学的发展作出了重要贡献。

（二）管理过程理论

管理过程理论是管理学的重要分支之一，强调管理职能与企业其他职能的区别与联系，并且提出了管理教育和管理原则的必要性。该理论明确了管理职能的5个要素：计划、组织、指挥、协调和控制，这些要素是实现企业目标和管理效率的关键。此外，管理过程理论的管理原则也为管理实践提供了指导。

在管理过程理论中，强调企业有6种基本活动或职能，其中管理活动只是其中之一。因此，企业中不同层次的人员所需的能力也不同，下属人员需要具备企业特点的职业能力，而上层人员则需要具备管理能力。此外，管理教育的必要性和可能性也在该理论中得到了阐述，企业需要的不仅是技术教育，还需要有针对性的管理教育。

管理过程理论提出了14项管理原则，包括劳动分工、权力与责任、纪律、统一指挥、统一领导、个人利益服从整体利益、合理的报酬、适当的集权与分权、等级链、秩序、公平公正、保持人员稳定、首创精神、集体精神等。这些原则是管理工作中的基本准则，但是并不是绝对的，需要根据不同企业的特点合理应用。

（三）理想的行政组织体系

理想的行政组织体系应该基于明确的分工和自上而下的等级系统，以实现有效的协调和管理。同时，为了确保组织的长期稳定和持续发展，还应考虑以下4个方面的内容。

1. 人员的考评和教育是组织中重要的方面

组织应该根据职务要求，通过正式考评和教育训练来选拔和培养人才。在人才培养方面，应该注重终身学习和职业发展规划，为员工提供广泛的发展机会。

2. 职业管理人员的选拔和培养是组织中不可或缺的方面

建立科学的管理者选拔、评估和提升机制，发展专业化管理队伍，提高管理水平和能力。同时，管理者应该以身作则，以行动引领员工，带头遵守组织纪律和规章制度。

3. 组织中人员之间的关系是组织运作中必须考虑的因素

公平、公正的组织关系有利于员工合作和效率提升，进而促进组织的长期稳定和持续发展。在建立组织关系方面，应该注重建立有效的沟通渠道，加强团队协作和信息共享，提高工作效率和质量。

4. 组织应该注重创新和变革

在全球经济不断发展和变化的背景下，组织需要不断适应新的环境和挑战，注重创新和变革，提高组织的竞争力和适应性。

二、行为科学理论阶段

行为科学理论在组织行为研究领域具有重要地位，其理论观点强调人的心理和行为对实现组织目标的影响作用。该理论认为，工人不仅仅是经济上的“经济人”，也是社会系统的成员，拥有更为复杂的社会和心理需求。因此，为了提高生产效率，必须从社会和心理方面来鼓励工人，满足他们的社会关系、安全感、归属感和尊重等非金钱需求。这些需求同样重要，是激发员工积极性和提升生产总效率的关键所在。

行为科学理论还关注企业内部非正式组织的作用，认为这些团体是由于成员共同工作而形成的具有自然形成的社会规范和约束力的非正式团体。这些非正式组织对于提高生产率有着重要的影响，与正式组织相互依存。理论研究旨在认识非正式组织，并通过适当的干预优化其对于生产效率的提升作用，以实现更高效率的生产。行为科学理论认为，员工所追求的并不仅仅是金钱，更多的是感情、安全感、归属感等。

三、现代管理理论阶段

现代管理学派主要有管理过程学派、社会系统学派、决策理论学派、系统管理学派、经验主义学派、权变理论学派、管理科学学派等。

（一）管理过程学派

管理过程学派是一种以管理过程为核心的管理理论学派，又被称为管理职能学派或经营管理学派。该学派将管理看作通过人力资源在组织内协同完成任务的一系列过程，强调分析这些过程并从中归纳出基本原则，构建一种科学而合理的管理理论框架，以优化管理实务。该学派的代表理论包括管理职能学说，它将管理职能分为方向保证、组织、指挥、协调、控制五个部分，这些职能相互关联，共同构成了管理过程的核心。

为了构建准确而又有应用价值的管理知识体系，管理过程学派主张通过对现实管理实践的理念分析，从而形成一种具有普适性和可操作性的理论框架。该学派的理论构建旨在解释现实管理遭遇的根本逻辑，为管理者提供科学的行动指引，并促进管理实践的系统化、科学化进行。因此，管理过程学派的贡献在于提供了一种科学的管理思维模式，帮助管理者更好地认识和理解管理过程，更加有效地开展管理实践。

（二）社会系统学派

社会系统学派是一种基于社会学视角的管理理论，将企业组织内人员的相互关系看作一个协作的社会系统。这一学派强调，协作系统的形成需要有共同的目标、协作的意愿以及广泛的信息联系。而在协作系统中，正式组织和非正式组织都发挥着重要的作用。正式组织通过明确目标、广泛信息交流而形成协同体系，而非正式组织在某些方面对正式组织产生积极的影响。在这一协作系统中，经理人员的作用是联系不同组织成员，整合各方力量，推动组织目标的实现，以维持组织长期运作。因此，经理作为协作系统的中心和协调机制，扮演着至关重要的角色。社会系统学派认为，理论研究的主要目的是解释组织内人际关系的社会机制，提供系统视角下的管理指导，促进管理实践的科学化。

除此之外，社会系统学派也关注组织与其环境之间的相互作用。在这一视角下，企业组织被看作一个开放的社会系统，必须不断适应外部环境的变化。因此，社会系统学派主张管理者应该积极地与外部环境互动，及时地获取和反馈信息，并根据环境变化不断调整组织的目标和运作方式。这种基于社会系统视角的管理理论，为管理者提供了更为全面和系统的思考框架，有助于提高管理的科学性和实效性。

（三）决策理论学派

决策理论学派是以决策作为管理的核心职能，主张集中研究决策问题来形成管理理论。该学派最初聚焦于评估选项和选择方案的过程，而现在的视野已经扩大，将决策视为研究企业整体运作的出发点。决策理论学派将企业视为一个“小社会”，并综合运用多种学科的知识，如社会学、心理学和社会心理学等，来解释管理现象。

决策理论学派的代表理论包括经典决策理论、观念动态模式和多弯曲模式等。经典决策理论主要关注如何评价和选择决策方案，并提出了一系列决策方法和模型。观念动态模式则强调决策者的观念对决策过程的影响，并认为决策者的心理和认知因素会影响他们对信息的处理和解释，从而影响他们作出决策。多弯曲模式则认为决策过程中存在多个不同的因素和利益相关者，这些因素和利益相关者会影响决策结果，并提出了一些方法来解决这些问题。

决策理论学派认为，决策是管理者最重要的职能之一，因此，需要重视决策问题的研究和探讨。

（四）系统管理学派

系统管理学派强调将管理视为一个系统，由相互依存的各个组成部分构成。这些组成部分包括人员、资源、技术和环境等，它们通过各种内部和外部相互作用的关系相互联系，构成了一个有机的整体。系统管理学派认为，管理者需要理解和应对系统内部的各种相互作用和系统与环境之间的相互关系，以达到最佳的整体效能。为了实现系统管理，系统管理学派强调需要运用系统思维方法来分析和解决管理问题。这种方法包括系统分析、系统模型建立、系统优化等，它们可以用来识别和分析管理问题的各种因素，并找到最佳的解决方案。系统管理学派认为，这种方法可以提高管理决策的质量和效率，使管理者更加全面地理解企业的运作和环境的变化。

与此同时，系统管理学派也强调了管理与环境的相互作用关系。管理者需要意识到企业不仅是一个独立的系统，还是一个与外部环境相互依存的子系统。因此，必须关注和应对外部环境的变化，如政治、经济、社会、技术、法律和环境等方面的影响。这可以帮助管理者更好地把握企业的发展方向和运作策略。

（五）经验主义学派

经验主义学派是管理学理论中一种重要的学派，其主张通过分析实践经验来研究管理问题。该学派认为，从各种成功和失败的管理经验中抽象出某些一般性的结论或原则，可以帮助管理者更好地理解和应用管理学原理。学习与实践是经验主义学派理解管理学的基础。它通过案例研究分析管理实践，借鉴成功经验，并总结出普遍原理。

经验主义学派所提出的代表理论包括“14 项基本原理”“审慎决策”

“批判适应”等。这些理论试图解释管理者有效做法的普遍特质，提供判断管理实践是否合理的标准，并推动实践的进步。其中，14 项基本原理是经验主义学派的代表作之一，它是一种以实践为基础的管理理论，主张将管理分为计划、组织、指挥、协调和控制 5 个基本职能，提出了 14 个与这些职能相关的基本原则。审慎决策理论则强调决策的重要性，认为管理者需要通过分析和比较各种可能的决策方案，才能作出明智的决策。批判适应理论则主张管理者需要根据外部环境和内部情况，不断调整和改进管理实践，以适应变化的情况。

经验主义学派的理论具有一定的局限性，它主要关注于实践经验的总结，忽视了理论的创新和发展。此外，经验主义学派的理论普遍性有待进一步地验证和完善。

（六）权变理论学派

权变理论学派是一种以经验主义学说为基础发展而来的管理学派，认为管理者的实际工作与所处的环境条件密切相关。不同于经验主义学派只研究个别案例，权变理论学派试图提出适应特定情况的管理组织方案和管理系统方案。该学派认为，没有一成不变、普遍适用的“最好的”管理理论和方法。因此，在管理实践中，必须根据企业所处的内外条件灵活应变。

权变关系指的是两个或两个以上的变量之间的一种函数关系，而权变理论则考虑了有关环境的变量与相应的管理概念和技术之间的关系，以达到有效的管理目标。权变理论学派建立在环境影响管理的前提基础上，强调管理实践的灵活性和适应性。有效管理的关键在于对环境条件的敏锐理解和及时应变。权变理论学派的代表理论包括环境决策机制、控制方式的变化等。这些理论试图解释企业根据环境条件采取差异管理方式的原因与途径。权变理论学派通过对管理实践进行研究，提出了一系列灵活的管理策略，帮助管理者更好地应对不断变化的环境条件。

（七）管理科学学派

管理科学学派是一种运用数学和逻辑方法来分析和解决管理问题的学派。该学派将管理看作一个逻辑和数学模型的系统，可以用数学符号和运算关系来表示。管理科学学派常常运用模型来解决管理问题，通过逻辑演算和最优化算法，对复杂管理问题进行系统分析，以期提出更加系统、合理的管理方法和策略。该学派的方法和理论促进了管理决策的客观性、可靠性和高效性。

管理科学学派的主要方法是建立数学模型。通过建立数学模型，可以把问题用它的基本关系和选定目标表示出来，同时，也可以对管理问题进行分析和优化。由于数学方法大量应用于最优化问题，可以说，管理科学学派和决策理论有着密切的关系。

四、管理理论新发展

（一）企业战略理论

企业战略理论主要研究内容包括如何制定企业战略、如何实施企业战略以及如何调整和改进企业战略。随着市场环境的快速变化和激烈竞争的加剧，企业战略管理越来越成为企业长期发展的关键。因此，企业战略的研究与制定已成为现代企业管理中最为重要的内容之一。

企业战略的制定过程需要考虑多种因素，如企业内部资源和能力、外部市场环境、竞争对手的行为以及技术变革等。在制定企业战略时，企业需要深入分析市场环境的变化，寻找与竞争对手的差异化策略，以及充分利用自身的资源和能力来制定可行的战略方案。企业还需要考虑风险和机会之间的平衡，为企业长期发展规划提供充分保障。

企业战略的实施过程是将制订好的战略方案付诸实践的过程。企业需要充分发挥内部资源和能力，合理配置各项资源，实现战略目标。企业还需要不断地监测和评估战略实施的效果，及时调整和优化战略方案，以确保企业战略能够持续有效地发挥作用。

因此，企业战略的调整和改进是企业战略管理的重要环节。企业需要根据市场环境的变化、竞争对手的行为以及自身资源能力的变化，及时对企业战略进行调整和改进。

（二）组织管理理论

在当前全球化和信息化的大背景下，企业面临着快速变化和复杂多变的市场环境。为了适应这种变化，组织管理理论也在不断发展。在学习型组织理论方面，除了学习技巧外，管理者还需要扮演领导者、师父和教师的多重角色。学习型组织可以使企业持续学习和不断适应变化，从而获得持久的竞争优势。

此外，虚拟组织作为一种新型的组织形式，不仅可以快速获取全球各地的资源，同时可以灵活应对市场的变化和冲击。虚拟组织通过利用计算机信息技术、网络技术及通信技术，实现与全球企业的互补互利，从而缩短了“观念到现金流”的周期。在虚拟组织中，企业通过建立灵活的合作关系，可以快速获取各种资源，并在避免环境刺激带来的冲击的同时，实现组织的灵活性和可持续发展。

总的来说，组织管理理论的发展是为了帮助企业适应变化，获取优势资源，保持竞争力。学习型组织和虚拟组织是当前最为热门的组织管理理论，它们都致力于帮助企业在快速变化的环境中保持竞争优势。

（三）企业再造理论

企业再造理论是一种企业组织管理和运营方式的创新理论。它强调在一个新的战略性框架下，通过彻底改变企业内部的组织结构、流程和文化等方面，来提高企业的竞争力和适应力，在市场竞争激烈的环境中实现长期发展。

企业再造理论在20世纪90年代初兴起，由哈佛商学院的麦克斯·温伯格、詹姆斯·钱柏等人提出，并在全球范围内得到了广泛应用。他们主张通过重新设计企业内部的组织架构和流程，以及借鉴新的技术和知识，来实现企业再生和创新。这一理论认为，企业再造是一种彻底的改变和重构，需要从战略、文化、流程和组织等多个方面入手，以确保企业的可持续发展和竞争地位。

要实现企业再造，需要采取开放、灵活、快速的管理理念和思维方式，引入新技术和知识，对内部组织和流程进行彻底的改变，并培养具有创新能力和适应能力的人才队伍。此外，企业再造也需要充分考虑员工参与和反馈，确保实际操作的可行性和有效性。

第三章

企业商业模式创新

所谓新技术，是指以信息技术和信息产业为核心的技术和产业的群体性的快速发展，以及这些技术对社会经济发展的深远影响。计算机网络和信息高速公路的建立，不仅将人类带入信息社会，而且还加快了经济全球化和知识化的进程。可替代能源、生物技术、纳米技术等新技术的发展，产生了许多新产品与服务，这些新产品与服务采用了新的运营模式与业务模式，又产生了新的行业，对一些传统行业产生了颠覆性的影响。

新技术能获得迅速发展，并能在社会与经济发展中产生广泛而深远的影响，是以这些技术具有巨大的商业价值，能够产生巨大的生产力为前提的。新技术的商业价值是潜在的，直到以某种形式将其商业化以后其商业价值才能体现出来。技术的商业价值，需要通过一定的商业模式来实现。

信息技术的广泛应用体现为计算机网络和信息高速公路的建立，由此人类进入信息社会。网络使信息的储存、传输与扩散具有极高的效率，表现为网络效应。有人认为，这种网络效应与组成网络的“节点”的平方成正比。网络给信息的获取、人们的交往提供了极大的方便，原来基于地域观念的社区发展成全球“虚拟社区”，天涯若比邻。

新模式主要是依靠有形产品及其相应的价值链来盈利，而电子商务模式主要是靠收集与传递信息来盈利，传统的价值链理论已不能解释电子商务盈利的模式，许多电子商务盈利模式甚至不是人们一开始就能想明白或看明白的，为解释它们如何盈利需要提出新的价值链理论。

新商业模式反过来促进了新技术的迅速发展，从而使新技术的发展呈现出新的模式。任何新技术的开发，都需要投入大量的人力与资金。依靠一定渠道获得资金支持开发新技术的传统办法，已不适应当今新技术的迅速发展。新技术的迅速发展与广泛应用，从一开始就离不开商业化。

新技术与新商业模式的结合与互动，成为新技术发展的特点，也造就了新商业模式的特点。新商业模式一出现就表现出巨大的发展潜力。

新商业模式的强大示范效应，对许多传统企业产生了极大的冲击与震撼，从而激励企业家与创业者思考在新经济环境下所能催生的新商业模式，激励他们从根本上重新思考企业赚钱的方式，唤起了人们对商业模式的重视。

第一节 商业模式创新主导的企业创新

在互联网经济中，企业面对的挑战是全面的，应对的基本策略是创新，即技术创新、组织创新、管理创新与商业模式创新。

创新意味着在企业中建立新的“生产函数”或“生产要素的重新组合”，即通过生产新的产品、采用新的生产工艺、开辟新的市场、发现新的原材料供应、实现新的组织，以获取更多的潜在利润。

创新分为技术创新与管理创新。但是技术创新、组织创新与管理创新，目的都是要提高企业的盈利能力，并最终能使企业盈利。如何利用创新盈利，需要通过企业的商业模式来识别，需要商业模式创新来引领。

由于产品在海外上市时间晚，索尼等电子厂商很难像三星的厂商那样与海外电信运营商建立稳固的合作关系，日本电子工业企业的商业模式出了问题：太过关注本土市场；对新形势觉悟慢、应变死板；对消费者偏好判断失误，对自己的硬件优势过于自大。这些企业的当务之急是调整产业结构，全面转换商业模式，包括强化产业外包力度，通过制造业务外包来最大限度地缩减成本上升对企业的影响；实施产业板块重组，提升企业对市场需求的反应速度，寄望于从单纯的技术研发驱动型企业迅速转型为依托市场需求的综合型服务供应商。

苹果公司在技术创新与商业模式创新的道路上也有过深刻教训。苹果公司自成立以来，一直专注于技术创新。公司的创始人与负责人史蒂夫·乔布斯（Steve Jobs）当年曾长期坚持要找到“酷”的新技术，把创新比作“时髦的艺术收藏品”，追求“完美的机器”。苹果公司内部有人指出，“酷”使苹果产品在价格方面处于劣势，影响公司的销售。早期的公司高管也曾认为销售和服务“不时髦”而多次错失扩大市场机会。苹果推出了PowerBook 和 Power Mac，大量的人力物力被浪费在实验室里，数以亿计的资金被投入没有产生任何结果的大型项目中。由于创新越来越低效，苹果在全球 PC 市场的份额仅有 2%，跟在它后面的众多公司，却沿着它的创新足迹，攫取到了丰厚利润，并不断鲸吞它的市场份额。苹果要和微软一起共同主宰电脑行业，但是到后来，市场份额萎缩。

iPod 颠覆了音乐产业，iPhone 系列手机则成功地颠覆了手机产业。苹果发布 iPhone，推出了 App Store，沿着 iPod 与 iTunes 结合的思路，通过“iPhone+App Store”的组合，掀起了一场手机革命。后又推出 iPad，采用了和 iPhone 同样的操作系统与商业模式。

人们对苹果公司创新的评价是，苹果的创新不仅是硬件层面的，更重要的是将硬件、软件和服务融为一体，对价值进行了全新的定义，为客户提供了前所未有的便利，开创了一个全新的商业模式。

苹果公司创造的奇迹，是技术创新与商业模式相互结合、相互促进的结果。该案例表明，技术创新服从企业商业模式创新，技术价值只有通过合适的商业模式才能被认知，并得到实现。新技术的迅速发展，并在社会经济发展中发挥越来越大的作用，在很大程度上就是由于它们借助了合适的商业模式。

苹果公司商业模式的特点是与技术创新相结合。没有苹果的技术也就没有苹果的商业模式。基于技术的创新和商业模式的创新，并且永远领先一步，从而形成对产业链的话语权和掌控力。在预期 iPhone 可以为电信运营商带来大量用户和关注的前提下，AT&T 与苹果签署独家合作协议，通过捆绑 iPhone 而新增的用户收入与苹果共享这种模式，第一次开创了终端厂家与运营商收入分成，颠覆了欧美盛行的“手机定制”模式，第一次上演终端厂商“定制”电信运营商。在与 AT&T 合作中，苹果占据了强势地位：软件设置完全由苹果决定，如 iPhone 的手机音乐就设置成支持 Wi-Fi 下载的 iTunes 模式，而非 AT&T 自己的音乐服务。

凭借技术优势构建商业模式，以商业模式引领与把握技术创新，苹果公司在这方面为所有企业提供了一个很好的样板。

第二节　商业模式

一、商业模式的特征

商业模式是企业在经济活动中的核心逻辑，它描述了企业如何创造并交付价值以及如何从中获得可持续的盈利。商业模式的分析需要从整体性和关键要素两个方面进行，通过对企业价值链、外部供应商、顾客和合作伙伴等相关者的分析和组合，来发现潜在的价值源泉。商业模式涵盖了多个要素，包括价值提供、经济模式、顾客关系、伙伴关系、内部结构、相关活动、目标市场、资源、能力、产品、收入来源等。其核心是通过将不同的要素和参与者组合在一起，使企业可以在市场中有效地运作和取得成功。这需要企业将自身的生产运营与供应商、配套厂商协同，协调内外部资源共同创造价值，并将其传递给目标客户。

因此，商业模式是一个包含多个要素和参与者的完整体系，它描述了企业在市场中如何创造价值并实现可持续盈利的逻辑框架。

二、商业模式的基本要素

商业模式作为企业生存与发展的方式，需要保证企业能从生产与销售这些产品中盈利，支持自身的生存与发展。如果能满足这一条，才能叫可盈利的商业模式。因此，从盈利的角度来看，企业创造价值至少要同时包含三个要素，具体如下。

（一）企业价值主张与目标客户的匹配是商业模式成功的关键

企业的价值主张应该是顾客所需要的、重视的和可行的。只有提供真正的价值，才能吸引消费者并获得他们的信任和忠诚。

为了确保企业的价值主张与目标客户相匹配，企业需要了解目标市场的需求和偏好，并根据这些信息来开发出相应的产品或服务。通过深入的研究目标客户，企业可以更好地了解其需求，从而为其提供优质的产品和服务，满足其需求。

值得注意的是，不仅是企业的产品和服务要与目标客户相匹配，企业的品牌形象、营销策略、销售渠道等也都需要考虑到目标客户的需求和偏好，这样才能使企业的商业模式真正得到消费者的认可和接受。

（二）价值链：从企业的价值到目标客户的传递

企业内部价值创造活动的关键问题是：什么活动创造价值？这些价值活动是如何组合起来的？企业采用什么样的活动以及这些活动如何协调，决定了企业能够在多大程度上生产价值主张所需要的产品与服务，决定了企业的绩效。

价值链考虑了企业价值创造中的“实物”活动，可以称为实物价值链。企业价值主张与目标客户的匹配，以及企业价值的传递，都有赖于信息与通信技术的支持，依赖于信息的收集、处理与传递，这是基于信息的价值链，被称为虚拟价值链。两个价值链都参与企业价值的制造与传递。互联网经济的意义，就是发现了虚拟价值链的意义，突出虚拟价值链的作用。

在传统经济条件下，由于信息交流的困难，大范围采集客户数据并对其进行分析的成本甚高，企业几乎难以承受，所以针对个别用户的需要提供个性化服务，在一般情况下是不可行的。但在互联网经济条件下，企业与目标客户的通讯与交流变得便捷，企业可以为自己的价值主张与目标客户进行精准定位，可以借助互联网实施精准营销。企业不仅可以直接了解消费者的需求偏好，还可以广泛采集客户数据，更有效、更准确地挖掘顾客的潜在需求，使企业产品创新与客户需求联系起来，制定并实施针对性的营销策略，提供个性化的服务。

在互联网经济中，消费者的行为也发生了重大变化。消费者可以通过上网浏览自己感兴趣的产品，借助视频可以获得某种体验，还可以根据体验比较全球范围内不同企业所提供产品的优劣，最后把自己的体验在网友中传播与分享，从而形成网络与社区。借助网络与社区，消费者可以分享交流而不必实际亲历，同时借助网络还可以亲自从事实验，甚至开发新产品，使之在网络与社区中流传与扩散。在这种情况下，企业如果不改变思维方式，管理者只注重成本，只关注产品和流程的品质、速度、效率，就不再能保证成功。因此，如何体现个性化服务，体现以消费者为中心，企业将面临种种考验。这也决定了企业商业模式创新是最重要的创新，同时也是最困难的创新。

毫无疑问，信息与通信技术的应用，使得企业价值主张与目标客户的价值交互作用变得更快捷、方便，针对性更强和更加有效，企业新的价值主张可以很快地得到客户的响应。同时客户的新需求信息与知识，也通过有效的信息与知识渠道传递给企业。因此，互联网技术为企业价值主张的变更与目标客户的匹配提供了方便，同时也通过信息与知识的管理改变着企业传递价值的方式。

通过线上整合所有需求，要把对用户需求的满足放在更高的地位，而把用户的不满、建议作为推动组织重组、流程梳理、运营政策制定的重要的甚至唯一的动力源。这其实是商业模式的基本特征，也是成功的关键。

实物价值链与虚拟价值链的结合成为现代企业基本的商业模式。满足个性化需求意味着企业从单纯针对产品的创新转向针对消费者的创新；经营方式从以企业为中心转向以消费者为中心；从关心自己的产品转向关心提供的服务与消费者体验；从置身消费者社区之外转向参与其中，与消费者共建社区、共创价值。这是企业商业逻辑的根本变化，正是这种变化体现了商业模式创新的最本质的特征。

（三）企业价值与客户价值两极相通

企业价值与客户价值二者相伴共生，企业价值是企业在为客户提供价值的过程中所带来的自身价值。有人将此比作太极中的阴阳两极。企业价值与客户价值这两极的相生相克，推动着企业商业模式创新。

商业模式定义虽然简单，但可以用于分析企业创造价值中的基本问题，包括三点：一是指出了企业的价值源泉是什么，这种价值源泉体现为对目标市场的需求分析，表现为企业产品或服务设计。二是指出了企业创造价值的方式，从而体现商业模式的价值创造原则。三是完成了内外部价值网络的设计与实现，把企业内部价值链作为企业商业模式的重要组成部分，从而可以解释企业的成本结构与利润结构。

三、商业模式的评价

商业模式创新成为企业创新的主要趋势，在中国已成为社会的共识。

其典型表现是全国各地有各种形式的创业大赛，这些大赛实质上是商业模式设计大赛。全国性的大赛有“挑战杯”大学生创业大赛、全国大学生创业大赛、中国科技创业计划大赛、中国（深圳）创新创业大赛等。地方性的创业大赛更是不胜枚举，甚至许多科技园、学校甚至二级学院也有各种创业大赛。这些大赛在普及商业知识、推动创业方面发挥了重要的作用。

此外，一些明星企业成为商业模式的典范。商业模式创新能被全社会关注，也与各种类型的最佳商业模式评选分不开。由媒体、学界、投资公司与咨询公司联合主办的中国最佳商业模式评选，虽然组织者每年只组织一次，但是因为组织者不同，所以最佳商业模式的评选每年都有多次，吸引了众多的企业参与。

对企业商业模式的评价，不仅仅是对它的组成要素的评价，主要还是为了进一步理解企业如何盈利。无论如何分解，商业模式毕竟是一个整体。人们对商业模式的评价，首先是对这个整体的评价。

对整体的评价涉及用什么标准与什么视角，标准与视角不同，评价结果自然就不一样。

商业模式评价的要素包括评价主体、评价指标体系与评价方法。在商业模式评价的三要素中，最容易找到共同点的是评价指标体系。评价体系中存在着以下基本的共同点。

（一）对商业模式整体表现的评价

整体表现评价有两个基本指标：一是企业的现有盈利能力，二是企业成长性指标。

两个指标具有一定的互补性，前者主要体现在财务的表现上，后者体现在企业运行的状态。财务指标可以较好地反映公司所取得的成就，并能反映对企业价值的一般性驱动因素。人们基于财务指标所提出的价值管理理念中，包含着对隐藏在企业价值背后驱动因素的挖掘，从而有助于将财务指标与企业经营联系起来。

（二）对企业商业模式中基本要素的评价

对于企业的价值主张，主要考虑其创新性；对于目标客户，主要考虑企业能给客户带来的客户价值；对于价值链，主要考虑稳定性、合作伙伴、协调能力、风险控制、价值配置等。

四、怎样造就成功的商业模式

最佳的商业模式评选是对市场选择与竞争结果的“摹写”。而真正成功的商业模式不是“评”出来的，应该是在市场竞争的环境中脱颖而出的。

那么，如何创建能够在市场中取得成功的商业模式呢？下面介绍一些不同的理论与视角。

（一）专业化视角

专业化意味着企业专注于最擅长的业务，而这最擅长的业务又是产业价值链上的关键环节，可以更好地控制成本和实现盈利；专业化意味着面对细分的市场，可以更容易地感知客户与市场的变化，有利于控制风险和获得市场收益。

专业化有可能使企业规模变小。船小好掉头，企业更容易适应变化的环境。但企业也可以通过外部专业化做强做大。所谓外部专业化是指内部集成、战略合作和行业网络化，通过这种途径，企业还有可能在全球范围内独行天下。

（二）独特性视角

成功的商业模式必须能够突出一个企业不同于其他企业的独特性。这种独特性表现在它怎样界定产品或服务以满足目标客户需求，界定目标客户及其需求和偏好，界定价值传递和沟通渠道，界定竞争者以建立战略控制能力和保护价值不会很快流失。

对于成功的商业模式是否具有可复制性，存在两种截然不同的观点：一种观点认为，成功的商业模式是不可复制的，国外成功的商业模式简单复制到中国并不一定会取得成功。另一种则是相反的观点，即成功的商业模式是可复制的，把国外成功的商业模式翻版到中国也并非一定不能成功。关于商业模式是否可被复制与模仿的争论，说明独特性只是商业模式成功的必要条件，而不是充分条件。

同样的说法当然也适用于专业化，专业化是商业模式成功的必要条件，而不是成功的充分条件。

第三节 互联网商业模式创新

一、互联网企业的一般模式

互联网是一个很大的行业，包括很多服务商，统称为互联网企业。传统的分类包括三下几种。

网络接入服务商（ISP）。提供企业及个人的互联网接入、虚拟专网（VPN）、虚拟主机出租、域名注册、电子邮件及系统集成等业务，包括网络提供商、接入服务商。

网络内容服务商（ICP）。通过网站向用户提供新闻、科技知识、行业发展、咨询服务等各类信息。

网络设备提供商。提供基础网络设备，包括计算机、集线器、交换机、网桥、路由器、网关、网络接口卡（NIC）、无线接入点（WAP）、打印机和调制解调器等。

互联网企业的商业模式创新引领着企业创新的趋势。互联网的发展不断地向人们的商业智慧提出挑战。几乎所有的企业创新或多或少都与互联网的发展变化及互联网引发的新商业模式有关。

下面从商业模式的三要素出发，尝试描述传统互联网企业的一般模式。

（一）虚拟价值网络

互联网企业的商业模式建立在虚拟价值链的基础上。虚拟价值链是互联网企业的价值源泉，能给互联网企业带来价值的活动包括以下两个方面。

1. 基本信息增值活动

基本信息增值活动是指在实体价值链的原材料采购、生产、物流、销售和售后服务等环节中，通过信息收集、整合、分配等过程为制造商、供应商和消费者提供虚拟价值链的服务。这个过程实际上是与实体价值链中订购、装配和供货过程紧密相连的。

在基本信息增值活动中，企业可以通过网络进行原材料的采购管理和库存控制等活动；同时利用网络和仿真技术对产品设计、加工、生产和检验等进行统一建模，优化生产和产品质量管理。此外，通过接收和处理顾客的订单，企业可以进行库存协调、控制生产进度以及发货管理，确保发货的及时和高效。

基于网络广告、网络图片营销、邮件营销、论坛营销等新理念和新方式进行营销活动，是基本信息增值活动的另一个重要方面。这些新形式的营销活动能够降低销售成本，并提高企业对市场的响应能力。

在线对客户进行服务、解答疑问和提供方案，则是基本信息增值活动的最后一个环节。通过这种方式，企业可以更好地满足顾客需求，提高顾客满意度和忠诚度。

2. 附加价值活动

附加价值活动是指作用于基本信息增值活动各环节的附加价值活动，包括为企业物料需求、制造资源、管理信息系统、企业资源规划、技术研发与产品研发提供技术支持的信息技术平台建设与管理、智力资源管理平台建设与管理、技术研发平台建设与管理等。

（二）价值主张

互联网技术发展迅速，它的每一个进步，都为互联网的应用提供了新的可能性。多数互联网新技术的发展是基于人们的潜在需求，而不是现实的需求。从潜在需求到现实的需求，需要经历一个过程。由于用户规模是互联网服务存在的条件，所以许多互联网企业在建立之初并不清楚其最初的价值主张是否能使企业真正获得价值。这是许多互联网企业采用免费模式的原因之一，也是一些风险投资公司获得机会或错过机会的原因。

互联网企业的发展，大都先要度过一个“烧钱”的过程。“烧钱”的过程其实就是培养用户的过程，也是互联网企业的价值主张被市场“识别”的过程。但只有最终盈利企业才能真正生存下来。

传统互联网企业的价值主张包括以下三个方面。

1. 媒体

较早出现的互联网企业是门户网站。门户网站其实就是提供各种信息的传统媒体的电子版，其收费模式也类似媒体，主要依靠广告收入。随着互联网技术的发展，网络商务活动增多，以信息服务为主的门户商业模式也有新的发展。从目前门户网站的界面情况来看，它们主要提供新闻、搜索引擎、网络接入、聊天室、电子公告牌、免费邮箱、影音资讯、电子商务、网络社区、网络游戏、免费网页空间等网络服务。典型的门户网站有新浪、网易和搜狐网等。

2. 交易平台

提供一个交易平台，就是撮合买家、卖家，让他们高效达成商务上的交易，然后通过这样的服务来收取注册和中介服务费。最大也是最成功的电子商务网站是阿里巴巴，它和众多商务合作伙伴构成庞大的网上贸易市场。阿里巴巴是公共交易的平台，汇聚了大量的市场供求信息，会员在浏览信息的同时也获得了源源不断的信息流和商机。在其起步阶段，曾通过放低会员准入门槛，以免费会员制吸引企业登录平台注册，以此促成了商流汇聚、市场交易活跃。

3. 咨询服务

网络咨询服务内容很广，包括互动娱乐、网络招聘、网络教育、网络旅游、网络银行等。互联网企业通过咨询服务向用户收费，主要是向有增值服务需求的用户收费。

（三）目标客户

互联网企业最大的特点是免费。百度、360 软件、腾讯等为日常的工作和生活提供了极大的方便，利用互联网收看免费的电影以及下载海量歌曲也成为人们生活中的一部分，实时的网络通讯因为其几乎免费和使用的便捷性更改变了一些人的生活和工作习惯，互联网经济的发展使它越来越成为免费经济的代名词。

免费是这些网站的基本特征，是互联网企业发展的基础。但是免费不意味着没有自己的目标客户。免费也不是互联网企业独有的现象。作为一种营销策略，免费试用很早就存在。

互联网企业的这一模式，建立在两种有关联的理论基础上：一是“长尾理论”，二是双边市场理论。

互联网企业的产品是数字产品。数字产品与大部分普通产品不同，它是非竞争性的，也就是说，增加一个用户并不需要增加制造成本，而且一个用户的使用并不妨碍其他用户再使用。因此，一方面，用户规模扩大，对互联企业仍是零成本；另一方面，互联网企业面对的是个性化的需求，其市场不再是一个大众市场，而是一个个小众市场。

这样一来就带来了营销观念的重大变化。在传统营销中，企业往往只关注少数几个 VIP 客户，不屑顾及在人数上居于大多数的普通消费者。任何一组事物中，20%是重要的，其余的 80%是次要的。比如说，20%的主要客户带来 80%的企业收入，而 80%的客户只带来 20%收入；20%的项目创造了 80%的利润，而 80%的项目只带来 20%利润。这被称为“二八定律”。传统营销遵循的就是这一定律。

对于互联网企业来说，考虑 80%的人的需求不存在成本问题，技术上也不再困难。更重要的是，小众市场可借助互联网汇聚成与主流大市场相匹敌的市场能量。只要存储和流通的渠道足够大，需求不旺或销量不佳的产品所共同占据的市场份额完全可以和那些少数热销产品所占据的市场份额相匹敌。

网络时代是关注“长尾”、发挥“长尾”效益的时代。互联网企业通过提供人们感兴趣的内容吸引大众的注意力，而一旦网络用户达到一定的数量，由于网络效应，就会吸引更多的用户加入网络。庞大的客户群是互联网企业最大的“资产”。如果网络企业成功地吸引了大众的注意力，则可以认为该企业已经成功地完成了经营销售的“战略目标”，网站的访问量越大，该网站所蕴藏的商业价值就越大。当一个网络吸引了足够多的人参与时，只要有少数人去购买他们的收费产品，就足以使网络企业盈利。一项网络软件和服务中有 99%的用户选择免费版，也许只要 1%的付费用户就可以支撑整个业务。

互联网是交互作用的平台。交易有买卖两方，互联网企业作为第三方为买卖双方提供服务。这种交易与传统市场的不同，不仅在于平台企业可以促成交易，而且买卖双方中任何一方的数量越多，就越吸引另一方的参与。这种市场形态被称为双边市场。而双边市场具有以下两个鲜明的特征。

一是作为交易平台，互联网企业同时向交易双方提供相同的或不同的服务，这些服务在促成交易双方达成交易方面是相互依赖、相互补充的。只有交易双方同时出现在平台上，并同时对该平台提供的服务有需求时，平台的服务才能真正体现其价值。

二是互联网企业具有交叉网络外部性。网络外部性是指某个产品或服务的价值随着消费该产品或服务的消费者数量的增加而更快地增加。交叉网络外部性是指交易平台上买方（或卖方）的数量越多，所吸引的卖方（或买方）的数量就会越多。

作为双边市场的第三方平台，互联网企业为两边提供服务，本可两边收费，但是如果对买方免费，将有利于有更多购买者参与；由于交叉网络效应，这也引起更多的销售者进入这一市场，也就更有利于较多的交易在互联网企业的平台上进行，从而就可获得更大的收益。这被称为交叉补偿策略。

互联网企业的商业模式常常被概括为以免费聚集人气，又称“吸引眼球”“注意力经济”。但互联网企业是交易平台，需要黏住用户，并把其中的一部分转化为收费用户。如果不能黏住用户，早期花费很多代价引起关注，但关注一下子就匆匆离开，人气就聚集不起来，建立网站就达不到预定的目标。

黏住客户就是使客户有很大的转换成本。转换成本是指当客户从一个产品的提供者转向另一个提供者时所产生的成本，包括经济、时间、精力和情感上的得失。当客户从一个企业转向另一个企业时，如果为此会损失大量的时间、精力、金钱和关系，就意味着较高的成本。转换成本的存在表明优先占领市场的重要性。但人为地增加转换成本，会吓住一些潜在客户，也导致现存顾客的不满甚至报复。增加转换成本的关键是增加互联网企业服务的吸引力，它体现互联网企业的核心竞争力。

免费还是收费，都不过是双边市场定价的策略，对一边的免费只是收费的一种特殊情况，也就是零价格。在肯定互联网免费商业模式的同时，也在历数这种模式的弊端，如容易造成垄断、竞争过度、侵权与信用缺失、广告点击率低等。

互联网企业能否改为收费模式，关键是网站能不能产生足够的吸引力。如果新的互联网企业能抓住人们的新需求，用户愿意付费，那么就可以在收费基础上成功建立互联网的商业模式。

二、从信息互联网到在线生活社区

互联网最初的商业应用是靠一个个独立的站点，为用户提供各种信息及便捷的联系，这些网站可以说是报纸、广播等媒体的电子版，被称为新媒体。事实上门户模式主要的工作就是将传统媒体上的信息综合到自己的平台上，虽然并未提供或者很少提供原创的实时新闻，但作为一个信息的汇聚和推送平台，比传统媒体能更快、更广地传播信息，并能在为网民提供免费信息的同时获取大量的流量，根据流量提供广告服务从而实现盈利。

面对各种门户网站提供的海量信息，如何尽快获取所需要的信息？搜索网站适应这一需要而出现。搜索网站为用户检索服务提供了极大的方便，用户只需要在搜索框输入一个关键词，搜索引擎便以特定程序让用户轻松地获取所需的信息。搜索网站在提供免费检索服务时可根据用户搜索内容展示相关广告，精准地定位潜在客户，产生极高的广告效果。更有蓬勃发展的电子商务向用户提供各种专业商品信息，使人们足不出户就可以买到自己想要的商品，而且还能享受远低于传统超市和商店的优惠价格。

互联网企业对人们生活的影响，首先表现为提供各种类型的信息这一方式。这样的互联网应称为信息互联网：网站就是信息提供者，一个网站就是一个信息中心，用户只是信息的接收者。但是人们不仅需要获得信息，还需要分享、互动，不能仅从互联网被动地获得信息。互联网在大量的商业应用之前，还在由科研团体或政府机构管理的非商用实验网时期，电脑联网就是为了实现交流与分享信息。用户既是信息消费者，也是信息提供者。互联网秉承的理念应是“人人参与”，信息的处理与控制不应完全由网站负责。

社交网站（SNS）的涌现体现出人们对建立社会性网络的重视。互联网社会化的应用不断融入新的技术与传播工具。互联网本来是电脑的联网，随着互联网的发展与应用日益广泛，在办公室、家庭、旅馆等世界的各个角落都安装了电脑。电脑的发展和应用也渗透到各种产品中，如人工智能的发展，使互联网也变得日益智能化。随着苹果公司 iPhone 等一系列智能手机的出现，互联网变成移动互联网，而视频网站的发展，以更大的信息量、个性化，将人们带入虚拟世界。三网融合将通信网、电视网和互联网统筹在一起，为个性化互联网提供了强大的网络基础设施，也促进了围绕个性化互联网的商业模式创新。

互联网日益普及，并融入人们的生活，几乎可在任何时间、地点，用任何终端、任何接入方式通过网络满足自己的各种需求。马化腾提出，腾讯的商业模式创新，体现在以自己用户群的社区为核心，通过线上整合所有的需求，给用户一个非常直观的能够从自身的需求通过网络获得服务的体验，以服务强化社区的黏性。

三、双边市场上的商业模式创新：威客与众包

（一）威客

威客（Witkey）模式是指可以让智慧、知识和专业技能通过互联网转化成实际收入的一种方式。威客模式试图将中国科学院的专家资源和科技成果与企业的科技难题对接起来，通过互联网解决问题并让解决者获取报酬，这是一个全新的领域。人的知识、智慧、经验和技能通过互联网可以转换成实际收益，成为一种具有商业价值的商品。威客模式主要应用于解决科学、技术、工作、生活和学习等领域的问题。

在威客模式下，每个人都可以将自己的知识、技能、经验和学术研究成果作为一种无形的知识资本通过网络进行销售，让自己的知识、经验和成果转化为个人的财富。威客模式提出，用悬赏模式应对低端任务，用招标模式应对中高端任务，为每个威客开辟个人空间进行能力展示和智力作品买卖，对每个任务发布者和威客进行信用评级，开发自己的支付宝进行支付保护。

威客网站的用户按行为可以分为两类：需求者和服务者（解决者）。需求者提出难题和发布任务，在获得合适的解决方案后支付报酬给服务者。服务者接受任务，当服务者的解决方案得到需求者认可后，服务者获得约定的报酬。

威客模式网站主要有两种运营流程：一是提问者（需求者）提出难题，服务者作为回答者收到难题，给出正确答案，需求者确认答案后支付报酬给回答者。二是威客模式网站聚合回答者专业特长信息，提问者可以通过威客模式网站直接找到合适的回答者，提问者获得正确答案后支付报酬给回答者。

采用威客模式，网站、需求方和威客会员三方都能轻松获利。网站成本极低，每天都有无数单业务；需求方不但能迅速解决难题，成本还比自行解决低了不少；而威客会员则能在闲暇时间利用自己的专业特长进行创

作和解决问题，赚取报酬。威客模式的发展代表了互联网新领域的开拓和进步，让人们能够更好地利用互联网资源，实现自我价值和财富增值。

（二）众包

众包指的是一个公司或机构把过去由员工执行的工作任务，以自由自愿的形式外包给非特定（而且通常是大型的）大众网络的做法。与此对应的是 Outsourcing，即外包。众包与外包不同，外包是把任务包给特定的人，强调的是高度专业化，通常有较高的费用；而众包是一种通过悬赏方式向公众求取解决方案，或者说以公开招标的方式传播给未知的解决方案提供者群体。方案提供者多为业余人士或志愿者，他们可以利用空余时间探究解决方案，而且有了结果才付费，有时甚至不用付费。对于企业来说，这是更广泛地倚靠社会人才，在花费较少的情况下得到解决方案。

威客与众包实际上是同一类商业模式，只不过是视角的不同而已。威客与众包都由三个要素构成，也就是双边市场中的三方，一方是提问者或求索者，也就是需求方；另一方是回答者或解决者，总之是供给方；还有一方是网站平台。威客模式是从供给者的角度出发，考虑如何利用自己的智慧、知识、经验等为需求者提供解决方案。而众包模式是从需求者的角度，考虑如何利用外部公众的智慧、知识与经验，解决企业内部的难题。

中国企业用众包方式解决企业产品广告设计和商标设计等已很普遍，把众包作为企业创新的一种手段或方式将成为一种必然趋势。

面向创新的威客与众包的中介或平台，就成为一种“创新中心”或“创意中心”。这种双边市场的平台，既是创新人才“解决者”会聚的平台，也是人们带着难题来寻求解决方案的平台。要创新的企业通过这个网络交易平台可以找到难题的“解决者”，企业付出的费用远远低于自己雇用人员或外包给其他企业的成本，而用户的业余爱好却可以从被采纳的设计和创意中得到相应的收入。

中国创新激励中心（Evo Centvie）是国内首家采用众包模式的创新中心，致力于帮助企业解决发展中的各类中高端难题，并为中国所有行业工作者提供展示自身能力的平台，树立“人人都是专家”的职业新风尚。该中心在国内采用最新的交易方式，以创新激励的方式来推动社会各界共同参与中国企业的创新。创新激励中心作为第三方，将促进第一方与第二方达成合作，并对难题提出者（Seeker）和解决者（Solver）进行监督，以保证难题的顺利解决。通过创新激励中心的服务，国内企业可以用最少的资金来解决企业的发展创新难题，避免了为解决这些难题聘用专用雇员。对于各类专业人才来说，通过创新激励中心的服务，每个人都可以开拓第二职业，充分发挥个人或集体优势来获得本职工作之外的报酬，并享受创业的乐趣。

第四节　创新网络与创新型企业的商业模式

一、构建与管理创新网络

创新管理的任务包括内部获取创意、跨单位获取创意、外部获取创意、挑选创意、开发创意和在全公司范围传播创意。

创新价值链已突破人们以往对这一概念的朴素理解。按照链的字面来理解，创新价值链似乎意味着把创新理解成一个线性模型，每一个活动都是链条上的一个环节，环环相扣。事实上在很长的时间里对技术创新都持有这种链的理念，这一理念曾有助于人们发现创新中的薄弱环节，合理地配置资源，并开展有针对性的管理，增加创新成功的机会。例如，人们发现技术创新在运作过程中非常容易出现两种倾向：一方面，表现为不重视技术创新中的研究部分，特别是缺乏深入的基础研究和应用基础研究，技术创新得不到知识创新的推动，使得技术创新演变成简单的开发应用，难以产生重大的技术创新；另一方面，表现为不注重技术创新中的市场化部分，造成科研和市场的脱节。我国科技体制改革的一个重要的目标，就是针对创新价值链中的一些脱节，提出合适的政策与方案，以“打通”创新价值链。

但创新是在多个参与主体所组成的网络中产生、采纳和传播的过程，因此，所说的创新价值链其实称为创新价值网更合适。

创新价值网是企业为了实现技术创新而对创新网络的构建与管理活

动。换言之，创新价值网是企业与其他组织（供应商、客户、竞争者、大学、研究机构、投资银行、政府部门等）建立联系，交换各种知识、信息和其他资源，共同参加新产品的形成、开发、生产和销售的过程。企业与这些形形色色的组织的协同创新活动，就构成企业的创新价值网，其协同创新的特征，表现为网络创新能力大于个体创新能力之和。

创新价值网中关于科学、技术、市场的直接和间接、互惠和灵活的关系，可以通过正式合约或非正式安排来维系。

一般的企业网络并不是企业的创新网络。技术创新网络是企业创新活动中伙伴关系结成的网络，不同于社会关系网络、产业网络、企业集群、企业网络等，但企业创新网络又要利用各种关系。不少企业缺乏创新意识，某些企业即使重视创新也并不了解网络创新的方式方法，不了解如何把握网络创新中的关键问题。还有一些企业片面地把创新行为理解成“练内功”，把核心能力仅仅理解成内部知识的汇总，但核心竞争力才是企业的核心能力。

在新时代，创新网络才是企业获取创新思想、新技术和新市场的主要渠道，企业的创新在很大程度上取决于企业能否有效地开发和利用创新网络。善于构建与管理技术创新网络，意味着企业使自己占据创新网络的中心地位，这样才能获得其他组织开发的新知识，才能产生更多的创新，才能更好地创新绩效。

企业融入网络中，也使得企业的边界不再是确定的，这等于拆掉了企业的“篱笆墙”。企业本来是因节约市场交易成本而存在的，在企业内部的交易成本反而大于外部交易成本的情况下，就应当把有关的业务部门精简。如果企业在市场上可以买到的产品、配件、半成品，比企业内部生产的更便宜、质量更好，企业就不应自己生产，而应在市场上购买，从而企业相关的业务部门就没有继续存在的理由。张瑞敏认为，“拆掉企业的篱笆墙”意味着把市场的压力不断传递到企业内部，有利于克服企业过于封闭的“大企业病”。“拆掉企业的篱笆墙”的活动使海尔优化了内部价值链。对于企业的创新来说，拆掉“篱笆墙”的意义在于，企业可以从外部获取更多的技术与创意，同时也使得企业内部的创新更有效。

企业在创新网络环境中的技术创新模式是开放式创新。与开放式创新不同的创新模式是封闭式创新。两种技术创新模式的主要差别，在于企业在获取技术、如何利用新技术实现盈利，以及在技术创新各个环节如何整合资源，特别是利用外部关系与资源方面有根本的不同。简言之，封闭式创新基于企业内部资源，将技术创新过程控制在企业内部，以便获取创新利润和提高自身的竞争优势；开放式创新以开阔的视野看待创新，把技术创新视为可以延伸到企业外部价值网上的活动，因而技术的获取、技术的商业化以及创新的收益分享都可以做多方案的选择。

开放式创新的过程表现为创新价值网。创新企业利用参与协同创新的利益相关者所组成的创新网络，通过与其他“节点”互动与协同，促使创新要素整合、共享。技术创新过程不仅有知识的流动，还必须有人才、资金等要素的参与。企业从商业模式的角度，根据市场环境与条件、自己拥有的技术资源、外部可取的资源，以及创新过程中的成本投入、风险分担，创新成果的分享、转移与交易，考虑如何利用外部的关系与资源实现新技术的价值。合资研究、合作研究、研发外包、虚拟联盟、交叉许可等代表不同的合作方式。企业也可借助风险投资实现创新与创新成果的商业化，包括外部风险融资或自设风险基金。通过对外融资可在风险投资的帮助下实现创新，创业成功之后可选择回购或出售自己的股份获得收益。自设的风险投资基金可以资助内部员工的创新与创业行为，也可以参与对外部创新成果的投资，以便获得大量的科技创新成果与可观的投资收益。

二、创新型企业及其商业模式

当创新成果转化为知识资产后，在下一轮的创新过程中就可以在此新的知识资产基础上依据动态演进的过程持续创新。这一过程得以持续的条件是，企业保持着较高的创新效率，能够有效地获得知识资产，并能有效地将知识资产转化为产品与服务，实现知识资产的价值，从而通过知识资产的经营获得收益以支持企业持续的创新。如果是这样，就意味着企业走向依靠创新生存与发展的道路，这样的企业应称为创新型企业。

创新型企业依靠创新生存与发展，也就是通过创新建立知识资产，然后有效地经营知识资产，通过创新来盈利。知识资产经营的资源包括人员素质、创新能力、研发能力、专利、技术秘密、销售网络与体系等，意味着企业在知识产权保护、管理的基础上，通过将知识产权内部实施，有选择地将知识产权进行对外贸易（技术咨询、技术许可、技术转让、技术服务以及交付知识产权产品和软件等方式），将知识产权作为要素进行投资等途径，获取利益回报的过程。

通过获取知识产权、创造知识产权、经营知识产权并周而复始，创新型企业就实现了依靠创新而盈利、生存、发展。因此，创新型企业以知识产权为核心的经营模式，突破了传统产品经营的模式，成为真正意义上的现代企业，是推动产业网络以至社会经济发展的主导力量。

创新型企业通过自己的价值定位，确定了其内部核心价值链与外部合作伙伴，形成了以创新型企业为核心的创新价值网。创新型企业的商业模式就是通过整合该创新价值网的资源，完成其内部核心价值活动，实现其价值主张的机制。

（一）创新型企业的价值主张

创新型企业是依靠创新而盈利、生存、发展的企业，因此，创新是创新型企业主要的价值来源，是支撑其价值主张的主要因素。在现代经济条件下，创新产出的本质是知识产权，创新型企业可通过内部商业化、许可、出售、风险投资等多种方式实现知识产权的经济价值，因此，创新型企业的价值主张必然会根据企业实现创新经济价值的方式不同而不同，但是价值主张的核心支撑要素必然是创新及其知识产权。

（二）创新型企业的内部核心价值链

内部价值链是企业为了向顾客提供价值而必须进行的活动及其结构，用于创造和传递企业的产出。内部价值链决定了企业成本收益结构，决定了企业所需的互补资源和外部合作伙伴。创新活动和知识产权经营活动是形成创新产出，并实现其经济价值的核心价值增值活动；而创新管理和知识产权经营是企业根据自身资源和能力、外部网络条件所采取的价值增值方式，它们之间的组合结构就形成了创新型企业的内部核心价值链。

（三）创新型企业的价值网络

价值网络是企业为了完成内部价值活动、实现其价值主张而与其他主体合作而形成的网络。创新型企业围绕其内部创新活动和知识产权经营活动与外部主体合作，形成了以创新型企业为中心的创新价值网络和互补资产价值网络。创新型企业就是在其创新价值网络和互补资产价值网络中实现高效率创新，并充分实现创新的经济价值。创新型企业的价值网络对创新型企业获取、创造知识产权并实现其经济价值具有重要影响。

知识资产在创新型企业经营中发挥着核心作用。企业要实现技术创新成果的经济价值，需要拥有相应的互补资产，互补资产的数量和质量对实现和获取技术创新的经济价值具有决定意义。正是知识资产与实物资产的相分离，创新型企业才能区别于一般传统企业，通过可持续的创新和依靠知识资产经营、生存与发展。正是知识资产与实物资产的互补性，才能使创新型企业带动众多的企业实现创新。

知识产权经营是以知识产权为对象的，在互补资产价值网络和创新价值网络中实现其经济价值的管理活动。企业创新活动既可以通过自身的制造、销售、物流等资源实现其经济价值，也可以通过互补资产利用其他企业的制造、销售、物流、管理、资本等共同实现其经济价值并获取相应份额。

创新型企业主要产出是知识资产，主要活动是知识资产的创造与经营活动。通过技术创新网络获取知识资产，利用互补资产网络经营知识资产，并获得经济价值。

关于创新型企业的商业模式有下述结论：创新型企业的价值主张是创新，以创新为价值来源，依靠创新而盈利、生存、发展；创新型企业围绕知识产权的获取、创造、经营形成了其内部核心价值链，其中主要包括创新管理与知识产权经营；创新型企业围绕创新和知识产权经营活动组织并形成了外部创新网络和互补资产网络，创新网络决定企业自身创新的效率与水平，而互补资产网络则与企业实现知识产权经济价值的途径密切相关。

（四）创新型企业类型

根据创新型企业的外部价值网络覆盖的范围、内部价值链的构成以及价值主张的实现途径可以将创新型企业划分为以下类型。

1. 整合型创新型企业

这类企业内部价值链包括创新管理、知识产权经营以及传统企业的制造销售等活动，此类创新型企业主要途径是依靠自身具备的制造和销售等互补资产实现创新及其知识产权的经济价值。整合型创新型企业是创新驱动的传统企业。

2. 半整合型创新型企业

这类企业内部价值链包括创新管理、知识产权经营以及部分传统企业的销售活动。也就是说，此类创新型企业将制造等环节外包给互补资产价值网络完成，自身专注于研发和销售等环节的活动。半整合型创新型企业是当前主流的创新型企业类型。

3. 知识产权经营型创新型企业

这类企业的内部价值链主要包括知识产权获取与经营。

第四章

企业营销模式创新

第一节 营销创新的内涵

一、营销创新的概念

营销创新是指在营销领域中，采用新的思路、方法和手段，以满足市场需求和顾客需求为目标，推出创新产品或服务，创造新的营销模式和价值，不断提高企业的竞争力和市场占有率。

营销创新的“新”的含义，至少体现在两个方面。一方面，营销创新必须是一种新的营销形式，创新就是要创造出一种与现有形式不同的新形式。从整体讲，就是创造出一种全新的、没有使用过的营销方式。另一方面，营销创新必须创造价值，通过营销创新能给企业带来现实和潜在的经营成果。营销创新是否能创造价值是创新的核心标准，否则，也就失去了营销创新的本来意义。营销创新必须有实施的可能性，包括市场可接受程度、企业现有或通过努力可具有的资源和能力。也就是说，营销创新还要考虑到社会的效益。

更广义地看，企业为适应经济发展和市场竞争，在营销创新过程中，还应当树立起大市场的营销观念，在适应和服从外部宏观环境的同时，应采取适当的市场营销措施，影响外部宏观环境。企业的市场营销战略的实施，除了考虑“目标市场”之外，还必须加上“政治力量”和“公共关系”的因素。这种观念所蕴含的竞争思想对企业国际化经营具有重大指导意义。

二、中国营销创新的基础

中国营销创新的基础主要有以下两点。

（一）中国市场的差异性

中国市场的差异性体现在以下三个方面。

1. 市场规模庞大

中国市场规模庞大，不仅是本国市场，还拥有巨大的出口市场和引进市场，这为企业提供了前所未有的发展空间。

2. 市场多样性强

中国市场涵盖广泛的产业，各个产业之间差异较大，企业可以选择与其产品特点最匹配的细分市场以营运。不同地区市场也存在明显差异，可供企业选择适合其优势的地理市场。

3. 市场机制不断转型

随着经济发展和政策推进，中国市场体制机制在不断演变和改进。市场化选择、国际化开放等都引发着市场机制的深刻变革，商业模式、营销策略等都需要随着机制变化来更新调整。

（二）中国消费者行为的差异性

消费者行为的差异性为营销创新提供了另一个基础。中国传统文化及价值观、居民收入的快速上升等都使中国消费者的购买行为会不同于西方。这为企业建立有自己特色的营销创新体系提供了更为广阔的创新空间，有利于提升企业的竞争能力。中国消费者行为的差异性主要体现在以下四个方面。

1. 消费习惯不同

中国消费者的消费习惯、消费偏好与西方差异较大，如提倡品牌忠诚度、更强的价格敏感性等，企业需要根据国情定制产品和运营方式。

2. 收入水平提高快

中国消费者收入水平迅速提高，中产阶级不断扩大，为高端产品和体验性消费提供了坚实基础，企业可以针对不同收入层次的消费者开发定制产品。

3. 文化影响深远

中国传统文化及价值观等深深影响消费者行为。如敬老孝亲、面子意识等文化因素，都需要企业在运营中适当考虑。

4. 环境变化较快

中国消费环境的变化很快，城市化程度提高、交通网络发展、电商发展等都改变了消费者的购物方式和体验，企业需要灵活应对这些变化。

中国市场的营销创新分为两条线，一是跨国公司的中国适应创新，二是中国本土公司的学习创新。跨国公司在中国的营销创新行动强调中国市场的特殊性来自文化和制度环境的差异，需要不断转型适应市场变化。本土公司的中国营销创新则主要体现在目标市场选择和界定、低成本资源优势、通路创新和消费者感受等方面。

目标市场的选择和界定是中国本土公司营销创新的重要方向。很多国内公司缺乏对自己产品销售对象的了解，只要有代理商愿意就签约，导致产品销售面广但销售效果不佳。本土公司应该针对跨国公司实力比较薄弱的地区，如三、四线城市等，选择适合自己的目标市场，制订相应的营销策略和推广方案，以取得市场竞争优势。

低成本也是中国企业的资源优势之一，一些中国公司通过价格战迫使外国公司在中国实施降价行动。本土公司可以通过降低生产成本、优化生产流程、提高生产效率等方式降低产品价格，进而提高产品市场占有率和竞争力。

通路创新是本土企业创新的另一个重要方向。中国的通路复杂多变，本土公司更加了解和适应中国市场的通路情况，能够更好地掌握市场机会。通过与渠道商、代理商等建立紧密合作关系，优化销售渠道和销售方式，本土公司可以有效提升产品销售效果和市场占有率。

中国市场消费者的感受也是本土企业创新的一个重要方向。中国的消费者与西方消费者的行为和消费习惯存在巨大差异，因此，本土公司需要不断探索中国消费者的需求和购买习惯，定制符合中国市场的营销策略和产品设计，以期获得更好的市场反响和销售业绩。

三、营销创新的必要性

市场营销作为连接企业与市场的桥梁，它要把企业的各种生产技术创新成新技术输送到市场上去接受检验，要把在营销过程中发现的市场变化反馈到企业，作为企业改善经营的依据。营销创新是市场环境变化对企业的基本要求，企业应在营销过程中不断实现创新，不断适应市场，不断扩大销售。营销创新的必要性主要体现在以下四个方面。

（一）战胜竞争对手需要营销创新

在信息自由流动和科技高度发达的知识经济里，任何一种高技术、新产品很难在较长的时间内保持领先地位，在大多数情况下，更多的是表现在同类产品之间进行竞争。如在中国市场中的家用电器、服装等商品，其性能、质量基本上是没有质的差异的，这就意味着，竞争将体现在营销方式及品牌认同等方面上。营销方式创意的新奇与否，与顾客消费心理的吻合程度如何，在很大程度上决定着消费者的印象和选择。在现实经济生活中，许多企业不是失败在产品的本身，而是失败在营销手段的呆板和落后上面。因此，在日趋同质竞争的时代，生产经营者迫切需要通过营销创新来获得竞争优势。

（二）扩大产品市场份额、进入新市场需要营销创新

由于区域经济发展的不平衡、技术进步的差异以及风土人情、社会习俗等方面的不同，不同的地区、不同的消费群体，需求也体现着一定的差异。这意味着要通过营销方式的创新，来适应和满足这种需求的差异，才能获得消费者的认可，才能占有这个市场。营销方式的创新对于一个新的市场和新的消费群体是一种必然选择。营销创新必要性，体现在能够善于发现新的市场空白点和消费群体，以及能够成功占领新的市场和争取到新的消费群体。

（三）新产品进入市场需要营销创新

新产品在问世之初，往往是不能为消费者所认可的，这就还需要企业通过营销行为把新产品介绍给消费者，使消费者能够认识、了解它，进而能够接受它、消费它。一种新产品的问世，就应该伴随着一种新的营销方式的产生。如果用老产品的营销方式来推销新产品，新产品销售很有可能中途夭折。

（四）提高企业利润需要营销创新

成功的营销不仅要实现销售量的增长，而且要实现销售量和销售利润的同步增长。

第二节 营销观念创新

所谓营销观念创新，是指在传统营销观念基础上，借鉴新的思路、理

念和方式，寻求解决市场痛点和分析顾客需求的新途径，以实现企业的营销目标。其核心是从以产品为中心的营销模式向以顾客为中心的营销模式转变。随着互联网技术、移动互联网、社交媒体等新兴技术的发展，顾客获得信息的渠道不断拓宽，对产品和服务的要求也越来越高。因此，企业需要更加注重顾客的需求和体验，建立起以顾客为中心的营销策略，从而实现营销的个性化、差异化和精准化。

一、"4P" 理论和 "4C" 理论

（一）"4P" 理论

"营销组合理论"（Marketing Mix）的营销要素是由 4P 变量组合而成，即产品（Product）、价格（Price）、渠道（Place）和促销（Promotion），又被称为"4P"理论。在企业制定和实施营销战略决策时，一般会受到许多因素的影响和制约。这些因素当中既有企业可以控制的微观因素，如产品、价格、渠道和促销等；也有企业不能控制的宏观因素，如政治法律、经济、社会文化、市场竞争、科学技术、人口等。市场营销组合就是在充分考虑社会环境要求和制约的前提下，对企业可以控制的产品、价格、渠道和促销等四大要素进行最佳组合，使它们相互配合起来，以达到最佳的营销效果。

这一理论强调以市场为导向，以产品销售为目的。企业应该主要生产优质的产品，采用合理的价格，通过适当的分销渠道，再加上必要的促销手段，从而实现企业的预期目的。

"4P"理论对市场营销理论和实践产生了深刻的影响，被营销经理们奉为理论中的经典，实际上也是公司市场营销的基本方法。后来，"4P"理论被加入了政治力量（Political Power）和公共关系（Public Relations）这两个营销工具，发展成"6P"理论，即大市场营销组合理论。

（二）"4C" 理论

"整合营销传播理论"（Integrated Marketing Communications）即从买方的角度，提出每一个营销要素都是用来为消费者提供利益的：产品因素应满足消费者的需要与欲望（Customer needs and wants）；价格因素应考虑对消费者的成本（Cost to the customer）；渠道因素应考虑消费者购买的便利性（Convenience）；促销因素应注意消费者的沟通（Communications），又

称“4C”理论。

“4C”理论旨在以消费者为核心，重组企业和市场行为，综合协调地使用各种形式的传播方式，以实现一致的产品信息和建立与消费者的双向沟通，从而迅速树立产品品牌在消费者心中的地位，并建立长期密切的品牌消费者关系，以达到广告传播和产品营销的目的。

这一理论主张整合企业的所有营销和传播活动，例如广告、宣传、促销、公关、新闻、营销网络、CI 策划、包装装潢、产品开发、售后服务等，通过一元化的整合重组，让消费者从不同的信息渠道获得对某一品牌的一致信息，以提高品牌诉求的一致性和完整性，并统一配置、利用信息资源，实现资源的高效利用。这使得所有营销和传播活动都有了更加广阔的空间。

整合营销以市场为调节方式，以价值为联系方式，以互动为行为方式，对于现代企业面对动态复杂的市场环境来说是一种有效的选择。该理论对企业市场营销战略管理有着现实的指导意义，被认为是企业竞争制胜的关键。

二、从“4P”理论到“4C”理论

“4P”理论和“4C”理论是在不同的营销背景下产生的两种市场营销理论。市场以生产者为主导，遵循自上而下的动作法则，重视产品导向，生产者在确定生产某一产品后，才设定一个既能收回成本又能赚到最大利润的价格，再经过由其掌握的销售渠道，将产品陈列在货架上，再运作广告、公共关系、营业推广、人员等各种促销手段来刺激消费者购买欲望，实现产品的价值。

随着社会生产力的迅速发展，世界开始由短缺经济时代进入过剩经济时代，买方市场取代卖方市场，各生产厂商面临激烈的市场竞争，市场已由生产者为主导转变为以消费者为主导，生产厂商意识到不能站在企业自我利益角度生产产品，而要考虑消费者的需求和欲望；不能只站在企业本身利润的角度来做产品，还得考虑消费者的承受能力，考虑是否方便购买，应该多与消费者进行相互沟通。在这种时代背景下，营销理念、营销方式、经营方式，发生了根本性的改变，市场营销的战略由“4P”理论转向“4C”理论，成为必然选择。

（一）顾客的需求与欲望

顾客的需求与欲望是整合营销传播的第一个要素。现代企业只有深刻地理解和领会消费者的需求与欲望，才能获得成功。忘掉产品，瞄准消费者需求，首先要做的是了解、研究、分析消费者的需要与欲求，而不是先考虑企业能生产什么产品。一些生产企业为了提高自我产品的市场竞争力，纷纷推出附加许多功能的产品。结果很多别出心裁的产品由于使用功能太过复杂，而且有些功能未必是消费者所需要或经常使用的，因而并没有得到消费者的青睐。

随着竞争的日益激烈，消费者的需求也不断发生变化。不同的人对同产品的需求不一样，同一个人对同一产品在不同时期的要求也不一样。正是消费者需求的千变万化制造出层出不穷的市场机会。因此，企业只要能够发现和掌握消费者需求变化的规律，就能够充分把握市场机会。在消费者需求变化之前抢先开发新产品，就能主导消费新潮流，提高产品的竞争力。

（二）顾客成本

顾客成本是指消费者在购买商品或服务时，为了完成交易所需要支付的一系列费用和代价。这些费用包括但不限于物质成本、时间成本、精神成本等方面，以及为了获取更多信息而额外付出的努力及成本。因此，顾客成本不仅是商品或服务的价格，还包括所有与交易行为相关的其他成本。例如，消费者在购买手机时要按手机的价格付费，在使用过程中要支付信息费、电费、维护费、折旧费等各项费用。

另外，不同的品牌，不同的服务，不同的产品质量、价格、款式会给消费者带来不同的心理感受。因此，任何一个消费者在选购任何产品时都会考虑产品的价格与价值比。只有当产品的价值大于或等于价格时，消费者才会购买。不同的消费者对产品价值的理解不同，有的人较注重产品的物质价值，有的人较注重产品的精神价值。

（三）顾客的便利性

顾客的便利性就是要求企业忘记自己的营销渠道，站在消费者的角度来看待产品的流动，应在消费者最需要的时候，以最快的速度、最便利的方式将产品传送至消费者手中。因此，企业应当深入消费者，了解其需要什么、何时需要、需要多少、何地需要。然后通过现代物流手段以最便利的方式将产品提供给消费者。抓住消费者的一个关键是方便消费者交易与消费。要求在交易地点、空间距离与交易手段、交易方式、结算方式、送货上门和服务手段等方面提供全方位的方便。广义地说，就是为顾客提供尽可能多、尽可能优质的服务。

随着社会经济发展水平的提高，人们的收入越来越可观，生活质量越来越高，但工作的强度和紧迫度也越来越高，因此，人们在日常生活中追求休闲放松，不希望花费很多的精力和时间去购买日常生活用品，普遍希望能够省时、省力地购买到自己称心的商品。这是企业面临新的机遇与挑战。

（四）营销沟通

营销沟通就是企业与消费者站在平等的立场进行“对话”，通过双向沟通以了解消费者的心理，是消费者了解企业、了解产品、接受产品的过程。要忘记促销，记住与顾客沟通，改变促销时将顾客看成被动接受者的观念与做法，加强资讯和情感的沟通。

随着市场竞争激烈化，传播媒体多样化，企业传播信息的方式和消费者接收信息的方式都发生了深刻的变化，媒体的多样化导致各媒体的传播受众分散细化，其传播内容信息难以影响到所有的消费者。消费者每天都要接收成千上万条信息，使消费者陷入信息的海洋。传统的营销传播方式、宣传方式面临越来越多不能适应新的营销环境和消费者要求的风险。对话式的双向沟通方式是对传统营销传播方式的创新，先充分了解消费者对媒体的选择习惯和类型，对信息的需求和接收的特点，然后再来确定自己的信息传播策略。

消费者大多数是理智的，也是有感情的。企业与消费者加强沟通，提供资讯，建立感情，是保持老顾客、开拓新顾客的有效手段。

在实施整合营销过程中，应重点放在营销沟通整合和营销职能整合上。营销沟通整合就是要选择好接触目标顾客的渠道，建立数据库，利用多种沟通工具，在不同媒体上传播相互关联的信息，与目标顾客双向沟通，以达到对目标顾客产生最大的影响的目的。企业营销沟通系统构成非常复杂，包括企业—中间商、企业—消费者、企业—员工、企业—股东、企业—公众、中间商—消费者、消费者—消费者、公众—公众、员工—员工、股东—股东等沟通子系统，沟通工具主要有广告、公共关系、人员、推广等，沟通的内容主要有产品、价格、企业文化、人员风格、服务等。

营销职能整合就是以业务流程为核心，将整个营销业务流程分成市场分析、数据库建立、产品开发、制造、包装、定价、分销、物流、沟通等各项功能与环节。各环节的工作人员在统一的思想、统一的观念、统一的看法、统一的目标的基础上，各自履行自己的职责，使整个企业的各项要素、各个环节整合成一个有生命力的整体，从而提高企业的整体竞争力。

第三节 绿色营销与知识营销

企业作为社会系统中的一个组成部分，其生存和发展与所处的自然生态环境息息相关。保护生态环境、促进经济与生态的协同发展，既是企业自身生存与发展的需要，又是企业不可推卸的社会责任。风靡全球的绿色营销（Green Marketing），使企业营销步入了集企业责任与社会责任于一体的理性化的高级阶段。本节主要介绍绿色营销的兴起、绿色营销与传统营销的差异、绿色营销的基本内容等问题。

一、绿色营销的界定

绿色营销是一个以促进可持续发展为目标的管理过程，旨在通过有目的、有计划地开发和交换产品价值，满足市场需求，同时注重科学性和规范性的原则。绿色营销的最终目标是实现经济利益、消费者需求和环境利益的统一，以保障人类和经济的持续发展。

绿色营销的实践要求企业在营销活动中注重自然生态平衡和保护自然资源，为子孙后代留下生存和发展的权利。因此，绿色营销的原则是保护地球生态环境、促进经济与生态的协同发展，以确保企业的永续性经营。在实现绿色营销的过程中，企业应该从产品开发、运作流程、宣传、管理和服务等多个方面考虑，注重经济利益、环境保护和可持续发展的平衡。企业在开发绿色产品时，应采用环保材料、节约能源、减少废弃物等手段，以实现产品的环保属性。在营销推广过程中，应注重科学和客观的宣传，避免夸大和虚假宣传，以保证消费者的知情权和选择权。在管理方面，企业应该建立和完善环境管理体系，制订环境保护方案和目标，并加强内部环保意识教育和培训，提高员工环保意识。同时，企业应积极参与环保公益事业，发挥企业社会责任，以实现经济效益和社会效益的双赢。

对于绿色营销的定义，很多学者还从不同的角度进行了界定，概括起来，具有代表性的观点可以归纳为以下四种类型。

（一）产品中心论

产品中心论认为，绿色营销是一种以产品对环境的影响为中心的市场营销手段，旨在从产品的构成、生产过程、包装设计以及废弃物处理等方面保护环境。在绿色营销的实施过程中，应该从以下四个方面加以考虑。

（1）绿色营销要求企业生产绿色产品，这种产品在生产过程、消费过程以及废旧回收方面都应该有利于人体健康和环境保护。企业应该设计生产绿色产品的方法，从而在满足内部经济利益的同时，也能够创造社会外部经济效益。

（2）绿色营销要求在产品的包装设计方面考虑对环境的影响。企业应该选择对环境污染轻微或无污染的材料来制作包装物，并且还应该考虑包装废弃物的处理方式，以避免对环境造成影响。

（3）产品加工过程也应该符合“清洁生产”的标准，以减轻对环境的污染。这意味着企业应该尽量避免使用有毒有害的原料和中间产品，减少生产过程的各种危险因素，采用少废、无废的工艺和高效设备，使用物料的再循环，采用简便的操作和控制等。

（4）为了推进绿色产品的生产和实施绿色营销，需要倡导和赞助环保的组织和事业。这些组织可以承担对绿色知识的教育培训、宣传推广、监督控制等任务，以提高全社会的绿色意识。各种宣传工具和宣传形式可以用来开展各种保护生态环境的活动，发动全社会的力量来促进企业增强环保意识，监督企业实施“绿色营销”。

（二）环境中心论

环境中心论认为，企业进行绿色营销是为了通过利用环保这个话题来吸引消费者注意力，进而提高产品的效果和销售，而非真心实意地解决生态环境问题。它将环境保护作为促进销售的工具，而不是企业生产和经营的核心目标。具体来说，环境中心论主要有以下特征。

（1）把环境问题作为市场营销手段，旨在通过绿色产品和环保宣传来增长利润，而非为保护环境而生产和经营。

（2）重视产品外观设计和万能品牌，而轻视产品实质性的绿色优势和环境友好性。产品的绿色标志主要起着宣传炒作的作用。

（3）缺乏对环境影响的全面分析和评估。仅就产品用途或特点进行简单的绿色宣传，而无整体生命周期视角。生产工序和使用过程的影响同样不受重视。

（4）更注重短期的宣传和推广，而非长期的环境责任追求。大部分只在产品上添加“绿”字样，随后转而推出新的产品，以获取更多宣传效应。

（5）缺少对社会参与和公众意见的重视。企业单方面地决定产品的绿色定位，而无须将社会各方纳入决策的机制。

环境中心论倾向于将绿色营销作为一种短期的宣传手段，而非长期的企业发展战略。同时也较少重视生命周期以外的社会及公众影响。通过产品外观和品牌宣传来售卖“绿”色，这也是环境中心论的主要特征。

（三）利益中心论

利益中心论认为，绿色营销的最终目标应该是通过兼顾不同利益方的利益，来实现可持续发展。

（1）企业应在追求经济利益的同时，考虑并兼顾环境与社会的长远利益。只会简单地将环境问题作为推销手段是不够的，而应将其作为企业战略发展的重要指导原则。

（2）在推出新产品时，要兼顾消费者需求与环境保护的最大化，而非二者相互矛盾。新产品应同时兼顾功能、质量、价格以及环境友好性等。

（3）必须构建利益相关方参与机制，让各方有机会表达看法并达成妥协。只有通过协调各方利益，才能制定出平衡利益的绿色营销策略。

（4）应采取系统的和全面的视角观察企业和产品对环境的影响，并作出调整，而非简单看产品表面特点。生命周期分析就是在这方面的关键手段。

（5）除了产品以外，还应重视用户行为与企业内部管理等方面的调整，以最大限度地降低环境影响。

综上，利益中心论强调在绿色营销实践中，企业要兼顾不同利益方的利益，平衡不同目标。它不像产品中心论那样片面强调产品本身，而是注重企业及利益相关方整体的战略规划和管理。通过构建公开透明的决策机制，全面分析影响，调整企业各个方面，利益中心论更注重实现可持续发展的体系性和系统性。同时，利益中心论也难免会忽视民众宣传等方面的需要，在这一点上与环境中心论又有所不同。

（四）发展中心论

发展中心论认为，绿色营销应被视为企业可持续发展战略的重要部分，并与社会可持续发展紧密相关。

（1）企业应认真研究发展趋势，能够准确识别市场发展方向、用户需求变化和社会可持续发展的要求，以制定出符合时代发展的绿色营销战略。

（2）绿色营销应结合企业资源与业务优势，为企业的持续发展提供机遇，而不仅是给企业带来额外负担。实现绿色转型需要系统而全面的绿色营销。

（3）企业应与利益相关方建立密切的合作关系，共同推动可持续发展。社会各界的参与能够具体地指导企业运作和外部评价。

（4）绿色营销的最终目的应该是为人类社会的可持续发展服务。仅考虑企业内部或短期利益是不够的，需要采取更宏观和长期的视角。

（5）企业应不断学习与进步，通过持续的创新来优化企业及产品的绿色表现，更好地响应巨变。对可持续发展的追求应贯穿企业的各个方面。

发展中心论认为绿色营销应被视为一个持续学习和进步的过程，对企业和社会的可持续发展至关重要。它注重规划、参与和系统性，更加关注与发展趋势、问题本质以及长期利益的密切联系。发展中心论旨在使绿色营销成为企业实现根本转型和社会进步的手段，为人类社会的可持续进步服务，这一点与其他视角相比最为突出。同时，该理论较难具体指导实践，较依赖良好的企业文化与领导力培养。

二、绿色营销与传统营销的差异

（一）营销观念的升华

企业的营销理论经过长达近一个世纪的发展，已经不再是传统的产品导向，而是转变到了以人类社会可持续发展为导向。绿色营销的观念就是在这个前提下提出的，它与传统营销的区别如下。

1. 绿色营销观是以人类社会的可持续发展为导向的营销观

绿色营销观是在全球环保意识不断提高的背景下产生的，强调在营销活动中兼顾企业、消费者、社会和环境四方利益，推进经济发展与环境保护的协调发展。绿色营销观的实践要求企业在各个营销环节中贯彻绿色理念，注重循环经济、资源节约、污染防治和生态保护，力求实现经济、社会和环境的可持续发展。

绿色营销观念的出现，既反映了消费者对环境问题的关注，也反映了企业适应市场需求和履行社会责任的迫切需求。从传统的营销观念到绿色营销观念的转变，反映了人们在市场经济活动中越来越重视环保和可持续发展，强调以人为本、尊重自然的理念，提出了全新的市场营销战略。

然而，绿色营销观念的实践仍然面临许多挑战。首先，企业的绿色营销需要有长远的眼光和战略规划，需要加强科技创新和管理创新，推动企业从传统的生产和营销模式向绿色和可持续发展的方向转型升级。其次，需要政府部门的支持和引导，鼓励企业实施绿色经营，加强环境保护法律的制定和执行，营造有利于绿色发展的政策环境和法治环境。最后，需要加强公众的环保意识和参与度，推动消费者向环保型产品和服务的选择，形成良性的市场环境和消费氛围。

因此，绿色营销观的实践需要多方面的合作和努力，推动企业在市场竞争中实现可持续发展和环境保护的双赢。这对于建立和谐社会、实现可持续发展具有重要的意义，也为营销学和环境管理学的发展提供了新的理论和实践基础。

2. 绿色营销观念更注重社会效益

绿色营销观念的兴起反映了人们对可持续发展的重视，企业在营销活动中应该更加注重社会效益。在这种观念的指导下，企业需要从以往以消费者为中心转向以社会为中心，并始终坚持营销活动与社会责任的有机融合。

为了实现绿色营销的目标，企业需要在市场研究中注重消费者和全社会的长远利益，避免重复引进和重复生产带来的资源浪费和低效使用。同时，企业还需要考虑市场需求的变化趋势，并及时作出调整以缩短产品生产周期、提高资源利用率，减轻环境负担。

3. 绿色营销观念更注重企业的社会责任和社会道德

绿色营销观念注重系统性和协同性，要求企业在各个营销环节中体现社会责任精神和社会道德。

（1）注重企业的经济责任

实施绿色营销的企业通过合理安排企业资源，有效利用社会资源和能源，争取通过提高生产效率和产品质量，以更低的成本达到更高的经济效益和效用，在提高企业利润的同时，提高全社会的总体经济竞争力和资源利用率。

（2）注重企业的社会责任

企业通过绿色营销的实施，既要保护人民健康，提高人民生活质量，也要维护地球生态环境，以保证人类社会的可持续发展；通过绿色产品的推广，在满足消费者绿色消费需求的同时，运用宣传手段引导全社会的绿色文明观念的形成与进步。

（3）注重企业的法律责任

企业实施绿色营销，必须自觉地依照目标市场所在区域所制定的，包括环境保护、产品质量等方面的有关法律法规为决策之本，规范自身的营销行为以诚信经营、守法经营为原则。

（4）遵循社会的道德规范

企业实施绿色营销，必须注重社会公德，不开展以牺牲公众健康及生态环境为代价的营商行为。绿色营销旨在通过企业的积极措施，促进社会共同利益的实现，而非仅仅追求企业的独立利益。

绿色营销注重企业履行社会责任和社会道德，实现经济效益、社会效益与环境效益的协调发展。它要求企业在追求经济目标的同时，也兼顾人民群众、社会公共利益和生态环境的需求，使产品、服务与价格都更加贴近社会发展大方向，不断提高企业的社会价值和社会影响力。绿色营销不仅是一种策略，更是一种社会责任的意识和实践。

（二）经营目标的差异

绿色营销与传统营销在经营目标和研究视角方面存在明显的差异。传统营销通常只关注当前阶段的经济效益，忽略了全社会的整体利益和长远利益。相比之下，绿色营销则旨在促进经济发展、生态发展和社会发展目标相互协调，实现总体可持续发展战略目标。因此，绿色营销不仅关注企业自身的利益，还注重整合和平衡企业、社会和生态环境的利益，以保护未来社会和后代人类的利益。

从研究视角上看，传统营销主要关注由企业、顾客和竞争者构成的“魔术三角”，通过协调三者之间的关系来实现企业利益最大化。而绿色营销则着重关注整个社会和生态系统的利益，探究企业在可持续发展背景下的发展策略和经营模式，以实现经济、社会和生态效益的协调和平衡。

（三）经营手段的差异

传统营销与绿色营销是两种不同的营销方式，它们之间存在着显著的差异。传统营销注重产品、价格、渠道、促销等有机组合，通过实现营销目标来获取经济利益。而绿色营销则强调营销组合中的“绿色”因素，注重绿色消费需求的调查与引导，同时在生产、消费及废弃物回收过程中降低资源消耗、减少公害、开发和经营符合绿色标准或标志的绿色产品。因此，绿色营销需要考虑以保护生态环境为主要内容的绿色因素，并在定价、渠道选择、促销、服务、企业形象树立等营销全过程中都要考虑到环境保护的影响。

从影响营销的环境因素来看，传统营销受到人口、经济、自然、技术、文化等环境因素的制约。而绿色营销不仅受到以上因素的制约，还受到资源环境政策及环境保护法规等专业环境因素的约束。因此，绿色营销需要根据最新最严格的环境标准和要求来调整自己的行动，以履行社会责任。在营销手段选择、环境因素考量、策略评估与调整机制等方面，传统营销与绿色营销存在较大的差异。

三、我国企业实施绿色营销的现状

在当前全球环保意识不断增强的背景下，我国企业开始重视绿色营销，并取得了一定的成果。

（一）社会责任意识增强

许多企业已经形成了社会责任意识，认识到自身在社会中的地位和义务。除了关注经济效益，企业开始考虑其在公众心目中的形象和品牌价值，肩负起改善社会福祉的责任。这种意识的形成是推动绿色营销发展的重要基础。

（二）生产绿色产品已成为部分企业的宗旨

这种趋势在消费者对生态环境保护日益关注的情况下更加明显。企业在生产过程中注重环境保护、资源节约，生产出健康、安全和无害的产品。有些企业甚至以“绿色”为品牌底色和竞争亮点，下大力气开展绿色产品研发与推广。这些举措既有利于企业深化品牌影响力，也有助于增强市民的环境意识、培养绿色消费理念。

（三）营销技术绿色化

营销技术绿色化成为越来越多企业的选择，这也是绿色营销发展的重要组成部分。企业在营销活动中注重使用绿色技术，推广绿色产品和服务，强调环保和社会责任，同时也能提升企业品牌形象和市场竞争力。近年来，我国企业在营销中采用绿色营销技术的趋势逐渐增加，这种趋势将有助于推进社会向低碳、绿色发展迈进。

四、我国企业实施绿色营销中存在的问题

我国企业实施绿色营销方面存在的问题主要有以下五个方面。

（一）企业营销目标停留在刺激消费、追求消费数量增加的阶段

目前，我国大多数企业在营销中工作的重点仍是短期之内刺激或激励消费者购买和使用更多的产品，甚至超过实际需求，导致过度消费。此举以增加销量和利润为前提，忽视了资源环境的承载力和持续利用价值。

（二）资源保护尚未成为许多企业的营销原则，环境成本意识不强

由于我国长期实行粗放式生产方式，许多企业至今仍未树立正确的资源利用观。部分企业为了简单追求利润最大化，仍然大量消耗资源，发展吃子孙饭的产业；有些企业内部没有建立健全绿色审计和管理机制，环境成本意识不足。

对资源枯竭和生态破坏带来的后果，企业内部尚未深刻认识和倾力预防，资源保护和环境管理尚未真正成为各类企业的经营原则和营销观念，这成为推动企业绿色转型的障碍。要充分发挥企业在资源配置和技术应用上的优势，促进绿色产业发展，企业内部绿色文化的培育与践行至关重要。

（三）绿色产品尚未成为消费者的首选产品

由于生产工艺规范和材料成本更高，绿色产品相对而言成本较高，从而销售价格较高，但在许多国家，绿色产品在品质和环境等方面具有优

势，自然成为最受欢迎和优先选择的产品。然而在我国，由于受限于收入水平以及大众环保意识的不足，大多数消费者尤其是中小城镇与广大农村地区的消费者，仍然更倾向于选择低价的非绿色产品，绿色产品并未成为主流选择。

虽然我国政府近年来推行绿色消费，提高公众环保意识，但环境保护观念尚未深深根植民心。许多消费者缺乏对绿色产品美德的充分评估，导致对其青睐程度不高，绿色产品尚难以成为首选。要打赢“价格战”，真正成为消费者的首选，绿色产品在提高产品自身价值的同时，对消费者进行有针对性的绿色教育也是必要的。

（四）绿色标志制度尚未引起大多数企业的重视

绿色标志体系作为我国推进产品绿色转型和可持续发展的重要工具之一，其扮演着指导消费和评估绿色产品的重要作用。但是，由于我国的绿色标志制度自实施以来一直采取自愿申报的方式，没有强制性，因而大多数企业对获取相应绿色标志并未重视。

部分企业缺乏对绿色标志价值的充分认识，甚至认为申报过程烦琐费时，难以通过审核。更多企业仍将绿色标志视为市场营销工具或宣传手段，而非实现绿色转型的有效途径。小部分企业虽然获得绿色标志，但在实际生产经营中尚未贯彻绿色原则。绿色标志的普及率和影响力远远不能达到政府设定的目标。

（五）企业营销手段上尚未有效地引入绿色思维方式

我国企业在绿色转型方面存在的严重问题，是企业营销方式和思维方式无法融入“绿色”理念。

企业营销手段由传统的价格、产品和推广等单一营销转变为多维综合营销尚需时间，更为关键的是在决策制定和实践中有效引入绿色思维。但是，部分企业各自为政，缺乏在价值观、资源利用方式等方面纵深推进的本质变革与体系改造，倾向于从强调“绿色产品”或“绿色服务”开始，才会在营销概念和策略中体现出“绿色”色彩。

五、企业实施绿色营销的内容与步骤

（一）收集与分析绿色信息以满足绿色需求

绿色信息可包括以下七个方面。

1. 绿色消费信息

了解消费者对绿色产品的认知、态度、购买意愿和购买行为，以及影响消费者绿色购买决策的因素。

2. 绿色科技信息

掌握行业内绿色技术的发展趋势和创新动态，以求在绿色竞争中保持优势。

3. 绿色资源与产品开发信息

了解绿色资源的获取途径和成本，以及绿色产品开发的技术要求和市场前景。

4. 绿色法规与政策信息

熟悉与绿色营销相关的法律法规、政策导向以及行业标准，确保企业在合规范围内开展绿色营销活动。

5. 绿色组织与认证信息

关注绿色组织的发展动态，了解绿色认证体系的要求，力求获得权威认证以提高产品的绿色形象。

6. 绿色竞争态势信息

分析竞争对手的绿色营销策略、产品特点及市场表现，以便在竞争中制定有针对性的绿色营销方案。

7. 绿色市场规模与趋势信息

评估绿色市场的潜在规模、增长速度和未来发展方向，以便企业制定长期的绿色发展战略。

通过全面、系统地收集与分析绿色信息，企业可以更好地了解绿色消费者的需求、市场变化和竞争状况，从而为制定有效的绿色营销战略提供有力支持。满足消费者的绿色消费需求是企业开展绿色营销的基础，需要通过全面分析绿色信息来掌握市场需求动向，并采取目标明确、科学合理的策略来满足需求。借助于丰富的绿色信息，企业能够作出更为准确的绿色战略性决策。

（二）制定绿色营销战略，树立良好的绿色企业形象

为了达到绿色企业的目的，企业必须制定相应的绿色营销战略。

1. 绿色营销战略

绿色营销战略旨在推动企业可持续发展和环保事业的发展，它是一个

总体计划，包括清洁生产计划、绿色产品开发计划、环保投资计划、绿色教育计划、绿色营销计划等多个方面。

清洁生产计划是绿色营销战略的重要组成部分，其主要目的是通过减少污染物的排放和资源的浪费，促进企业生产过程的环保和可持续发展。绿色产品开发计划是为了推动绿色产品的研发和创新，从而满足消费者对环保产品的需求，提高企业的市场竞争力。环保投资计划是为了提高企业的环保水平和履行社会责任，通过投资环保技术和设备，减少企业对环境的影响。绿色教育计划则旨在提高员工和社会公众的环保意识和素质，促进绿色生产和消费的普及和推广。绿色营销计划是绿色营销战略计划的重要组成部分，旨在通过绿色营销手段和策略，提高消费者对企业环保形象和产品的认知和信任度，从而提高企业的品牌价值和市场占有率。

2. 绿色企业形象塑造战略

绿色企业形象塑造战略是企业推动可持续发展和环保事业的重要的战略手段之一。在实施绿色企业形象塑造战略时，企业可以通过加强绿色产品标志管理，建立健全标志使用和管理制度，确保绿色产品的标志使用规范和标准化，从而提高消费者对绿色产品的认知和信任度；制定绿色企业形象战略，明确企业的环保理念和目标，提高消费者对企业环保形象的认知和信任度；加强环境保护和绿色生产，提高企业的环保形象和品牌价值；加强环境管理和绿色生产技术的研发和应用，减少对环境的污染和资源的浪费，提高企业的环保形象和社会责任感；通过与社会公众的互动，加强对环保问题的宣传和教育，提高员工和公众的环保意识和素质，推动绿色生产和消费的普及和推广。

（三）开发绿色产品

绿色产品的开发是企业实施绿色营销的支撑点。开发绿色产品，要从设计开始，选用可再生和可回收利用的绿色材料，确定节能和减废的产品结构和生产工艺，采用易回收和循环使用的包装方式，并在产品使用全生命周期内最小化环境影响。生态设计理念的引入，有助于企业开发出真正的绿色产品。

绿色资源和绿色产品的开发是企业实施可持续发展战略，转变发展方式，构建生态文明的必然要求。企业应大力发展循环经济，推动产业结构优化升级，为可持续发展提供产业支撑。

（四）制定绿色价格

首先，在制定绿色产品的价格时，要摆脱以前投资环保是白花钱的思想，树立“污染者付费”“环境有偿使用”的新观念，将企业用于环保和节能减排方面的投入成本计入产品价格。这有助于提高社会各界对环境保护重要性的认识，促进企业转向绿色发展道路。

其次，注意绿色产品在消费者心目中的形象，利用人们的求新、求异，崇尚自然和社会责任心理，采用消费者心目中的“觉察价值”来定价。但是，绿色产品的价格不应过高，这会影响其市场竞争力，减少环境效益的获得。绿色价格的制定，需要平衡环保成本、社会效益与市场接受度。

再次，应考虑采用差异化定价策略，对不同消费群体分别制定合理的价格。普通消费者更注重价格，可适当压低价格；而环保意识较强的消费者则更注重产品的环境属性，可相对提高价格。这有助于充分发挥绿色产品的环境效应，扩大其消费群体，最终提高企业效益。

最后，绿色价格的制定是一个综合考量的过程，需要平衡好环保成本、社会效益、市场竞争力与企业效益多方面因素。定价过高会影响销量，定价过低无法收回成本，都不利于企业可持续发展。因此，企业应根据自身情况，采取差异化定价等策略，制定既符合环保要求，又能获得一定经济效益的绿色价格。

（五）选择绿色渠道

选择恰当的绿色销售渠道是拓展销售市场，提高绿色产品市场占有率，扩大绿色产品销售量，成功实施绿色营销的关键。企业可以创建绿色产品销售中心，建立绿色产品连锁店和专卖店，设置绿色产品专柜，以拓展绿色产品的市场。

绿色产品销售中心可以集中展示企业的绿色产品，有助于树立企业的绿色形象，宣传绿色理念，吸引更多的消费者。绿色产品连锁店和专卖店可以提高消费者的购物便利性，将环保理念深入人心。而绿色产品专柜常设于大型超市或百货商场，可以触及更广范围的消费群体。

电子商务作为新兴的绿色渠道，它的快捷、便利和覆盖面广的优势，有利于企业开拓新的销售平台，积极拓展网络销售，发展绿色电子商务。但电子商务也存在一定障碍，如消费者无法直接感知产品属性，电子产品的包装过度可能带来二次污染等，这需要企业在设计和营销中加以考量。

绿色渠道的选择，还需根据企业自身情况和目标市场特征进行。可以单独采用或综合运用以上各种渠道，形成渠道的有机组合，从而覆盖更广的目标客户，促进绿色产品的推广和销售，提高企业的环境效益和经济效益。

（六）开展绿色产品的促销活动

随着环保意识的不断提高，绿色产品已经成为消费者购买产品的重要考虑因素之一。因此，对于企业来说，应该从以下四个方面积极开展绿色产品的促销活动。

首先，企业可以使用绿色广告来强化和提高人们对绿色消费的环保意识，达到促销产品的目的。

其次，通过绿色公共关系可以更加直接和广泛地将企业和产品的绿色形象传递给广大消费者，提高企业在市场上的竞争优势。

再次，在进行绿色人员推销和销售推广时，推销人员需要了解消费者对绿色消费的兴趣，回答消费者所关心的环保问题，掌握企业产品的绿色表现及企业在经营过程中的绿色表现，以提高绿色产品的知名度和影响力。

最后，企业还可以通过一系列的营销手段，比如免费试用样品、竞赛、赠送礼品、产品保证等形式，鼓励消费者试用新的绿色产品。

（七）实施绿色管理

绿色管理是一种融环境保护理念于企业经营管理中的管理方式。其主要目的是通过全面建立企业环境管理体系，加强环境监控和环境审计，提高企业对环境保护工作的自觉性和责任感，并借助全员环境教育提高企业的环保能动性。

绿色管理的实施是企业实现绿色转型和可持续发展的关键所在。通过建立环境管理体系、环保教育和技术创新等途径，企业可以全面提高环境绩效，获得绿色信誉，为消费者提供更容易被接受的产品，从而赢得市场竞争优势。绿色管理是企业贯彻“绿色经济”战略的重要方式。

六、知识营销

知识经济是和农业经济、工业经济相对应的概念，信息化和网络化是其两大特点。知识经济是基于知识资源的开发和利用的一种新型经济形态，知识成为关键性的战略资源和经济增长的重要动力。知识作为一种经济资源不同于一般的物质资源，具有以下特点：一是非消耗性，运用越多，成本则越低；二是共享性，不受时空的局限，不具排他性；三是非稀缺性，可以无损耗使用而产生更多；四是易操作性，易于传播和处理。

（一）知识营销是“创新营销”

在知识经济时代，企业的生存和发展需要不断地进行技术创新、制度创新、观念创新和产品服务创新。这些创新活动可以帮助企业适应市场变化和不断满足消费者的多元化需求。在这样的背景下，创新营销成为企业营销战略中不可或缺的部分。

创新营销包括营销观念创新、营销产品创新、营销组织创新、营销方式和渠道创新等多个方面。其中，营销观念创新是创新营销的根本，企业需要不断地更新营销观念和指导思想，以适应市场变化和消费者需求的变化。营销观念创新可以包括权力营销观念、关系营销观念、整合营销观念等，这些观念的创新可以帮助企业更好地了解市场和消费者需求，从而制定更为有效的营销策略。

（二）知识营销是“合作营销”

在知识经济时代，企业的竞争已经从传统的产品竞争转向了合作型竞争。这种转变是由于技术进步和市场环境的变化而产生的。随着互联网和信息技术的快速发展，企业之间的交流和合作变得更加方便和快捷。同时，消费者的需求和偏好也日趋多样化和个性化，企业必须能够及时获取消费者的反馈和需求，并根据这些信息调整产品设计和营销策略。因此，企业需要与客户、供应商和其他利益相关方建立良好的合作关系，共同开发市场、创造营销条件，实现共赢。

在这种合作型竞争中，知识共享是非常重要的。通过共享知识、共同开发市场，企业可以创造更多的知识和价值，实现共同发展。因此，知识营销是“合作营销”，需要注重与其他企业和利益相关方的合作和共享。

高科技企业在知识经济时代的发展战略中，需要注重培育新的商业生态系统。商业生态系统是由客户、供应商、主要生产厂家以及其他有关人员相互合作配合组成的群体，这个群体还应包括融资机构、行业协会、政府、工会和其他中介机构。在商业生态系统中，各成员之间的能力是共同进化的，每个成员在自我改善与改造的同时，都需要关注和配合群体内其他成员，实现共同发展。

创新和合作是知识经济时代企业的核心思维方式。高度发达的信息系统和互联网为企业之间的合作提供了良好的技术基础。通过合作营销，企业能够建立消费者信息档案，根据消费者需求来生产，实行定制销售和零库存销售，既满足了消费者的需求，又节约了社会资源。因此，合作营销是实现社会资源优化配置的必然要求，是营销的主题。

（三）知识营销是"学习营销"

在知识经济时代，随着信息和知识的爆炸性增长，人们逐渐进入一个学习社会，学习意识普及化和学习行为社会化成为社会主流。在这个背景下，营销也发生了变革，成了一种"学习营销"。这种营销包括两个方面，一是企业向消费者和社会宣传其智能产品和服务，以推广新技术和知识；二是企业向消费者、同行和社会学习，不断改进和完善自己的营销策略和管理过程。

在第一个层面，企业需要将其专业性强、技术含量高、功能复杂的知识型产品和服务进行宣传和推广，以便消费者能够更好地理解和识别自己的需求。因此，企业需要进行知识信息的共享，消除顾客的消费障碍，从而扩大市场需求。这种"学习营销"可以帮助企业把蛋糕做大，提高市场份额和竞争力。

在第二个层面，企业需要向消费者、同行和社会学习，不断改进和完善自己的营销管理过程。这种双向的学习过程可以帮助企业发现自身的不足之处，吸取好的经验方法，提高自身的营销能力和竞争力。因此，这种"学习营销"是一个互相学习、互相完善的过程，最终可以实现整体的和谐。

（四）知识营销是"网络营销"

在知识经济时代，互联网络已成为最具魅力的营销工具之一，被称为"网络营销"。网络营销的主要方式是通过在互联网上建立虚拟商店和虚拟商业街来实现的，这些商店不需要实体店面、货架或服务人员，只需要拥有一个互联网地址即可向全世界进行营销活动。此外，网络营销还包括广告促销、市场调查和信息收集等方面，这些活动都在互联网上进行，构建了一个即时反应交互式的信息交流系统，拉近了企业与消费者之间的距离，带来了市场营销的一场革命。

互联网作为一种跨时空传输的“超导体”媒体，可以为世界各地的消费者提供及时的服务，同时，互联网的交互性更加有利于供求的适时平衡。因此，互联网络营销的优点包括成本低廉、无存货样品、全天候服务和无国界区域界限等特点。此外，网络营销也具有快捷、准确、主动、生动丰富和直接等优点，具有很好的发展前景。

网络营销也存在一些挑战和问题。一方面，随着互联网用户数量的不断增长和竞争的加剧，网络营销的成本也在不断上升。另一方面，虚拟商店的存在也使得消费者对产品的质量和真实性产生疑虑，因此，网络营销需要加强对消费者的信任和保护机制，确保消费者的权益得到有效保护。

（五）知识营销是“绿色营销”

在知识经济时代，企业的营销活动需要注重可持续发展和绿色环保理念。随着消费的日益健康化和自然化，绿色营销已成为企业市场营销的通行证。各国政府也越来越注重保护自然资源和生态环境。在这样的背景下，企业需要注重绿色概念，开发绿色产品，实施绿色营销组合策略，树立绿色产品优质的形象。

绿色营销需要注重生态环境成本核算，在定价时将生态环境成本考虑在内，从而实现可持续发展。此外，企业在营销策略上也需要注重绿色情怀，关心生态，健康营销，从而赢得社会的肯定和顾客的信任。因此，绿色营销已成为企业实现社会效益和经济效益的重要手段。

国际标准化组织制定的国际环境管理系列认证标准 ISO14000 和绿色标志，是绿色营销的重要认证标准。企业应该积极申请 ISO14000 和绿色标志认证，取得绿色营销的“合格证”，从而在市场竞争中获得更多的优势。

然而，在实施绿色营销时，企业也面临着一些挑战和问题。例如，绿色产品的研发和生产成本较高，需要企业具备较强的技术和资金实力。此外，绿色认证标准的制定和认证机制的建立也需要政府和行业协会的支持和合作。

（六）知识营销是“全球营销”

在知识经济时代，全球化已经成为企业发展的必然趋势。高度发达的信息技术通讯网络使得全球各地的企业能够互相联系和交流，促进了全球经贸一体化的进程。因此，营销活动也需要具备全球化的视野和策略。

全球营销需要注意区别国际文化差异，把握全球经济动向，从而制定符合不同国家和地区市场需求的营销策略。在制定营销策略时，企业需要考虑不同国家和地区的法律、文化、语言、宗教等因素，避免因文化差异而引起的营销失误。企业需要了解不同国家和地区的市场需求和趋势，从而制定相应的产品和营销策略。

在全球营销中，企业需要注意国际市场的竞争和挑战。即使企业不参与国际竞争，也会受到外来企业的竞争和挑战。因此，企业需要具备全球化的战略眼光，从一开始的策划就以全球市场为导向和目标，制定符合国际标准和规范的产品和营销策略。

在实施全球营销时，企业也面临着一些挑战和问题。例如，不同国家和地区的市场需求和文化差异，以及国际贸易和法律规范的复杂性等因素，都会影响企业的全球营销战略。因此，企业需要制定科学合理的营销策略，从而实现全球化和经济效益的双赢。同时，企业也需要积极参与国际标准化组织和国际贸易组织等国际组织，了解和遵守国际标准和规范，从而提高企业的全球竞争力和市场份额。

第四节　关系营销与全球营销

传统的市场营销理论认为，企业营销理论的实质是企业利用和组合内部可控因素（产品、价格、渠道和促销等），对外部不可控因素及时作出积极反应，从而达到服务顾客、促进产品销售的目的。基于企业生存和发展的事业生态系统思想以及与顾客、供应商、分销商和其他伙伴群体的共同利益建立起来的一种长期有效的交换关系，便是关系营销的理论基础之一。

一、关系营销的概念

关系营销是一种注重与消费者、竞争对手、供应商、分销商、政府机构和社会组织等相关方进行良好互动和建立长期关系的营销方式。其理论基础涵盖社会交换理论、企业间行为理论、技术交换理论、系统论、协同论和传播学等多个学科领域。该理论认为，企业与各方建立稳定、互利互惠的关系是营销活动的核心，而非仅仅关注短期的销售目标。

企业的合作关系包括供应商合伙关系、隐性合伙关系、购买者合伙关系和内部合伙关系等 4 组共 10 种。企业面临的关系分为市场和非市场关系两大类，共涉及 30 种关系。全面营销概念认为，环境中有 10 种重要的营销对象，包括直接环境中的供应商、分销商、最终用户和员工，以及间接环境中的金融机构、政府、媒体、联盟者、竞争者和公众。这些错综复杂的关系可以概括为六大市场模式，包括客户市场、内部市场、影响者市场、推荐市场、雇员市场和供应商市场。

二、营销制胜——用关系营销的思想整合企业的营销

关系营销的作用就在于用一个宽广的视野谋求相关群体的长久支持，这种思路对于面临着不确定性的企业营销来讲具有重大的实用价值，具体表现在以下四个方面。

（一）关系营销可以促进企业营销大整合

关系营销是一种强调企业与利益相关者之间建立紧密关系的营销策略，通过协调、整合各种关系，最大化资源调动的效率，从而提高企业的竞争实力和获得顾客资源。与传统的产品或销售导向的营销策略不同，关系营销强调建立长期的合作伙伴关系，以实现共同利益和长期价值的创造。

关系营销的核心是建立和维护与利益相关者之间的信任和合作关系。在供应商市场中，企业需要选择合适的供应商，协商价格和交货条件，以获得所需的原材料、半成品、劳动力、技术和信息等资源；在分销商市场中，企业需要选择合适的分销商，建立长期合作关系，并提供支持性活动扶助和培训激励，以实现市场基础的强力支持；在内部员工市场中，企业需要协调员工的合作，最大化资源调动的效率，从而提高企业的生产效率和质量；在竞争者市场中，企业需要寻求资源共享和优势互补，以实现合作共赢；在影响者市场中，企业需要寻求无形资源对企业市场终端的强力推动。

从顾客价值的角度来看，关系营销的核心在于建立与顾客之间的互动关系，以提高顾客的满意度和忠诚度。企业通过选择合适的顾客细分市场

进行价值定位，选择合作供应商和竞争者，选择合适的分销商和产业基础，以及提供支持性活动扶助和培训激励，来创造和传递价值，提高顾客的满意度和忠诚度。此外，企业还需要通过信息沟通、服务开发、人员推销、业务推广、广告和合作分销商推介等方式，来促进产品和服务的推广和销售、信息沟通、服务开发、人员推销、业务推广、广告、合作分销商推介、产业基础推介等。

（二）关系营销提高信息获取能力降低企业经营风险

关系营销强调信息的双向流动与反馈，这是建立良好关系的必要条件。企业通过向相关群体传递信息，可以加深相关群体对企业的了解和信任，从而增强企业的影响力和竞争力。同时，相关群体也可以通过企业建立的信息反馈机制向企业提供及时的反馈和建议，帮助企业更好地了解市场变化和顾客需求，及时作出调整和改进。

通畅的信息交流与反馈渠道是增强关系的纽带，可以促进企业与相关群体之间的沟通和合作。良好的关系进一步增强了信息与情感的交流，有利于建立长期稳定的合作关系。这种良好的关系拓展了企业的边界，将相关群体纳入到企业的经营中，增强了企业在风云变幻的高技术市场中获得真实的市场数据，及时作出反馈有利于企业有效把握机会，规避风险。

同时，良好的信息交流与反馈机制也可以造就良好的顾客关系，良好的顾客关系可以长久地留住顾客，获取顾客的终生价值。此外，良好的顾客关系还可以帮助企业获得相关群体的长久支持，获得相关群体的长久价值。因此，企业需要通过建立有效的信息交流和反馈机制，与相关群体建立长期稳定的合作关系，实现双赢的局面。

在实践中，企业需要注意信息交流和反馈机制的设计和实施，确保信息的准确性和及时性，以及反馈机制的公正性和透明性。

（三）关系营销追求多赢策略，可增强企业竞争能力

在传统商业观念中，企业之间的关系通常被视为敌对的，每个企业都在竭力争取自己的利益，互相挤压对手的利益空间。然而，在当前高度竞争的市场环境中，这种单纯竞争的策略已经不再适用。由于高技术的特性，企业往往需要依赖多个关系方的支持才能完成技术创新、制定行业标准等关键任务。因此，企业需要采取更加开放、合作的竞合策略，以实现多赢局面。

在竞合策略中，企业与供应商、经销商等关系方可以结成战略同盟，共同协作，实现一荣俱荣、一损俱损的目标。此外，企业与竞争对手也可以合作研发、共同开拓市场等，实现互惠互利。这种竞合的合作关系不仅可以降低企业的成本，还可以提高企业的市场占有率和竞争力。

企业需要与内部员工、顾客以及政府等不同的关系方建立长期稳定的合作关系，以获得更多的资源和支持。这些合作关系不仅可以为企业带来更多的资源和支持，还可以为企业拓展市场、抵御风险提供有力保障。

（四）关系营销整合营销资源，可扩展企业营销思路

传统的产品营销策略主要依赖于广告和推销手段，通过在市场中打广告和推销产品来吸引消费者的注意力和购买欲望。然而，在面对复杂的高技术产品时，消费者往往存在着对产品的恐惧、不确定性和怀疑，这就需要采用更为复杂和综合的营销策略来打开市场。因此，企业需要采用“市场推动”的营销策略，通过整合营销资源与消费者建立联系，分析市场结构，开发出强有力的产品，并与产业基础建立牢固的战略关系。

一个企业的产业基础越宽，与产业基础的关系越密切，它的产品便越能被消费者接受。因此，企业必须注意整合营销资源，与产业基础建立牢固的战略关系，以扩展企业的营销思路和市场空间。这需要企业具备深刻的市场洞察力和精准的市场定位能力，同时，还需要具备协调、整合和创新的能力，以实现企业的长期发展和成功。

三、营销客户管理

经济全球化是当今世界经济发展的主要趋势，随着技术的不断进步和网络的普及，企业面临着更加激烈的竞争。在这种背景下，企业需要借助先进的信息技术，通过建立客户关系管理（CRM）系统来提高营销效率和顾客满意度。CRM 系统涵盖了销售力量自动化系统（SFA）、客户服务系统（CSS）和呼叫中心等多个方面，旨在优化各个与顾客关系有关的业务流程，从而提高企业的核心竞争力。

CRM 系统利用交流渠道和电子商务技术简化了营销、销售、洽谈、服务和支持等各类与顾客相关的业务流程，使企业能够更好地满足顾客的需求。同时，随着经济全球化的趋势不断加强，我国企业也面临着更加激烈的国际市场竞争。因此，企业需要重新审视和制定市场营销的体制、观念

和战略，以适应全球化的营销方式和战略实施组织体系。这包括加强与跨国公司的合作，探索新的市场机会，提高企业的反应能力和顾客的满意度等方面。在这个过程中，CRM 系统可以为企业提供有力的支持，帮助企业更好地把握市场机会，提高市场份额和盈利能力。

四、全球营销研究

全球化是当今世界经济发展最为重要的趋势之一，其与现代化大生产的客观规律密切相关。全球化分工是由市场和技术推动的，具有去国际化、分散化和多元化的特点。随着全球化的深入发展，各国企业和产品在世界范围内纷纷寻求发展机会，为了提高自身竞争力，必须不断推进技术升级和创新，以全球化的思维和战略来适应全球市场的需求。

在全球化的背景下，实力雄厚的跨国公司已经把全球市场置于自己的营销范围内，以全球营销观念来指导公司的营销活动。跨国公司通过利用全球资源和网络平台，实现全球化的营销和服务体系，提高其管理效率和营销效果。

（一）全球营销的定义

全球营销是指企业通过全球布局与协调，使其在世界各地的营销活动一体化，以便获取全球性竞争优势的一种营销形式。全球营销具有全球运作、全球协调和全球竞争的三个重要特征。全球营销的发展经历了多国扩张阶段、竞争驱动阶段和顾客驱动阶段三个阶段。

在全球营销实践中，标准化与差异化是一个常见的问题。全球营销者更重视各国消费者需求的共性，仍需对各市场的需求特点进行适当的调整。全球营销公司会要求在部分营销组合要素上保持绝对的统一，如品牌标志、商标和配方等。

不是所有的产业都适合全球化，在确定产业是否适合全球化时，应考虑其需求特点、供给特点及所处的经济环境。适宜于全球化的产业具备较为统一的用户工作要求、技术和消费需求，以及规模经济、资源获得优势等特征。此外，较低的关税和允许资本自由流动等经济环境因素也是适宜于全球化的产业的重要条件之一。

（二）全球营销战略

全球营销战略是国际业务运营中至关重要的一环。它涉及以全面的方式识别和追求外国市场机遇，同时与组织的总体业务战略相一致。成功的全球营销战略需要深入了解目标市场，了解其独特特征和竞争环境。

1. 确定主要目标市场并制定市场细分战略

这涉及分析消费者的人口、心理和行为特征，以识别不同国家之间需求的共性。市场细分策略应考虑文化差异、地理位置和经济条件等因素，以便制定针对本地消费者的有针对性的营销策略。

2. 竞争定位

这涉及根据组织的优势、劣势和市场条件选择适当的竞争策略。如果公司在所有外国市场采取相同的竞争定位策略，则可以采用全球竞争定位战略；如果在不同的国家采取不同的策略，则可以采用混合型竞争定位战略。

3. 营销组合策略

这涉及制订包括产品、价格、促销和分销策略在内的全面营销计划。营销组合策略应考虑目标市场的独特特征、竞争环境和组织的总体业务战略。

4. 不断评估和调整其全球营销战略，以确保其有效地实现组织的战略目标

这需要监控市场条件、消费者行为和竞争环境的变化，以识别新机遇并相应地调整营销组合策略。

总之，成功的全球营销战略需要全面了解目标市场，制定有针对性的营销策略、选择适当的竞争定位策略和营销组合策略。

第五节　互联网营销

一、网络营销的概念

（一）网络营销的定义

互联网营销又称网络营销，是指利用互联网和数字化技术进行推广、

宣传、销售和服务的一种营销方式。它基于互联网的网络特性，采用创新的营销手段和策略，以低成本高效益的方式，将产品、服务、品牌等信息传递给潜在客户、顾客和合作伙伴，实现企业营销目标的一种手段。需要注意的是，网络营销不是简单的网上销售，而是建立在传统营销理论基础之上的一种新型营销手段。

（二）网络营销的优势

网络营销是由传统营销发展而来的，随着互联网的不断普及和全球化，它已成为企业发展的重要手段之一。与传统营销方式相比，网络营销具有以下优势。

1. 覆盖范围广

通过互联网，企业可以将广告传递给全球范围内的潜在客户，扩大品牌影响力和销售渠道。

2. 成本低廉

互联网营销以低成本高效率为特点，企业可以大幅度降低宣传和推广的成本，提升营销效果。

3. 客户互动性强

互联网营销提供了在产品展示、销售和服务中与客户进行互动、交流的平台，增强了客户黏性，提高了客户满意度。

4. 数据分析便捷

通过互联网营销，企业可以轻松收集、整理和分析顾客数据，更好地了解客户需求和行为，从而调整营销策略，提高效果。

二、网络营销的内容

任何产品和服务项目都可以在网络上进行在线营销，网络营销主要包括以下七个方面。

（一）客户支持和在线质量

互联网的力量主要是用于提高服务质量和消费者的满意程度，这是通过改进产品，通过几个消费过程中对客户更好地支持、理解达成的。要赢得客户的支持，首先要降低成本。网络营销过程更容易控制对客户提供服务支持上的成本，降低成本和增加利润可以使企业为改善服务质量和增进客户满意提供动力。

提高在线质量可以通过客户满意来衡量。客户是否满意，一是取决于在线技术支持，即客户网络通讯的速度和便捷程度；二是取决于网络信息的深度与广度；三是取决于产品和服务；四是取决于企业营销措施。

（二）提供个性化的顾客服务

个性化反映了市场营销的基本思想，顾客希望得到最符合他的需求的产品和服务，个性化是产品和服务的一种特殊形式，它将标准化的产品和服务转化为个人的专门化解决方案，使得产品设计变成决定什么样的功能可以更好地满足特定个人的一种过程，将个人化和创新的经济方式结合更好地满足消费者需求。互联网作为一种媒体，可以发现并发送个人信息和个人化产品。同时，网站可以做一个选择协助系统，帮助消费者发现自己的喜好，再提供有价值的选择协助以帮助消费者作出明智的选择。

（三）新产品开发

网络营销的一个重要的目标就是促进新产品开发。运用网络开发新产品有三个基本的理念：弹性、模块化和快速反馈。弹性是在新产品的研发过程中允许迅速地对变化的市场条件作出有效的反应。模块化是指各协作单位能够独立地和非时序地工作。加快与用户的沟通和反馈使企业迅速得到用户更高质量的信息。

通过网络营销，使得新产品快速上市，把产品销售周期的时间损失造成的危害降得更低。为了加快网络营销的推销速度，企业可以建立一套信息加快系统，该系统把用户置于一个虚拟的购物情境中，为用户提供在作出购买决定时所能获得的各种信息的仿真。如果这个仿真与真实情境越靠近，那么越能衡量用户对模拟产品或服务的需求，企业就有可能显著地改进新产品过程。

（四）创建品牌

创建品牌网站，第一步是确定用户能够很轻易地找到你的网站。这需要十分重视你的域名战略，同时要将你的网站列入主要目录和搜索引擎上，并且还要注意你的网站在传统营销文学中的宣传，即门户形象设计。在设计门户形象设计时要选择恰当的关键词、描述词和目录，将网站信息进行分类。第二步是联盟和付费广告。新用户看到能被互联网上的条幅广告和被赞助站上的按钮吸引。联盟就是与外部网站结为联盟，互为链接。

（五）在线社区

在线社区是网民相互沟通交流的网上社交场所，在线社区里的留言板、聊天室、即时信息、虚拟世界等网页成为密友间、熟人间以及陌生人之间新的沟通形式。这种新的社交形式，可以是简单的信息张贴，也可以是个人化主体的实时讨论，且不受地域、时间、性别、年龄、身份的限制，吸引了大量的网民每天花上几个小时聚集在这里。

企业营销者如果能够建立在线社区，作为产生忠诚成员、引起消费者关注以及恢复客户流量的一种途径，必定能带来忠诚、快速发展和高收益。在线社区的核心是沟通工具，主要工具分为两类，包括电子邮件列表、在线寻呼、群体游戏和模拟等的沟通链和包括新闻用户组、公告栏、聊天室、虚拟世界、网站等的内容。

（六）在线定价

不管是什么样的营销手段，价格在竞争中的主导地位是不可动摇的。价格是企业利益的载体，合理性的价格是达成交易的重要条件。定价策略是企业竞争策略的重要组成部分，网络营销应重视产品的定价策略。

网络销售的产品价格有透明度高、灵敏度高的特点。网络无机密，消费者可以查阅商品的各种信息，同类商品不同品牌的价格可以通过价格监视网站迅速收集。因此，网络销售具有高价格弹性的特点。网络营销者在制定产品价格时，应把握以下四点。

（1）利用网络了解顾客对产品价格的理解和接受程度，根据顾客对产品的理解、对价格的接受程度来确定自己产品的价格。

（2）利用网络与顾客沟通，为顾客提供自己产品价格的各项依据和说明，以提高顾客对产品及价格的理解程度。

（3）寻找产品的独特价值，独特的功能和好处会降低顾客对价格的敏感程度，并且会提高消费者的购买欲望。

（4）分析产品的市场寿命周期，根据产品的供求特点来制定产品的价格。

（七）电子商务

电子商务是利用信息技术进行经济和贸易活动的总称，是一种对传统商务活动进行革命性的改造。企业管理人员利用电子商务可随时得到企业即时的收入、毛利、订单、成本消耗等数据。若采用传统方法，需要几天、几个星期甚至更长的时间才能获得。电子商务的兴起给社会经济、人们日常生活带来重大的影响。

电子商务对比传统的销售方式有自己独特的优势。电子商务利用互联网联结世界。利用电子商务，企业产品销售不受地域、时间的限制，实现非人员接触式的销售和无货币结算，交易费用极低，从而降低了经营成本，赢得竞争优势。

电子商务的销售要注意完成以下步骤。

1. 要做好交易前的准备工作

卖方首先要建立自己的网站和网页，利用网络全面收集信息，对市场进行调查分析，制定营销策略和销售方式，发布网络信息和网络广告宣传，理顺与金融机构、保险机构、物流公司、税务系统、海关、商检等部门的关系，为电子商务做好准备。

2. 交易谈判和签订合同

买卖双方利用现代电子通信和网络技术，就交易的对象进行认真的谈判和磋商，达成一致意见后，将双方在交易中的权利、义务、责任及交易对象的品种、数量、价格、质量、规格、交货时间、交货地点、交易方式、运输方式、违约和索赔等合同条款以电子交易合同的形式作出全面详细的规定，合同双方可以 EDI（电子数据交换）形式进行签约。

3. 办理交易相关的手续

凡是在交易中要涉及的金融、保险、物流、税务、海关、商检等部门，买卖双方利用 EDI 与有关各方进行各种电子票据和电子单证的交换。

4. 交易合同的履行和索赔

这与传统的商务活动没有什么两样。

5. 售后服务

这在电子商务活动中十分重要，作为卖者要利用网络经常与用户进行沟通、交流，了解用户在使用产品或服务中的状态，随时为用户解决使用过程中的各种问题和相关事宜，尽可能使顾客满意，增进与顾客的感情，树立品牌形象。

第五章

企业投资与资本运营创新

第一节　企业内部与外部投资

一、企业投资概述

（一）企业投资的概念及其意义

对于企业财务管理来说投资是至关重要的一个方面，它涉及将经济资源分配到特定的项目或资产上，期望在未来获得利润。在市场经济中，企业能否投资于回报高、风险低的项目对其生存和发展至关重要。

投资是企业维持和扩大生产活动的必要工具。在当今快速发展的社会经济环境下，企业必须不断更新机器设备，增加人力和物力资源，改革产品和生产流程，不断提高员工的专业技能和文化素质，以维持并扩大其生产活动。为实现这些目标，企业需要进行一系列的投资活动。

投资对于企业降低经营风险也非常重要。通过将资金投入生产和运营的关键或薄弱领域中，企业可以实现不同生产和运营能力之间的平衡和协调，从而提高其整体生产能力。此外，企业可以通过将资金投资于多个不相关的行业，并采取多元化战略来降低经营风险和增加盈利能力。

（二）企业投资的分类

常用的投资分类方法有以下四种。

1. 按投资期限划分：长期投资和短期投资

长期投资是指企业投入较大的资金进行建设、科研、技术开发等项目，通常需要较长时间才能获得回报。短期投资则是指企业为了满足日常经营所需，进行的规模较小、期限较短的投资。

2. 按投资对象划分：直接投资和间接投资

直接投资是指企业向其他企业或投资项目直接投入资金，持有相关股票或产权。间接投资则是指通过购买投资基金、债券等金融工具来实现投资收益，通常风险较低。

3. 按投资目的划分：战略性投资和财务性投资

战略性投资是指企业为实现战略目标而进行的投资行为，如并购、重组、联合开发等。财务性投资则是指着眼于投资回报，通过提高资本收益率、减少税收负担等方式实现利益最大化。

4. 按投资领域划分：固定资产投资和运营资本投资

固定资产投资是企业向生产设施、机器设备、房产等固定资产领域进行的投资。运营资本投资则是指为了满足日常经营需要对流动资金、存货、应收账款等方面进行的投资。

（三）影响投资的因素

1. 筹资能力

投资是筹资的目的和归宿，筹资同时对投资起着约束作用。筹资的规模和时间不仅取决于投资的需求，还受许多因素的影响和制约，如金融市场行情的波动、投资者心理预期的变化等。面对良好的机会，企业如不能及时筹集到资金，就有可能错失投资时机。因此，企业需要维持较强的筹资能力，以把握投资机会。

2. 投资动机

企业进行投资的根本动机就是追求投资收益最大化。在筹资能力有保障的前提下，投资收益的高低是决定投资方案是否被采纳的关键因素。投资者要充分收集和积累各种信息资源，善于进行深入细致的市场分析，并在金融市场中寻找投资机会。投资者既不能因优柔寡断错失机会，也不能盲目地进行投资。

3. 投资风险

投资风险就是指由于环境的不确定性而导致在投资活动上遭受经济损失的可能性，或不能获得预期投资收益的可能性。因此，企业要有风险意识，要分析各种风险产生的可能性及对投资收益产生的影响。同时，企业要建立风险预警和防范机制，预防风险的发生。风险一旦发生，应及时将其可能产生的损失控制在最小范围内。

4. 投资成本

企业进行投资时，首先要进行分析的就是投资成本。投资成本包括从分析、决策投资开始到收回全部投资的整个过程中所发生的全部支出。投资成本的高低直接决定了企业在投资活动中所能获得的收益高低，因此，企业在进行投资活动分析时必须首先考虑投资成本，如果投资成本高于投资收益，那这种投资就毫无意义了。

5. 投资管理和经营控制能力

与对内投资管理相比，对外投资管理涉及因素多，关系复杂，管理难度大，因此，企业在进行对外投资前必须考虑企业自身的投资管理和经营控制能力。如果企业所进行的投资规模与范围超出了企业的管理能力，则这种投资不仅不能给企业带来收益，而且有可能使企业自身陷入困境，甚至有可能导致破产。

6. 投资环境

投资环境是企业内外各种影响企业投资活动的因素总和。企业的投资活动都是在这样一个环境下展开的。由于现代市场经济下的投资环境具有构成复杂、变化快等特点，因此，企业在进行投资活动时必须对投资环境进行分析与把握。

二、网络对企业投资环境的影响

网络技术的产生和发展会对企业的内外部环境造成不同程度的影响，进而影响到企业的投资活动。企业要充分把握这种环境下的投资活动的特征，这对于企业取得良好的投资效果是非常有必要的。

（一）网络技术的产生和发展对社会文化差异产生的影响

网络将“你”“我”彼此联系在了一起，使得边界概念日趋模糊；信息通过网络技术在全球范围内传输，使投资者可以轻而易举地获得投资信息，投资者的投资范围扩大到全球。但是，不同国家、不同地区拥有着不同的文化和不同的价值观，思维方式和管理理念也大不相同，这给跨地域投资和跨国投资带来巨大的困难。但是网络技术的产生，在促使全球一体化进程的同时，也增加了各国的相互联系与了解。通过网络可以方便快速地了解不同民族和国家的文化与风俗，了解他们的思维方式和价值观，这就为企业进行跨国投资活动提供了方便。因此，企业在进行跨国投资活动时，首先要对不同国家、不同地区的文化差异进行全面的了解和掌握，同时要“入乡随俗”，这是企业进行跨国投资活动能否成功的一个关键因素。

（二）网络技术的产生和发展对管理差异产生的影响

在进行跨国投资活动时必须改变管理方式。在具体管理细节上，将网络技术运用于企业管理中，使远程进行实时监控成为可能，这也解决了跨国、跨地区投资导致的监控难的问题。同时，应针对不同国家、不同地区采取不同的管理方式，只有这样才能保证企业的跨国、跨地区项目的投资管理质量，同时减少为管理投资项目而付出的管理成本。

（三）网络技术的产生和发展对企业选择投资机会产生的影响

企业在进行投资活动时，首先要选择投资机会。投资机会的选择有赖于企业对自身及外部环境的了解和认识，有赖于企业对商业机会的把握。网络技术的出现提高了企业在选择投资机会时收集信息的速度，使企业能及时对信息进行分析，从而提高其选择投资机会的效率和效益。

三、网络对企业投资方式的影响

企业的投资活动都要通过一定的投资方式进行。一般来说，投资方式主要分为对内投资和对外投资。对内投资主要包括固定资产投资、流动资产投资等；对外投资则主要包括股权投资、金融资产投资等。企业所能选择的投资方式一般要受多种因素的影响，而网络技术的出现是影响企业投资方式的一个重要原因。

（一）以组建虚拟企业形式进行产权投资

在传统的经济环境下，企业通常通过纵向一体化的方式来维持与供应商及分销商之间的稳定关系。纵向一体化是指企业通过投资控股或兼并等方式来实现对提供原材料、半成品或零部件的企业及分销商的控制，以产权为纽带实现核心企业与其供应商和分销商之间的稳定关系。然而，进入网络经济时代之后，企业面临着一个变化迅速的买方市场。在这种新的环境中，企业难以准确预测未来的市场趋势，只有具备快速反应的能力才能在竞争中保持主动地位。传统的纵向一体化模式已难以满足这一要求。

当企业需要抓住新的市场机遇时，越来越多的企业选择以组建虚拟企业的形式进行产权投资。企业通过与供应商及分销商建立伙伴关系，形成利益共同体，实现战略联盟。相较于以产权为纽带的纵向一体化模式，虚拟企业的优势在于其解除伙伴关系的成本更小、时间更短。同时，网络技术的快速发展也为企业寻找合作伙伴提供了更广阔的空间。

（二）无形资产投资比重加大

无形资产投资比重加大是由网络经济的自身特点所决定的。在企业的资产结构中，以知识为基础的专利权、商标使用权、人力资本及产品创新等无形资产的比重将会大大提高，无形资产将成为促使企业快速发展的一个重要动力。因此，网络技术的产生和发展促使企业不断完善资本结构，充分利用知识资本为企业创造价值，挖掘知识资本潜在的收益能力。

（三）金融投资中的证券投资比重提高

网络环境下证券市场交易的便捷性和资产证券化趋势的凸显将使企业在考虑投资方式时，对金融资产投资予以更多的关注，企业在股票、债券等方面的投资在其全部投资中的比重将大大提高。出现这种情况，一方面是因为网上证券业务相较于传统证券业务交易费用大大降低；另一方面，通过网络技术可以快速获取所需要的相关信息，随时随地进行证券买卖。

四、网络对企业投资决策的影响

（一）网络技术的产生和发展对投资决策方法的影响

对于企业投资决策而言，其可以采纳的投资决策方法很多，一般可以分为定性决策方法和定量决策方法。定性决策方法主要是指依靠企业管理人员的主观判断和历史经验而进行的投资决策；定量决策方法是指应用数学模型和公式来解决一些决策问题，即运用数学工具，建立反映各种因素及其关系的数学模型，并通过对这种数学模型的计算和求解选择出最佳的决策方案。

从定性及定量决策方法的发展与运用方面来看，定量决策方法有迅速增长的趋势，对决策问题进行定量分析，可以提高决策的时效性和准确性。随着企业投资活动及其所考虑因素的不断增加，企业在进行投资决策时所需要考虑的变量也将随之增长。在这种环境下，定性决策方法所能体现的作用越来越小，定量决策方法则越显重要。

在网络环境下，随着影响企业投资决策因素的增加，各种因素之间也存在着相互影响和相互作用的关系，因此，对与网络环境关系较为密切的决策问题而言，定性决策方法适用的范围进一步缩小。定量决策方法具有科学性和准确性的特征，且不受人为因素的影响，网络技术的产生正好符合了定量决策方法的这种要求，并为定量决策方法提高决策的准确性提供了技术条件，因此，定量决策方法在网络环境下将有更为广阔的运用空间。

（二）网络技术的产生和发展对相关投资决策信息的影响

企业要进行科学合理的投资决策，前提是要获取充分的投资决策的相关信息。在传统条件下，企业要收集支持投资决策的信息比较困难，并且要花费大量的前期成本。网络技术的产生则为企业及时收集各种决策相关的信息提供了一种科学而先进的工具，使企业可以较低的成本，方便、快速地获得为决策提供依据的相关信息。因此，网络技术的产生和发展将促进企业投资决策的科学化，为企业投资决策质量的提高提供信息保障。

（三）网络技术的产生和发展对相关投资决策者的影响

网络经济环境下的投资活动往往不会仅仅局限于某个单一领域，而是会涉及多个不同的领域。因此，在企业进行投资活动时，相关决策人员必须具备较高的知识水平和文化素质，并要善于把握企业所进行投资活动的本质，进行科学合理的投资决策。在个人知识水平无法达到特定投资决策的要求时，组织决策团队解决特定的投资项目将成为必然。在网络经济环境下，相关项目的投资决策人员必须对网络经济模式有较好的了解，必须在具备多学科知识的同时具有团队精神，所有这些都是网络经济环境对相关投资决策者的能力提出的要求。

第二节　“互联网+”下的流动资产与债务管理

在市场经济条件下，资本是企业的血液，企业要生存、发展，就必须要筹集、拥有和支配一定数量的资本。在众多资本类型中，营运资本对企业的短期运营至关重要。从本质上讲，营运资本涉及流动资产和流动负债的各个项目，是对企业短期性财务活动的概括；从数量上讲，营运资本就是从企业流动资产中减去流动负债后的差额。营运资本管理就是对企业流动资产及流动负债的管理。

一、营运资本的概念

营运资本是指企业为支持日常运营活动所需的流动资产，包括现金、存货、应收账款等，以及为偿还短期债务而筹集的流动负债，如应付账款、短期贷款等。营运资本管理是企业财务管理中至关重要的一环。其主要目的是确保企业有足够的流动资金来支持日常运营活动，并且最大限度地提高资金的使用效率，以提高企业的经营效益和降低财务风险。

营运资本可从两个主要概念来解释：净营运资本和总营运资本。

（一）净营运资本

净营运资本是指企业流动资产减去流动负债后的余额。它是企业用于支持日常经营活动所需的资金，以及为偿还短期债务而筹集的资金。净营运资本可以用来衡量企业的流动性和偿债能力，其数值越高，说明企业在短期内有更多的资金用于运营活动，但同时也会增加企业的财务风险。

（二）总营运资本

总营运资本是指公司用于投放在流动资产上的全部资金，包括现金、有价证券、应收账款、存货、预付费用等。总营运资本的计算方式可以通过将所有流动资产的价值相加，再减去所有流动负债的价值来获得。这个概念可以用来评估公司的经营能力和财务状况。总营运资本的大小取决于公司的业务模式和资金需求。一般而言，高度资本密集型的企业需要投入更多的资本来支持其营运活动，因此，其总营运资本也较高。

二、营运资本管理的重要性和必要性

营运资本管理是企业财务管理中非常重要的部分，它是确保企业能够有效地运作并获得成功的关键因素之一。其对企业的重要性和必要性主要体现在以下四个方面。

（一）营运资本管理有助于确保企业有足够的流动资金来支持其日常营运活动

企业必须在生产和销售产品之间保持良好的资金流动，以满足供应商、员工和客户的需求。如果企业没有足够的流动资金，它可能无法支付应付账款，购买原材料或支付员工工资，这将导致运营停滞。

（二）营运资本管理可以降低企业的财务风险

如果企业有足够的流动资金，它可以应对紧急情况，如自然灾害或经济危机等。此外，如果企业拥有充足的流动资金，它可以避免因不能偿付债务而导致信用评级下降或经济陷入困境。

（三）营运资本管理可以提高企业资金的使用效率

它有助于确保企业在资金使用方面进行最优化，减少浪费和过度占用资金。此外，营运资本管理可以帮助企业避免采取不必要的借款和减少利息支出。

（四）营运资本管理有助于优化企业的资产结构

通过合理的流动资产管理和短期融资活动管理，企业可以实现资产负债表的平衡，并最大限度地提高资产利用效率，帮助企业实现长期增长和盈利能力。

三、营运资本管理决策的内容

营运资本管理决策主要是对企业的流动资产与流动负债的管理，其主要内容有以下四个方面。

（一）企业营运资本管理的综合策略的制定

营运资本的综合管理策略是指企业的流动资产与流动负债的匹配策略。也就是说，在满足企业经营需要的流动资产占用率的基础上，其流动负债筹资的匹配情况，形成几种不同的营运资本管理策略，同时也体现企业管理者的风险与收益的态度。

（二）现金管理

现金管理体现在企业资产的流动性上。从企业的角度来说，现金是不产生收益的资产，因此，企业从价值最大化的角度分析，应尽量减少现金的持有量。但是，企业由于经营的需要，又不可能不置存现金，那么就涉及在满足企业生产经营需要的条件下，如何降低企业的现金持有量。这就是现金管理的主要内容。

（三）应收账款管理

应收账款是企业赊销的结果，赊销就涉及企业的信用政策的制定，应收账款的管理一方面要确定企业的信用标准和信用政策；另一方面要制定收款政策，加速应收账款的收回。

（四）存货管理

存货在公司流动资产中所占的比例最大，它涉及企业的供、产、销全过程，财务管理要确定用于存货的短期资金是多少，如何筹集这部分资金，并使存货占用的资金成本最小。

四、营运资本管理

（一）流动资产管理

1. 流动资产的概念及其特点

流动资产是指可以在一年内或者超过一年的一个营业周期内变现或者耗用的资产。

有些企业的产品周期会很长，会超过一年，则这些企业在生产制造这类产品时投入的原材料等物资变现的时间就会超过一年，但仍可以将其列入流动资产。流动资产一般包括现金、短期投资、应收账款和存货等。拥有一定数量的流动资产是企业进行生产经营活动必不可少的物质条件。流动资产与其他资产相比，具有以下特点。

（1）周转快，变现能力强

流动资产可以在较短时间内耗用或变现。一般情况下，它在一个生产经营周期就可以周转一次，即从货币形态重新回到货币形态。流动资产中的货币资金具有完全的变现能力，其他流动资产在正常情况下的变现能力也比较强。流动资产之所以具有较快的周转速度和较强的变现能力，主要是因为垫付在流动资产上的价值只要经过一次性转移，就可以转换为货币形态，并得到价值补偿。

（2）形态多样，经常变动

流动资产在企业生产经营过程中，一般从货币形态开始，依次经过采购、生产、销售等过程，在这些过程中具体表现为原材料、在产品、产成品、应收账款等形态。随着生产经营的顺利进行，不同形态的流动资产要依一定的顺序依次转化。企业中不同形态的流动资产一般都是并存的，在数量上有相对稳定的比例，只有这样才能保证企业资金的正常运转及生产经营的正常进行。

（3）数量不稳定，有较强的波动性

流动资产的数量随着企业内、外条件的变化而变化，时高时低，波动很大。从生产经营业务量在全年的分布来看，在整个年度中经营业务完全均衡的企业并不多见。在大多数情况下，企业的经营业务量或多或少具有季节性的特征。

2. 流动资产的分类

按资产的占用形态，流动资产分为现金、短期投资、应收和预付款项及存货。

（1）现金

现金是指企业占用的各种货币形态上的资产，包括库存现金、银行存款及其他货币资金。它是企业流动资产中流动性最强的资产，可直接支用，也可以立即投入流通。拥有大量现金的企业具有较强的偿债能力。

（2）短期投资

短期投资是指企业持有的能随时变现的有价证券，或时间不超过一年的其他对外短期投资。

（3）应收和预付款项

应收和预付款项是指在企业生产经营过程中所形成的应收而未收的或预先支付的款项。它属于企业债权性资产，包括应收票据、应收账款、其他应收款、预付货款等。

（4）存货

存货是指企业在生产经营过程中为了销售或耗用而储存的各种资产，包括产成品、半成品、在制品、原材料、低值易耗品、燃料及包装物等。存货在流动资产中所占的比重较大。

（二）流动资产的结构性管理

1. 流动资产的营利性与风险性分析

流动资产是企业生产经营中不可或缺的一部分资产，它为企业提供了必要的生产条件，是资产结构中的重要组成部分。相比于固定资产，流动资产的盈利能力较低。这是因为流动资产中的现金、应收账款、存货等资产本身并不具有直接的盈利能力。此外，根据“盈利与风险对应原则”，资产的收益率与其风险性成正比。由于流动资产比固定资产更容易变现，其潜在风险相对较小，因此其收益率也较低。

为了在维持企业正常生产经营活动的同时，使流动资产的盈利能力最大化，企业财务经理需要进行结构性管理。这种管理方式的目的在于确定一个在维持企业正常生产经营活动的前提下，尽可能在减少或不增加风险的情况下，给企业带来尽可能多的利润的流动资金水平。在企业总资产一定的情况下，财务经理需要全面权衡流动资产的盈利能力和风险性，并作出合理的选择，即如何确定长期资产和流动资产的比例。

在制造业企业中，固定资产作为劳动资料（生产手段），通过人力作用于原材料、辅助材料、燃料等劳动对象，可以为企业生产出产品和产成品，并通过产品的销售或转化为现金、有价证券，转化为应收账款，从而带来利润。因此，固定资产可以被视为再生产过程中的盈利性资产。与之相对应，流动资产只是为企业再生产活动的正常进行提供必要的条件，其本身并不具有直接的盈利能力。

2. 流动资产结构策略的分析

企业在生产和销售计划确定的情况下，可以作出现金预算计划，尽量将流动资产和流动负债在期限上衔接起来，以保持最低的流动资产水平。这是营运资本管理所要达到的目标。但企业的经营活动往往带有许多不确定性，企业为预防不测情况的发生，流动资产必须要有一定的安全充裕量。这样，安全充裕量的大小就形成了营运资本管理的三种策略。

（1）流动资产管理的保守策略

流动资产管理是企业财务管理的重要组成部分，其保守策略是在确保企业具有足够的流动性以应对可能出现的各种意外情况。保守策略的核心是确保企业流动资产总量足够充裕，占总资产的比重大，并且现金和有价证券等高流动性资产的数量也要保持足够。尽管保守的流动资产管理策略具有降低企业风险的优点，但也存在一些不足之处。例如，在企业总资产一定的情况下，过多的资金投放在流动资产上可能导致投放在获利能力较强的长期资产上的资金减少，从而降低企业的资产收益要求。

在外部环境极不确定的情况下，企业可能会采取保守的流动资产管理策略以规避风险。然而，这种低风险、低收益的管理策略并不适用于所有情况，企业需要根据具体情况来确定最适合自己的流动资产管理策略。

（2）流动资产管理的激进策略

激进策略旨在最大限度地削减企业的流动资产，使其占总资产的比例尽可能低，并尽量缩减现金和有价证券等高流动性资产的比例。采用这种激进策略，企业可以提高其资产收益，但也相应增加了企业风险。激进的流动资产管理策略的优点，在于可以增加企业的收益，提高资产的利用效率。但是，它也存在一些不足之处。例如，过度削减流动资产可能导致企业无法应对突发事件，从而降低企业的流动性和稳定性。此外，激进的流动资产管理策略也可能导致企业缺乏足够的现金流，难以满足日常经营所需的资金需求。

企业在采取激进的流动资产管理策略时，需要权衡其优缺点，并根据具体情况来确定最适合自己的流动资产管理策略。一般来说，激进的流动资产管理策略只适用于企业外部环境相当确定的情况下，而在不确定的环境下，保守的流动资产管理策略可能更为适合。

（3）适中的流动资产管理策略

适中的流动资产管理策略要求企业在保证正常生产经营需要的流动资产的基础上，留有一定的保险储备，并在流动资产中各项目之间确定一定的比例构成。通过合理配置流动资产，企业可以在平衡风险和收益的基础上，提高资产的流动性和稳定性。

适中的流动资产管理策略将流动资产的占用量控制在保守策略和激进策略之间，由此所形成的风险和收益也相应地介于两者之间。企业流动资产的数量可分为正常需要量和保险储备量两部分，其中，正常需要量是为满足正常生产经营需要而占用的流动资产，保险储备量则是为预防应对意外情况的发生而储备的流动资产。适中的流动资产管理策略旨在在保证正常需要量的基础上，合理配置保险储备量，以最大限度地提高企业的资产收益率和流动性比率。

相比于激进的流动资产管理策略，适中的策略风险较小，但资产的流动性和盈利性也较为平衡。而相对于保守的流动资产管理策略，适中的策略则更加注重资产的流动性和盈利性的平衡。

（三）现金管理

1. 现金管理的目的与内容

现金管理是企业财务管理中的重要一环，其目的是在维持企业正常经营的基础上，合理管理和利用企业持有的现金和现金等价物，以满足公司的资金需求和实现经济效益的最大化。现金管理的内容涵盖了现金的收支管理、现金流量管理、现金储备管理、现金流量预测和现金风险管理等方面。

现金具有流动性强、价值稳定、支付方式方便等特点。公司持有现金的目的是应对经营中所需的正常支出和突发支出，并在必要时用于投资或偿还债务。因此，企业应根据自身的经营情况和市场环境，合理管理现金流量，以保证企业的资金周转和支付能力。

（1）公司持有现金的动机

公司持有现金的动机主要包括交易动机、预防动机和投机动机。

交易动机是指企业需要持有一定的现金余额，以应付日常运营经营中的正常现金支出和支付。企业的现金收入和支出往往不能完全同步，需要保留部分现金便于正常交易周转。企业应尽量同步现金收支以减少交易所需现金。

预防动机是指企业持有现金以应对不确定事件导致的意外现金需求。企业预计现金需求量基于正常情况，但灾害、事故等意外事件会影响现金收支，打破计划，引起不平衡。现金流量不确定性越大和借款能力越差，预防用现金需求量就越大。

投机动机是指企业持有现金以抓握机会获得投资回报。外部环境下机会与威胁并存，企业经营者判断证券价格波动、买入低价或卖出高价获利。但是，判断错误会有损失，仅部分企业适合这一动机，大多数企业应减少此目的的持有现金。

企业确定现金余额应综合考虑各方面动机，但各动机所需现金可以调整使用，现金总额不等于各动机所需现金合计，前者通常小于后者。上述各动机所需现金不需要货币，可以是有价证券、信贷融资等形式。

（2）现金管理的目的

现金管理是指企业对现金流入和流出的管理和控制，以确保企业在满足日常经营需求的同时，最大限度地利用现金资源，追求安全性和效益性的平衡。现金管理的目的在于降低持有现金的相关成本，同时增加与现金有关的收入。

现金管理的安全性主要包括法律上的安全性、数量上的安全性、生产经营上的安全性和财务上的安全性。在法律上，企业必须遵守有关部门和银行的规定，以避免违规行为所带来的处罚。在数量上，企业需要保证现金的安全完整，避免现金短缺。在生产经营上，企业需要通过现金管理以保证生产经营循环的不断顺畅进行。在财务上，企业需要保证及时支付到期债务，以避免财务风险对企业声誉和生存的威胁。

现金管理的效益性主要包括降低持有现金的相关成本和增加与现金有关的收入。通过现金管理的有效实施，企业可以降低现金储备的机会成本，优化现金管理过程，以提高现金利用率。此外，通过有效管理现金流入和流出，企业可以增加与现金有关的收入，如利息收入等。

当现金管理的安全性与效益性发生偏离时，企业需要在降低风险和增加收益之间寻找一个平衡点，以追求安全性和效益性的合理平衡。

（3）现金管理的内容

企业在经营过程中经常进行现金收付，如果收入和支出同时发生且准确预测，则不需要现金余额。但市场不确定性导致收支不可能同步和准确预测，企业必须制定良好现金管理策略减少余额，兼顾获利能力和流动性。从收益角度减少现金持有，从安全角度则保持足够余额避免现金短缺损失。现金管理寻求盈利性和流动性最佳状态。其内容包括：编制现金预算，规划未来收入和支出；确定适当现金余额，如果实际余额和最佳余额不一致，通过短期融资、偿还借款、投资证券等达理想状态；探讨加速现金流入和减缓现金流出方法，提高效率。

2. 最佳现金持有量的确定

企业持有过多的现金虽然可以保证较高的流动性，但由于现金这种资产的盈利能力差，持有量过多会导致企业资金利用效率下降。然而，如果企业持有现金过少，则可能出现现金短缺而无法满足企业的正常生产经营活动。为了寻找一个既能保证经营对现金的需求，同时又能使现金持有成本最低的现金持有量，企业需要确定理论上的最佳现金持有量。一般来说，影响最佳现金持有量的因素主要有三个，即现金的机会成本、现金管理成本和现金短缺成本。接下来介绍几种最常用的确定最佳现金持有量的计算方法。

（1）现金周转模型

现金周转期是指从现金投入生产开始到最终重新转化为现金所花费的时间。它大致经历三个进程：一是存货周转期，即将现金转化为原材料进而转化为产成品并最终出售所需要的时间。二是应收账款周转期，即产品销售收回现金所花费的时间。三是应付账款周转期，即从收到赊购材料再到支付现金之间所需要的时间。

现金周转期=存货周转期+应收账款周转期-应付账款周转期

现金转换周期确定后，企业便可确定最佳现金持有量。其计算公式为：

最佳现金持有量=（企业年现金需求总额/360）×现金周转期

（2）存货模型

存货模型是一种确定最佳现金持有量的方法，其基本假设为企业所需现金可通过证券变现取得，现金流入量稳定且可预测，现金支出过程稳定，且存在可补偿的短缺成本。在该模型中，现金持有的总成本由机会成本和转换成本两部分组成。机会成本指由于持有现金而失去的收益机会成本，而转换成本则是现金与有价证券转换的固定成本，如经纪人费用、税金及其他管理费用。

在存货模型中，固定费用因相对稳定而与现金持有量关系不大，因此，被视为与决策无关的成本而不予考虑。而对于短缺成本，由于其不确定性和无法计量性，也不予考虑。通过计算机会成本和转换成本的总和，并使其保持最低的现金持有量，即可得出最佳现金持有量。

需要注意的是，在实际应用中，存货模型并不能完全符合以上假设条件。例如，证券变现的不确定性可能会影响现金的可获得性，导致计算出的最佳现金持有量不准确。因此，在使用存货模型时需要根据实际情况进行适当的修正和调整。

（3）成本分析模型

成本分析模型是根据现金有关成本，分析预测其总成本最低时现金持有量的一种方法。运用成本分析模型确定现金最佳持有量，假定只持有一定量的现金而产生的持有成本及短缺成本，而不予考虑转换成本。其计算公式为：

最佳现金持有量=持有成本+短缺成本=管理成本+机会成本+短缺成本

其中，管理成本属于固定成本，机会成本是正相关成本，短缺成本是负相关成本。

成本分析模型正是运用上述原理确定现金最佳持有量的。在实际工作中运用该模型确定最佳现金持有量的具体步骤为：一是根据不同现金持有量预测并确定有关成本数值。二是按照不同现金持有量及其有关成本资料编制最佳持有量测算表。三是在测算表中找出总成本最低时的现金持有量，即最佳现金持有量。

3. 现金日常管理

现金预算制后，其发挥作用还有赖于对现金的日常管理。现金日常管理的目的在于加速现金周转速度，提高现金的使用效率。提高现金使用效率的途径主要有两种，一是尽量加速收款，二是严格控制现金支出。只有将开源与节流两者有机地结合起来，才能达到这一目的。

(1) 现金的加速收回

现金是企业的生命线，管理现金流是确保企业运营顺畅的关键。现金管理的一个关键方面是及时收回应收款项，这可以极大地影响企业的现金转换周期。为了实现这一目标，企业可以采取各种措施，旨在加速现金收款并提高其现金收款流程的效率。一是使用集中银行系统，即在多个收款中心设置收款点。这种方法可以帮助减少客户邮寄付款所需的时间，因为账单由最近的收款中心发送，付款直接寄到最近的中心。此外，支票兑现的时间也可以缩短，因为收款中心可以将支票存入当地银行。二是使用锁箱服务，即租用多个邮政信箱，以减少收到客户付款到存入企业银行账户之间的时间。虽然这种方法可以显著缩短处理付款所需的时间，并消除收到支票到存入银行之间的时间差，但由于银行提供此项服务的费用较高，因此，可能成本较高。

为了最大化这些措施的效益，企业需要仔细权衡每种方法的成本和效益，并确定哪种方法最适合企业的需要。通过采用高效的现金收款流程，企业可以改善其现金流，减少其现金转换周期，并提高其整体财务绩效。

(2) 现金的延迟支付

①使用现金浮游量。现金浮游量是指通过提高收账效率和延长付款时间，使公司账户上的现金余额和银行账户上的公司存款余额之间产生的差额。这种差额可以被视为一种可用于短期资金运作的资金来源。

在企业使用现金浮游量时，需要注意控制使用时间，以避免发生银行透支。现金浮游的时间包括邮寄时间、处理延迟时间和到账延迟时间三个方面。邮寄时间是指支票处于邮政系统的时间。处理延迟时间是指支票接受方付款和将支票存入银行设备收款的时间。到账延迟时间是指支票在银行系统内部进行清算所花费的时间。

企业使用现金浮游量的主要原因是为了加速收款和延迟付款。当企业收到客户交来的票据时，可以通过使用现金浮游量来加速收款，从而提高现金流量。同时，在早开出票据后，企业可以通过使用现金浮游量来延迟付款，以满足短期资金需求。

现金浮游量净额由两部分构成：一是有利的浮游量（付款浮游）；二是不利的浮游量（收款浮游）。

有利的现金浮游量是公司作为付款人所产生的支出浮游量，即公司签发票据时间的延迟导致的浮游量。由于公司从签发票据到真正付款分为三个阶段，相应支出浮游也可以分为邮寄浮游、供应商浮游和银行浮游。例如，某公司向异地的供应商付款，签发支票邮寄正常要 2 天，对方收到支票后内部处理及送存银行需要 2 天，银行之间办理结算需要 1 天，则该笔付款支票的浮游天数为 5 天。

不利的现金浮游量是公司作为收款人所产生的存款浮游量。公司从收到票据到收款分为两个阶段，从而存款浮游也相应划分为处理浮游和银行浮游两部分。例如，某公司收到客户寄来的支票后，内部处理及送存银行需要 1 天，银行之间办理结算需要 1 天，总浮游天数为 2 天，则：

净浮游量=支出浮游量-存款浮游量=公司可用余额-账面余额

②推迟应付款的支付。推迟应付款的支付的核心思想是在不影响企业信誉的前提下，尽可能地推迟应付款的支付期，以充分运用供货商所提供的信用优惠，从而优化企业的现金流和资金利用效率。

企业推迟应付款的支付可以采取多种方式，如在信用期最后一天支付款项、与供货商协商延长支付期限等。此外，企业在推迟应付款的支付时，还需要仔细考虑是否需要放弃供货商的折扣优惠，以及放弃折扣的实施对企业的影响程度，综合考虑后再作出决策。

③汇票代替支票。汇票是一种常见的商业支付工具，分为商业承兑汇票和银行承兑汇票两种。与支票不同，承兑汇票并不是见票即付。商业承兑汇票由收款人或持票人向开票方开户银行收款时提交，开户银行需要将其交给签发者进行承兑后，签发公司才能存入资金的支付汇票。银行承兑汇票也需要得到银行方面的承兑后才能进行付款。

汇票代替支票的优点在于可以推迟公司调入资金支付汇票的实际时间，从而降低公司现金流压力，同时也可以提高企业的资金利用效率。此外，汇票支付还可以降低企业现金管理的风险，因为汇票需要经过银行承兑和结算，相对来说更加安全可靠。

然而，汇票支付也存在一些缺点。首先，某些供应商可能不愿意接受汇票付款，因为汇票的背书和兑现过程相对复杂，需要更多的时间和人力成本。其次，银行对汇票的处理也相对烦琐，需要收取较高的手续费。

④通过使现金流出与现金流入同步，企业可以降低交易性现金余额，实现资金的最大限度利用，从而提高企业的现金流利用效率，同时，也可以减少有价证券转换为现金的次数，节约转换成本。

为了实现现金流出与现金流入的同步，企业可以采取多种措施。首先，企业可以加强对应收账款和应付账款的管理，控制收款和付款的时机，确保现金流的稳定流入和流出。其次，企业可以优化库存管理，避免过度库存导致现金流占用过多。此外，企业还可以加强对固定资产和长期投资的管理，减少不必要的现金支出，优化资产配置。

（四）应收账款管理

1. 应收账款管理的目的

应收账款是企业在销售产品或提供服务时所形成的债权，它是企业流动资产的重要组成部分，对于企业的经营活动具有重要意义。通过应收账款，企业可以扩大销售规模，提高市场占有率，增强企业的竞争力和盈利能力。因此，对于应收账款的管理和控制，具有非常重要的意义。

应收账款管理的目的是通过合理的管理手段，降低应收账款的机会成本和坏账损失，提高应收账款的回收效率。在实践中，企业可以采取多种管理手段，例如，加强对客户的信用评估和风险管理，建立完善的应收账款管理制度和流程，加强对应收账款的监控和跟踪，及时催收欠款。通过这些手段，企业可以有效地控制应收账款的风险和成本，提高资金的利用效率，最大限度地增强企业的竞争力和提高企业的经济效益。

2. 信用政策

信用政策是指企业在给客户提供赊销时应遵循的原则、标准、条件、程序和对策等与应收账款相关的管理政策。通过制定和执行信用政策，企业可将应收账款的事后管理转向事前管理。信用政策主要包括信用标准、信用条件和收款政策等。

（1）信用标准

信用标准是企业制定信用政策的基础，其主要目的是确保企业向客户提供的赊销不会增加坏账损失率。企业制定信用标准需要进行客户信用评估，了解客户的信用品质、偿付能力、资本、抵押品和经济状况等方面的情况。企业可以采用定性分析、定量分析或两者相结合的方法来确定客户的信用标准，以确保企业风险可控。

（2）信用条件

信用条件是企业与客户签订的合同中规定的付款要求，主要包括信用期限、折扣期限和现金折扣。企业制定信用条件需要考虑到客户的信用等级和企业的经营环境，以确保企业获得足够的收益，并且风险可控。企业可以通过放宽信用条件来扩大销售，但同时也需要权衡新增的坏账损失和收益增加的投资收益率。

（3）收款政策

收款政策是指企业对于客户拖欠账款时所采取的收回策略和措施。企业可以采取较积极的收款政策来减少应收账款投资及坏账损失，但收款成本也会相应增加。相反，企业采用较为消极的收款政策，则可能会增加应收账款投资及坏账损失，但会减少收款成本。企业应根据测算信用标准和信用条件的方法来制定合理的收款政策，以平衡风险和成本，并保证企业正常经营。

3. 网络对应收账款管理的影响

网络技术的出现和发展对企业的应收账款管理产生了重大影响，特别是对信用政策制定方面产生了影响。这种影响表现在以下三个方面。

（1）网络技术的可用性影响了客户信用评级的评估

客户信用评级与企业客户信息管理密切相关。传统上，企业很难以合理的成本收集全面和最新的客户信息，这可能影响信用评估的准确性。然而，利用网络技术，企业可以轻松地收集客户相关信息，如注册资本、业务范围、行业趋势和客户地位，并从当地行政和金融机构获取有关客户信用状况的信息。这使得客户可以被客观、科学地评估，使企业能够确定适用于其业务的信用条件，并为每个客户建立信用评级和警戒线。客户信用评级和警戒线可以在客户信用网络资源池中管理，并在客户信息变化时实时更新。

（2）网络技术影响了应收账款的具体管理

在商品销售高度发达的现代社会中，销售交易通常发生在销售部门管辖范围之外，使财务部门难以访问远程地区的信贷销售信息。然而，利用网络技术，这个问题可以得到解决。通过实时将远程地区发生的经济交易的详细信息传输给相关的销售部门，信息可以动态更新，以反映应收账款的实际情况。这使得业务人员可以与企业进行沟通，使管理人员能够控制和管理公司，从而使管理人员能够及时向各个下属部门发送工作安排和相关信息。企业各业务部门的日常交易和客户互动可以在公司数据库中准确自动地总结，使内部数据采集自动化。企业还可以随时在资源池中更新客户信用评级。

（3）网络技术影响了应收账款的收取成本

应收账款的收取成本主要受企业的收款政策的宽松程度影响。应收账款的收取取决于与客户的沟通，传统方式主要通过电话和传真进行。然而，在网络环境中，企业可以主要通过发送电子邮件或打电话来收取应收账款。特别是使用电子邮件可以显著降低应收账款的成本。企业可以实时与客户沟通，了解逾期支付的原因，并相应地调整其收款政策。例如，如果客户暂时面临财务困难，企业可以放宽其收款政策，避免不必要的法律措施，并保留客户。

（五）存货管理

1. 存货管理的目的

存货管理是企业重要的财务管理活动之一，目的在于维持企业正常的生产、销售活动并在降低存货成本的同时实现最优存货量。存货管理的实质是通过合理的控制存货数量和流转速度，达到降低存货成本的目的，以最大限度地提高存货效益。存货成本主要包括储存成本、订货成本和缺货成本。储存成本与存货量直接相关，随着存货量的增加而增加。订货成本与存货量无关，但与订货次数有关。缺货成本是由于存货短缺而导致的生产中断、销售不畅等直接和间接成本。在存货管理中，企业需要通过权衡存货成本和效益的关系，以达到最佳存货量的目标。

为了实现存货管理的目的，企业需要采取有效的存货管理措施。一方面，企业需要制定科学合理的存货管理制度和标准，明确各种存货的规格、种类、数量和储存地点等。另一方面，企业需要建立高效的供应链管理系统，合理规划物流运输路线和运输方式，以最大限度地缩短物流运输的时间和成本。此外，企业还需要根据市场需求和生产计划等因素，定期进行存货盘点和分类管理，及时清理和处理滞销、过期、损坏等存货，以减少储存成本和缺货成本的损失。

在存货管理中，企业还需要考虑供应商的质量和信用状况。通过建立供应商评价体系，对供应商进行综合评估，确保其能够按时、按质、按量供应所需物资，并对供应商进行信用管理，避免出现供应商的经营风险对企业存货管理的影响。

2. 网络对存货管理的影响

要想提高企业生产经营效率，必须搞好存货管理。企业存货管理效率的高低直接影响着企业的经济效益。而网络技术的产生和发展将对企业存货成本中的订货成本和缺货成本产生积极影响。

（1）网络技术的产生和发展对订货成本的影响

在传统经济环境下，企业为了订购材料、商品，通常会通过电话或传真的方式向供应商发出购货意向，一旦供应商有企业需要的材料或商品，企业就会派采购人员直接到供应商单位，了解货物的质量等情况，并且就货物价格与供应商进行协商。如果在价格问题上存在差距，企业就需寻找其他供应商。因此，订货成本是不可避免的，而且寻找符合企业要求的供应商通常会花费很长的一段时间。在网络经济环境下，寻找合适的供应商的时间会大大缩短，并且会使企业的订货成本大幅下降。由于网络技术快捷、方便的特点，企业可轻而易举地寻找到符合要求的供应商，并就价格等问题通过网络技术实时磋商以达到双方满意的结果，如协商不成，又可以快速地寻找下一家。因此，通过网络技术，企业能快速订购到符合要求的货物，并大大节约订货成本。

（2）网络技术的产生和发展对缺货成本的影响

企业为了减少缺货成本，通常会设置存货安全储备量，这在降低缺货成本的同时，增加了企业储存成本。因此，最优的存货政策就是在这两者之间进行权衡，选择使总成本最低的订货点和安全储备量。在网络经济环境下，由于企业可以通过网络与货物供应商实时进行联系，因此，在存货达到安全储备量的情况下，企业可以利用网络及时向供应商发出提货通知。而供应商也可以通过网络向距离购货企业最近的办事处或仓库发出供货通知，及时将货物运送给企业。由此，从企业发出提货通知到货物运达企业的时间可以大大缩短，时间的缩短又大幅减少了企业的安全储备量，从而降低了企业的缺货成本。

（六）流动负债管理

1. 流动负债的概念及特点

流动负债是指需要在一年或者超过一年的一个营业周期内偿还的债

务。流动负债又称短期融资，具有成本低、偿还期短的特点。

2. 流动负债分类

流动负债主要包括应付款项、短期借款、应付票据、应付工资、应缴税费及应付利润等。

（1）应付账款

应付账款是指企业因购买材料、商品或接受劳务供应等而发生的债务。

（2）短期借款

短期借款是指企业借入的期限在一年以下，一般是为维持正常的生产经营所需的资金或是为抵偿某项债务而借入的款项。

（3）应付票据

应付票据是指由出票人出票，委托付款人在指定日期无条件支付特定的金额给收款人或支票人的票据。

（4）应付工资

应付工资指企业应付给职工的工资总额，是企业对职工个人的一种负债。

（5）应缴税费

应交税费是指企业根据一定时期内取得的营业收入和实现的利润，按规定向国家缴纳的各种税金，应交的税金在尚未缴纳之前暂时停留在企业，形成一项负债。

（6）应付利润

应付利润是指企业除按税法规定缴纳税金外，还必须支付给投资者的利润。投资者应分享所得税后的利润分配。

3. 应付账款管理

（1）应付账款管理的目的

应付账款管理是企业控制资金流出的一个重要环节。企业对应付账款管理的目的是在维护企业信誉前提下延迟付款。拖延款项的支付实质上就等于增加了企业的流动资金，改善了企业的资金流状况。另外，还能够获得一定期限内的利息收入。

（2）网络对应付账款管理的影响

企业通过网络技术可以定期分析应付账款，规定付款程序，采取多种方式（如抵抹账、优先支付有折扣的货款等）定期清理应付账款，对无人追索的款项进行调查。如发现该款项确属不需支付款项，则及时将其转入收入账内。因此，通过网络技术可以简化应付账款管理程序，大大缩短采购周期和降低管理费用。

4. 短期借款管理

（1）短期借款管理的目的

借款利息在企业费用支出中占有一定比例，对企业的现金流影响明显。企业对短期借款进行管理的目的是在满足企业近期对资金的需求及维持正常生产经营的前提下，节省利息支出。

（2）网络对短期借款的影响

借款资金的管理是企业财务管理的一项重要内容。企业可以充分利用网络技术加强合同管理，正确计算利息，编制还贷计划，定期与银行核对借款金额和应付利息，发现问题及时与银行进行协调。企业还可以通过网络技术合理调度资金，利用借短还长等手段减少财务费用。

第六章

网络经济条件下的企业战略转型

第一节 企业战略转型理论概述

一、网络经济理论

（一）网络经济的基本概念和内涵

网络经济是指利用计算机网络信息技术接收、分析、整合和利用各种信息，依靠企业建立的内外部网络开展工作的商务活动。随着科学技术的快速发展和电子信息技术的不断创新，网络经济产生了划时代的意义，并贯穿于企业运营的整个过程，包括采购、研发、生产、销售和售后等整个产品周期管理过程。从不同的角度来理解，网络经济的内涵可以包括狭义上的电子商务模式、广义化的网络经济环境以及源于知识经济的全球网络经济。

在狭义上，网络经济主要是指电子商务活动，即企业在计算机和因特网的支持下，建立用于企业与企业、企业与消费者之间的网络购物平台，并在有第三方担保的前提下进行交易的商业模式。这种商业模式简便了人们的生活，节约了购物成本，给人们提供了更大的生活空间，也推动了商业模式的发展。

然而，广义化的网络经济远远超出了电子商务模式的范畴。计算机和因特网只是一个载体和工具。在网络经济环境下，企业需要利用这种工具建立简易、快捷的内外部沟通交流方式，并和企业上下游的供应商、客户（消费者）以及经销商搭建成一个个链条，最终形成经济活动网络，使企业的一切生产经营活动都能在网络中快速响应，从而提高了工作效率。因此，网络经济的内涵应该包括整个经济环境下利用计算机网络信息技术进行商务活动的一切形式，而不仅仅是电子商务模式。

网络经济源于知识经济。知识经济是指将先进的科学技术，包括计算机、通讯技术、数码技术、卫星技术等知识，转化为社会生产力，使信息传递更加快捷，实现企业发展的全球化和网络化。因此，知识经济实质上是一种以现代技术为核心的全球网络经济。

（二）网络经济的特点

根据网络经济的概念和内涵，再结合当今社会经济发展现状及趋势，网络经济主要具有以下四个特点。

1. 便捷性

网络经济的便捷性是其最显著的特点。通过利用计算机和互联网技术，网络经济打破了传统经济中地域和时空的限制，实现了全球范围内的商业活动和信息交流。网络经济的发展使得商业活动变得更加高效和便利，加速了全球经济一体化的进程。

2. 虚拟性

网络经济的交易虚拟性是其与传统经济形态最大的不同。网络经济的交易过程不再是实物交换，而是通过网络平台实现的虚拟交易。这种交易方式具有很多优点，例如，可以节省交易成本、提高交易效率，同时也能够突破地域和时空限制，实现全球范围内的交易。

3. 高风险性

由于网络经济的交易都是在虚拟环境中完成的，交易信息的真实性和可靠性难以保证，因此，交易双方存在一定的风险。一方面，由于信息的不对称性和不透明性，卖方可能会故意发布虚假信息，导致买方受到经济损失。另一方面，网络环境的不安全性也会增加交易的风险。例如，黑客攻击、网络犯罪、病毒侵入等网络安全问题可能导致交易信息泄露，或者交易资金被盗。

4. 自我膨胀性

网络经济的价值是基于网络节点数的平方，这意味着随着网络用户数量的增加，网络经济的效益和社会生产力也会不断增长。这种自我膨胀的机制为网络经济的发展提供了良好的基础和动力。此外，通讯系统的宽带速度不断提高和传输费用的降低也是网络经济发展的重要推动力。这些趋势的发展将为网络经济的增长提供更加有利的条件。

二、企业战略理论

企业战略是企业为了在竞争激烈的市场环境中取得优势、实现长期稳定发展而制订的长期计划和行动方案。企业战略理论认为，企业在制订战略规划时需要综合考虑内外部环境因素，包括市场需求、政策法规、技术创新、人力资源等方面的变化和趋势，以及行业竞争、消费者需求、供应链等方面的影响和挑战。在确定未来发展目标时，企业需要根据自身的优势和劣势、资源配置和能力水平等因素，结合市场趋势和竞争格局，制定符合企业实际情况的发展目标和战略方向。在制定企业战略时，企业需要考虑各项资源的分配和利用，确定实施策略的时间表和具体措施，以实现长期目标和短期目标的有机结合。

三、战略管理理论

战略管理理论起源于20世纪。它萌芽于20世纪20年代，形成于20世纪60年代，并在20世纪70年代得到大发展。然而在20世纪80年代，这一理论受到了冷落。20世纪90年代，随着经济环境的变化，战略管理理论再次受到了重视。战略管理理论可以分为三种，包括资源配置战略理论、竞争战略理论和目标战略理论。

（一）资源配置战略理论

资源配置战略理论认为，企业经营的本质在于将所有的资源集合起来，并加以科学合理的管理和应用，从而实现企业目标的过程。因此，资源管理成为企业经营过程中的一个关键因素。企业资源配置战略是服务于企业最高总体战略的分支之一，一般包括采购战略、财务战略、人才战略和信息资源战略。

1. 采购战略

采购战略目的是通过优化采购流程和选择合适的供应商，实现降低采购成本、提高采购效率和保证采购品质，从而提高企业的竞争力和盈利能力。为了制定有效的采购战略，企业需要从多个方面考虑，如供应商的选择、采购方式、采购量等。在选择供应商时，企业需要建立供应商评估机制，综合考虑供应商的信誉、产品质量是否满足需求、产品价格是否合理、运输线路和方式、产生的成本是否可接受以及供货能力是否满足生产需求等指标，对供应商进行评分，最终选取得分最高的供应商采购生产资料。

2. 财务战略

财务战略是企业为实现长期发展目标而采取的财务管理措施和行动计

划，其中包括投资战略和筹资战略。

投资战略是指企业为实现长期发展目标而进行的投资决策和投资管理活动，它包括投资目标、投资领域、投资渠道等方面的内容。企业在制定投资战略时，需要全面考虑市场需求、技术发展、竞争状况等因素，以确定最优的投资方向和方式。在确定投资方向后，企业需要根据具体情况选择合适的筹资方式，以满足投资需求。

筹资战略是指企业为满足资金需求而采取的筹资措施和行动计划，它包括内部筹资和外部筹资两种方式。内部筹资主要是指企业自身利用内部资源、降低成本等方式筹集资金；外部筹资则是指企业通过债务融资、股权融资等方式从外部融资。企业在选择筹资方式时，需要根据自身情况和市场情况综合考虑各种因素，以确保筹资成本最低，融资效果最佳。

3. 人才战略

人才战略是指企业在人力资源管理方面所采取的策略和行动计划，旨在吸引、培养、留住优秀人才，提高企业的核心竞争力和绩效表现。在实施人才战略时，企业应该考虑到人才的多层次需求，采取符合员工个性化需求的激励机制。

在人才招聘方面，企业需要根据自身实际情况制订招聘计划，明确招聘岗位和招聘标准，并注重招聘流程的公正、公平、透明，以吸引到符合企业要求的人才。企业还需要建立科学合理的薪酬制度和绩效考核制度，激励员工实现个人和企业的共同目标。在制定薪酬和绩效考核制度时，企业应该根据员工的工作表现、职位水平、市场行情等因素制定相应的薪酬和绩效考核标准。除了激励机制，企业还应该注重员工的职业发展和成长，可以通过职业规划、培训和晋升等方式，为员工提供广阔的发展空间和良好的职业前景，满足员工的自我实现需求，提高员工的工作满意度和忠诚度。

4. 信息资源战略

在现代社会中，信息已成为人们越来越重视的资源之一。尤其是在网络经济环境中，信息资源更加重要。一条有价值的信息可以成就一个企业，也可以直接毁掉一个企业。因此，企业需要通过建立内外部网络，及时掌握市场动态，包括消费者和竞争对手的信息，并对信息进行分析，以针对性地挖掘内部资源，制定企业战略，从而保证企业在竞争中立于不败之地。

（二）竞争战略理论

竞争战略是企业为了在市场竞争中获得竞争优势而采取的一系列经营活动。波特的竞争战略理论包括五力模型、三大战略、价值链和产业集群四个方面。这些理论帮助企业了解其所处行业的竞争环境，以及如何在竞争中取得优势。

1. 五力模型

五力模型是波特提出的一种分析行业竞争的工具，包括行业现有的竞争状况、供应商的议价能力、客户的议价能力、替代产品或服务的威胁、新进入者的威胁等五个方面。企业可以通过对这些因素的分析，了解行业的竞争情况，从而制定相应的战略。

2. 三大战略

三大战略是指成本领先战略、差异化策略和集中化战略。企业可以在特定的行业和市场情境下，根据竞争对手的战略和自身产品的特点，选择适合自身的竞争战略。成本领先战略注重在生产、采购等方面降低成本，以提高利润率；差异化策略则注重在产品设计、品牌营销等方面进行差异化，以提高市场占有率；集中化战略则注重在特定领域或市场上进行专注经营，以提高效率和利润率。

3. 价值链

价值链是企业生产经营活动的组合，包括九种基本活动和四种辅助活动。企业可以通过对价值链的分析，发现差异化和具有潜在竞争力的活动，从而制定相应战略。价值链的基本活动包括内部后勤、生产作业、外部后勤、市场和销售、服务等。

4. 产业集群

产业集群是指在一个特定的产业中，相关政府组织、上下游企业、客户以及竞争对手形成的一个产业联盟。通过在产业集群中形成合作和分工，可以提高整个区域和产业的竞争力，促进效率和创新，推动市场的扩张。

（三）目标战略理论

目标战略理论的主要观点是企业的发展战略和经营活动都应该以企业目标为导向，所有资源也都是为达到目标而服务的。企业目标是企业战略的核心，它由多个子目标组成，共同构成企业的战略目标体系。企业的目标是指企业在未来一段时间内要完成的任务和达到的状态，是企业所追求的理想结果和期望。目标战略理论认为，企业目标具有宏观性、长期性、相对稳定性、全面性、可分解性、可接受性、可检验性、可挑战性和可实现性等特点。

第二节　网络经济对企业发展的影响

一、网络经济对企业经营的影响

网络经济是一种特殊的经济形态，是在一定程度上改变了我国传统企业的经营模式，对企业的生产和发展产生了巨大的影响。

（一）使得企业生存环境发生变化

在过去，企业经营环境相对稳定，市场变化缓慢，企业主要关注产品规模和质量。然而，随着网络经济的到来，企业生存环境发生了巨大变化。网络技术的快速普及和互联网的广泛应用，使得信息交流和交易更加便捷和高效。网络经济的兴起，使得企业之间的竞争更加激烈，市场变化更加迅速，企业的生存和发展面临着前所未有的挑战和机遇。特别是电子商务的迅速发展，使得消费者的购物方式发生了巨大变革。消费者不再需要亲自到实体店铺购买商品，而是通过互联网进行在线购物。这种购物方式更加方便快捷，也为企业创造了更广阔的市场空间。阿里巴巴等电商巨头的成功，更是让传统企业开始反思自身的经营模式，加快转型升级，以适应新的市场环境。

在这个节奏加快、信息爆炸的时代，企业必须跟上时代的步伐，充分利用网络经济所提供的机遇和挑战，通过互联网技术和电子商务平台，提高自身的竞争力和市场占有率。

总之，网络经济的到来使得企业生存环境发生了巨大变化，企业只有积极应对，不断创新和提升自身的竞争力，才能在激烈的市场竞争中立于不败之地。

（二）导致企业市场进一步细分

在传统经济时代，企业与消费者之间的距离较远，企业主要通过广告和宣传来推销产品，而消费者只能根据自己的经验和口耳相传来选择购买。在这种市场环境下，大型企业通常能够通过规模和品牌优势占据市场份额，而小型企业比较难以生存和发展。

随着互联网和计算机技术的发展，企业与消费者之间的距离逐渐缩小，企业能够更加直接地了解消费者的需求和购买行为，从而精准地设计和生产产品。通过在线调查、社交媒体和消费者反馈等方式，企业能够深入了解消费者的需求和偏好，从而对市场进行进一步细分，提供更加个性化和定制化的产品和服务。这种市场细分的趋势，也使得消费者更容易找到符合自己需求的产品，同时，也为小型企业提供了更多的机会。它们可以通过专注于某一细分市场，提供更加优质的产品和服务，从而与大型企业展开竞争。

然而，市场细分也带来了新的竞争压力。由于市场被进一步细分，企业之间的竞争更加激烈，谁能够更好地抓住消费者的心理和需求，谁就能够获得市场份额和竞争优势。

（三）促使企业经营模式发生改变

在传统经济时代，企业的经营模式主要依赖于线下渠道，如经销商和实体店铺，这种方式存在一定的局限性和风险。然而，在网络经济环境下，企业的经营模式正在发生革命性的变化。电子商务的出现使得企业可以通过网络渠道直接与消费者进行交流和销售，大大降低了销售成本和风险。

在网络经济环境下，企业必须充分利用网络的优势，将自己的产品和服务通过网络推广和销售，以拓展自己的客户群体和市场份额。同时，企业还可以通过网络渠道获取更多的原材料和资源，以降低生产成本和提高效率。此外，企业还可以借助网络营销的手段，通过数据分析和精准营销的方式，更好地了解消费者的需求和偏好，以提供更加个性化和定制化的产品和服务，从而增强自己的市场竞争力。

然而，在网络经济环境下，企业面临着新的挑战和风险。由于网络的开放性和透明度，消费者可以更加方便地获取信息和比较产品，从而更加理性地作出购买决策，这也使得企业需要更加注重产品品质和服务质量，以赢得消费者的信任和忠诚。此外，网络也存在着信息泛滥和虚假宣传的问题，如果企业不能保持诚信和透明，就有可能面临品牌形象受损和市场份额下降的风险。

二、网络经济对企业竞争的影响

网络经济环境是一个不断变化的环境，任何市场信息的变化都会直接影响企业的发展战略和方向。若能准确把握市场信息，企业就会获得成功，但若判断失误，则会给企业带来灾难。因此，网络经济的产生既为企业带来了较多机遇，也使企业面临更多挑战。

（一）加剧现有竞争者之间的竞争程度

在市场经济体制下，企业之间的竞争是必然存在的，竞争对于市场的发展和进步具有推动作用。随着网络经济的发展，企业之间的竞争程度进一步加剧。在传统经济时代，企业通常通过资源垄断、技术优势或价格战等手段来获得竞争优势。而在网络经济时代，随着信息技术的快速发展，企业已经可以通过更加精准的信息获取和分析，更快速的反应和应用来获得竞争优势。因此，企业需要更加注重对消费者需求的了解和把握，以便更好地提供个性化的产品和服务；更加注重品牌建设和口碑管理，以提高消费者的信任度和忠诚度；更加关注竞争对手的动态信息，及时进行反应和调整，以保持市场竞争的优势；更加注重信息的来源和处理，建立完善的信息管理系统，以保证信息的准确性和有效性。

（二）增加与消费者的博弈难度

在五力竞争模型中，企业与消费者的博弈是一个相互影响的过程。在网络经济环境下，通过互联网，企业可以更好地与消费者进行交流和互动，从而更准确地了解消费者的需求和心理。消费者的需求是不断变化的，因此，企业需要不断调整和改进产品，以满足消费者的需求。

同时，企业还需要合理定价，在自身取得一定利润的同时，让消费者得到实惠。在网络经济环境下，企业的销售和管理成本相对较低，这为企业定价提供了更大的空间。企业在定价时需要考虑消费者的讨价还价能力，因为消费者通常会比较敏锐地察觉到产品的价值和价格之间的关系。

消费者的心理和行为也对企业定价产生影响。根据心理学原理，人们在购买商品时通常会受到感性因素的影响，如品牌形象、口碑等。企业需要注重品牌建设和口碑管理，以提高消费者的信任度和忠诚度，从而增强企业的定价能力。

消费者的讨价还价能力和心理行为是不稳定的，这给企业定价带来了一定的不确定性和博弈难度。企业需要密切关注市场动态，不断优化定价策略，以应对市场变化和消费者的需求变化。

（三）增加与供应商的博弈难度

在企业整个价值链中，供应商作为上游企业，对企业的生产和经营活动有着重要的影响。对于企业来说，选择适合的供应商是至关重要的，因为供应商的产品质量、价格、供货能力、运输成本等因素将直接影响企业的生产成本和产品质量。在网络经济环境下，企业可以通过互联网等信息技术手段，更加方便地获取和分析供应链信息，从而准确地了解供应商的情况和市场变化。这也使得企业在选择供应商时具有更大的选择余地和讨价还价的能力。然而，在与供应商的博弈中，企业需要考虑到供应商的利益和诉求，以建立长期的稳定合作关系。因此，企业需要注重与供应商的沟通和协调，建立互信和互利的合作关系，以共同应对市场风险和挑战。

企业还需要注重供应链的风险管理，以应对供应商的突发问题和市场变化带来的影响。企业可以通过多元化供应渠道、建立备用供应商、加强合同管理等方式降低供应链风险，保障生产和经营的稳定性。

（四）增加来自潜在进入者的威胁和替代品的压力

在网络经济环境下，企业面临着来自潜在进入者和替代品的威胁和压力。随着市场的不断扩大和消费者需求的多样化，潜在进入者的数量逐渐增多。新兴技术、新的商业模式和新的市场机会也为潜在进入者提供了更多的机遇。同时，替代品的出现意味着消费者有更多的选择，企业必须保持技术和产品的领先地位，才能在市场中保持竞争优势。为了应对潜在进入者和替代品的威胁和压力，企业需要保持敏锐的市场洞察力和创新能力。企业应该通过加强研发投入、开展技术合作、加强市场营销和服务创新等方式，提高企业的创新能力和市场影响力，以保持在市场中的领先地位。此外，企业还应该加强与供应商、合作伙伴和消费者的沟通和合作，共同应对市场风险和挑战。

企业还应该重视自身品牌建设和知识产权保护，加强品牌形象的宣传和维护，提高消费者的忠诚度和品牌认知度，从而巩固企业在市场中的地位。同时，企业还应该注重知识产权保护，避免技术、产品和服务的抄袭和模仿，保护企业的创新成果和竞争优势。

三、网络经济对企业战略转型的影响

在网络经济环境下，企业战略转型是实现可持续竞争优势和发展的重要手段。随着信息技术的快速发展和市场竞争的日益激烈，企业面临着更多的机遇和挑战。因此，企业必须不断调整和转变自身的经营理念和模式，以适应新的市场环境和消费者需求。

企业战略转型通常是一个全面、系统的过程，需要企业深入分析自身内外部动因和环境变化，制订相应的战略转型计划和实施方案。内部动因包括企业自身的资源、能力和组织结构等方面的问题，而外部动因包括市场竞争、政策法规、技术创新和消费者需求等方面的影响因素。

（一）通过经济环境变化影响战略制定的前提

企业作为社会经济活动的主体，其经营行为受到宏观和微观环境的影响。宏观环境包括政治、经济、社会、文化、技术等方面，微观环境则包括供应商、消费者、竞争对手、潜在进入者和替代品等方面。当外部环境发生变化时，企业需要及时调整其战略以适应新的情况，否则将面临市场份额和利润的下降。

目前，随着信息技术的快速发展和互联网的普及，网络经济已成为推动经济发展和社会变革的重要力量。在网络经济环境下，市场竞争更加激烈，消费者需求更加多元化，企业的生产经营方式和营销策略也面临着巨大的挑战和变革。因此，企业必须根据网络经济下不断变化的外部环境，及时进行战略调整和转型，以适应市场的变化和满足消费者的需求。

（二）通过企业核心能力转变影响战略制定的内容

企业核心能力是企业生存和发展的重要基础，它是企业内部知识、技能、经验和资源等方面的综合体现，包括技术创新能力、管理能力、销售能力、资本运作能力等。在网络经济环境下，企业的核心能力需要不断转变和升级，以适应市场的变化和消费者的需求。

企业战略转型需要根据自身核心能力的变化进行相应的调整。当企业的核心能力与网络经济下的企业发展需求相吻合或接近时，企业战略转型将更加顺利，可以在转型之后发挥自身的优势和核心能力，保持一定的竞争力。而当企业的核心能力与网络经济下的企业发展需求不相吻合或接近时，企业需要采取相应的措施提高新的核心能力，同时保持之前的核心能力不变，以满足战略转型后企业的发展需要。

（三）通过企业文化转变影响战略的执行

企业文化是一种具有普遍认同的价值观念和行为准则的总和，其反映了企业的价值观、理念、行为规范和工作方式等方面的内容。一个良好的企业文化能够为企业带来正能量，促进员工的工作满意度、积极性、创造力以及团队的向心力，从而提高企业的竞争力和市场地位。

当企业进行战略转型时，必然会带来内部的组织变革，也会影响到企业的内部文化。管理者需要重视企业文化在战略转型中的作用，采取措施保留过去企业文化的精髓，并融入新的企业文化，以便让员工在接受新的工作方式和价值观念的同时，能够保持对企业的认同感和归属感。

然而，企业文化的转变是一个漫长的过程，需要管理者的耐心和坚持。在企业战略转型中，管理者需要不断强化企业文化的建设和发展，培养员工的文化认同感和归属感，加强与员工的沟通和交流。同时，在企业战略执行过程中，管理者需要密切关注企业文化的变化和影响，及时调整企业战略，并采取适当的措施来保持企业文化的稳定和发展。

（四）通过政策因素影响战略制定和实施的法律环境

在当今全球化和市场化的环境下，企业在进行战略转型时需要考虑到政策因素对其战略制定和实施的影响。政策因素是指政府在经济、产业、贸易、环保等方面出台的一系列法规、政策和措施，这些政策不仅对企业的经营活动和市场竞争产生直接的影响，而且还决定了企业的生存和发展环境。

在市场竞争中，政府的法律环境是企业生存和发展的关键因素之一。政府的法律保障能够保证企业在市场竞争中处于公平、公正的竞争环境，加强市场监管和维护市场秩序，保护企业和消费者的合法权益，促进市场的健康发展。企业在制定战略时需要考虑政府的法律环境，遵守相关法规和政策，及时了解政府的政策方向和重点支持的产业，根据法律要求、市场需求和政策导向进行战略转型和产业升级，以便更好地适应市场变化和发展趋势，提高企业的竞争力和市场地位。

第三节　网络经济条件下企业战略转型的要求

一、网络经济条件下企业战略转型的原则

网络经济的到来给企业带来了全新的机遇和挑战。在这种环境下，企业需要不断地进行战略转型，以适应不断变化的市场环境，并获得持续的发展。网络经济条件下企业战略转型的原则有以下四个方面。

（一）注重创新和适应环境变化

在网络经济时代，信息传递速度加快，科技创新不断涌现，企业需要不断创新来适应这种变化。只有跟上时代步伐，及时创新，才能领先市场，实现企业的长期发展。

（二）注重贴近企业自身文化

企业文化是企业在日常经营管理中逐渐形成的价值观念和行为准则，对企业员工的思考方式产生重要影响。在进行战略转型时，企业应该注重新战略与企业自身文化的相互融合，这样可以减少战略转型的阻力，提高战略转型的成功率。

（三）注重企业未来长期的发展

战略是指导企业未来发展的目标，企业应该充分考虑到未来较长一段时间企业的发展问题。只有这样，企业才能在未来的市场竞争中获得更大的优势。

（四）注重市场原则

虽然网络经济具有许多特殊性质，但企业的经营活动仍处在市场经济环境下。企业必须严格遵守市场经济的基本规律，注重扩大企业的效益。在进行战略转型时，企业应该围绕市场定位制定相应的管理手段和措施，充分利用网络经济带来的优势，使企业在网络经济时代脱颖而出。

总之，企业在进行战略转型时，需要考虑到网络经济的特点和市场环境的变化，注重创新和适应环境变化，贴近企业自身文化，注重企业未来长期的发展，以及注重市场原则。

二、网络经济条件下企业战略转型的内容

网络经济的发展深刻改变了企业经营环境，传统企业必须进行战略转型以适应新的市场需求和竞争态势。在此背景下，企业需要从多个方面进行转型，以实现战略目标。

（一）企业信息管理系统转型

在网络经济时代，现代企业面临着激烈的市场竞争和信息爆炸的挑战。为了及时掌握市场动态和竞争对手信息，并制定针对性的企业战略，企业需要建立内外部网络。信息化已成为现代企业管理工作中不可或缺的一部分，提高管理体系效率尤为重要。

现代企业管理工作复杂多变，在企业生产运作过程中和企业外部都会产生大量的数据和信息。现代企业需要将计算机技术和网络技术与现代管理方式结合起来，以促进管理体系的信息化。通过整合和处理信息，企业可以将日常运行工作中的管理信息与记录处理纳入计算机管理轨道，以提高企业信息管理体系的效率。

网络经济时代的企业需要一个高效的、能够整合数据信息的信息化管理体系。这样的管理体系对于促进企业竞争力和经济效益具有重要意义。通过建立高效的信息化管理体系，企业可以更好地应对市场挑战，增强企业核心竞争力，提高企业价值和业绩。

值得注意的是，企业信息管理系统转型不仅是技术问题，还涉及组织文化、业务流程等方面的调整。在实施企业信息管理系统转型时，需要注重整体规划和综合考虑，建立起相应的管理体系和相关流程。同时，企业还需要不断优化和升级信息管理系统，以适应不断变化的市场环境和企业内部需求。因此，企业信息管理系统转型应是一个不断迭代、不断完善的过程。

（二）企业上下游供应链转型

传统企业的经营模式在网络经济环境下面临着越来越大的挑战。企业需要通过构建高效的供应链体系，将自身与上下游企业、客户以及竞争对

手形成一个协作的整体，实现供应链间信息的充分共享和协同，以提高企业的竞争力和创新能力，促进市场的不断拓展和发展。在这样的背景下，企业上下游供应链转型势在必行。

企业所在的供应链是由多个企业组成的，其中每个企业都在完成一定的任务和承担一定的责任，因此，供应链的效率和协同能力直接影响了企业的竞争力。对于企业来说，通过构建实时高效的供应链体系，可以将销售和采购等环节有效地连接起来，实现信息的快速传递和处理，降低企业经营成本，提升企业服务和产品的质量，进而提高企业的市场认可度和竞争优势。

在网络经济的条件下，企业应该充分发挥网络的优势，通过网络渠道推销和拓展自己的客户群体，并借助网络营销模式来实现供应链的实时化和高效化。同时，企业应该与其上下游企业、客户以及竞争对手形成战略联盟，共同规划供应链的发展方向和实现方式，实现分工合作和信息充分共享，从而提升整条供应链上企业的竞争力和创新能力。

（三）企业核心竞争力转型

企业的核心竞争力是企业在激烈市场竞争中生存和发展的重要力量，是企业所拥有的独特能力和资源，包括技术创新能力、管理能力、销售能力、资本运作能力等多个方面的内容。这些能力和资源在一定程度上决定了企业的市场地位和生存能力。因此，在网络经济时代，企业必须认真审视自身的核心竞争力，找到自己的优势和不足，结合网络经济的特点，完善和突出企业的核心竞争力，以适应新的市场环境和竞争格局。

在网络经济时代，企业竞争的重心已经从传统的实体经济向数字化和网络化转移，企业必须积极适应这一变革，将原有的核心竞争力与网络经济的特点相结合，以实现更好的业务发展。因此，在进行战略转型时，企业必须充分发挥其原有的核心竞争力，并将其与网络经济的特点相结合，以实现更好的业务发展和市场竞争。同时，企业应该不断探索和创新，不断提升自身的核心竞争力和创新能力，以适应市场的动态变化和竞争格局的不断演变。

（四）业务外包转型

在网络经济时代，企业面临着日益激烈的市场竞争和不断变化的市场环境，为了保持竞争优势和提高企业效率，业务外包转型成了许多企业的一个重要选择。业务外包是指企业将部分非核心业务或流程交由专业的服务供应商进行管理和运营，以降低成本、提高效率、专注核心业务和增强企业对环境的迅速应变能力。在进行业务外包转型时，企业必须对自身的业务进行深入分析和评估，确定哪些业务是与核心竞争力相关的，应该保持内部管理和控制，而哪些业务是非核心业务，可以外包给专业的服务供应商。这样一来，企业可以将重要资源投入核心竞争力相关的业务或产品上，提高企业自身资源的利用效率。同时，外包出去的业务可以利用外部最优秀的专业化资源来弥补企业自身的缺陷和不足，提高业务的专业程度和质量。

业务外包转型不仅可以降低企业的成本和提高效率，还可以使企业更加灵活和敏捷地应对市场变化和竞争挑战。通过与专业的服务供应商合作，企业可以获得更多的创新和技术支持，提高自身的竞争力和市场地位。此外，业务外包转型还可以释放企业内部的管理和控制压力，让企业更专注于核心业务和产品的研发与生产，提高企业的专业化程度和品牌价值。需要注意的是，业务外包转型并不是一种简单的模式复制，不同企业的外包策略和方式也会因其核心竞争力、业务特点、市场环境等因素而有所不同。因此，企业在进行业务外包转型时，必须结合自身实际情况进行深入分析和评估，制定科学合理的外包策略，确保外包转型的顺利实施和效果的最大化。

（五）企业文化转型

企业文化是企业的核心价值观和行为准则，对企业的组织结构、管理方式、员工行为等方面都产生着深远的影响。

随着网络经济的发展和竞争的加剧，企业文化转型成了许多企业的必要选择。企业文化转型是指企业为适应新的市场环境和战略需要，对原有的企业文化进行重新审视和调整，以推进企业的整体战略转型和管理。在进行企业文化转型时，需要对原有的企业文化进行全面的审视和评估，明确企业的核心价值观和行为准则，保留其中具有指导特色的精华部分。同时，还需要深入分析企业所面临的网络经济时代的新特点和新挑战，以确定企业文化转型的方向和目标。企业文化转型需要从企业自身的战略出发，将企业文化与企业战略相一致，以推进企业整体战略转型和管理。

在企业文化转型的过程中，需要改革那些不符合企业战略和网络经济环境的一些观念和行为准则，以适应外部环境的变化和企业自身的发展需求。企业文化转型需要在企业自上而下的推进，通过制订明确的转型计划和方案，加强对员工的培训和引导，以确保企业文化转型的顺利实施和效果的最大化。

（六）企业制度转型

企业制度是企业在日常经营和管理中所依据的规章制度和制度体系，对保障企业正常运作和服务于企业整体的发展目标和战略具有至关重要的作用。随着网络经济时代的到来，企业面临着新的挑战和机遇，需要对企业制度进行转型，以适应新的市场环境和业务需求。企业制度转型是指企业为适应新的市场环境和业务需求，对原有的企业制度进行重新审视和调整，增加对新出现的各种业务、管理、运营等情况作出相应的规定和规范，以确保企业的正常运作和服务于企业整体战略的转型提供可靠的制度保障。在进行企业制度转型时，企业需要全面评估现有的制度和规章制度体系，明确其适应性和局限性。同时，也需要深入了解企业所面临的市场环境和业务需求，以确定制度转型的方向和目标。

企业制度转型需要与企业整体战略相一致，从企业自身的战略出发，制订科学合理的转型方案和实施计划。

三、网络经济条件下企业战略转型的路径

（一）企业内部网络的改革

在网络经济时代，企业内部网络的改革对于企业的生存和发展至关重要。企业需要通过内部网络创新和改革，不断提高自身的适应性和创新能力，以适应快速变化的市场环境和竞争压力。这种创新和改革需要从外部环境、战略目标和组织结构设计三个方面进行分析和设计，以实现三者之间的协调配合。

内部组织的转型和创新是企业内部网络改革的核心，它可以打破原有的组织壁垒，使每一个有能力的员工或团队成为企业的核心和利润中心。内部组织创新也能够促进企业内部形成一种良好的竞争环境，激发员工的创新潜能和竞争意识，从而提高企业的效率和创新能力。随着不确定性因素的增加，组织结构中起“缓冲”作用的各部门都可以采取内部企业的组织形式，这样处理类似将这些附属部门从组织结构中剥离出来。高级的内

部企业组织就是剥离到只剩下核心技术部门为止。

企业内部网络改革还需要注意到管理方式和制度设计的变革。随着组织结构的变革和内部竞争的加剧，企业的领导方式需要从以传统的组织设计为主转向以制度设计为主。这就需要企业学会采取间接控制的方式来领导它的流程团队，即建立内部市场的制度。核心技术和核心企业是企业组织得以生存的根本。企业的竞争优势依赖于核心技术和核心企业与内部企业结合所形成的能力以及核心企业与外部企业结合所形成的能力。企业需要加强核心能力的培养和创新，以提高企业的竞争力和可持续发展能力。

企业的边界随着虚拟企业和网络企业的出现将变得更加弹性和可变。这就需要企业使用新的管理手段和技术，更加灵活地管理和运营企业，以适应新的市场环境和管理要求。企业内部网络改革是一场企业管理上的变革，需要企业适应不断变化的市场需求和竞争压力，提高组织的灵活性和创新能力。为了实现内部网络创新，企业需要从外部环境、战略目标和组织结构设计三个方面进行分析和设计，以实现三者之间的协调配合。企业还需要注重建立内部市场制度，采取间接控制的方式来领导流程团队，以提高效率和创新能力。

（二）企业外部网络的构建

企业外部网络构建旨在通过建立战略联盟，共享人力、物质和技术资本等，实现优势互补，协作共进，提升整体竞争力。企业战略转型和制定有三种层次，即基于公司层次、业务层次和产品层次的发展。基于公司层次的发展需要全面调整企业资源、组织和管理流程，以适应经济环境变化。基于业务层次的发展通过技术和资源灵活运用，拓展市场和产品线，实现某一事业领域的持续发展。基于产品层次的发展注重运用资源，提升产品绩效或拓展特定市场，实现竞争优势。企业寻求战略联盟重新确立战略目标是一种基于公司层次发展的战略调整，需要联盟内企业全面改革，以适应联盟整体发展要求。战略联盟是一种自我实施的协议，具有较低的交易成本和灵活性，但自我实施机制因内部结构差异而不同。战略联盟的自我维护机制不仅需要经济上的激励，如人力和物质投资，还需要信用投资，建立信用机制，增加协调性和信任感。

在网络经济条件下，企业战略转型面临政策法律、定位、转型刚度把握、观念转变和人力资源配置等风险因素。这些风险可能威胁企业战略转型的成功，因此，企业必须加强研究，预见或规避这些风险，并制定相应的保障措施。为了成功实施企业战略转型，企业需要建立有效的风险管理机制，并加强组织学习和知识管理，以提升组织适应性和创新能力。此外，企业还需要发展全球化视野，加强国际合作和竞争力，以应对全球化经济的挑战和机遇。因此，企业应该注重实践创新、开展全面战略规划、强化组织协调与沟通、加强企业文化建设、培养人才等，以实现企业战略转型的成功。

第四节　网络经济条件下企业战略成功转型的对策

企业战略目标的顺利实现，需要各部门之间的通力合作，因此，将战略目标进行分解是十分必要的。通过将战略目标细化为更具体的任务，可以明确各部门的职责，加强信息沟通和协作力度，及时掌握各部门的实施进度，并解决遇到的问题。同时，企业应成立一个专门负责企业战略转型的小组，并由主要领导挂帅，来推动企业战略转型的顺利进行。为了确保各部门承担相应的责任，应建立相应的追究机制，以明确各部门的责任。通过制定有效的奖惩机制，激励各部门积极配合实施战略转型，同时强化责任追究机制，以确保企业战略转型的成功实现。

实施企业战略转型需要制定有效的考核监督机制，以确保各部门高效配合、有序推进。该机制应根据战略转型目标对各部门的责任进行明确划分，采取定期或不定期的监督检查方式，对部门的实施进度和质量进行全面评估。应通过将部门的实施进度与企业整体业绩挂钩、建立激励约束机制等方式，激发员工的工作热情和动力，推动企业战略转型的顺利实施。为了确保考核监督机制的有效实施，企业应当充分发挥监事会的作用，建立监事会与各部门的有效沟通机制，定期或不定期组织监事会对各部门的实施情况进行检查，及时发现和解决存在的问题。应该建立科学、公正的评估体系，对完成企业布置任务的部门进行奖励，对未完成任务的部门进行批评，以激发部门的积极性和责任心，推动企业战略转型的有序实施和顺利达成预期目标。

为了使企业战略转型顺利实施，必须加强对各部门的管理力度，提高工作效率。针对不同部门承担的责任和任务，应建立明确的管理制度和流程，确保各部门之间的协作和配合，避免推诿扯皮的现象。应注重加强对关键环节和重要因素的管理和控制，对这些关键环节和要素进行细致的分析和研究，找出其存在的问题和漏洞，并制定相应的改进措施，以保证战略转型的顺利实现。

在企业战略转型期间，需要采取有效的措施来促进平稳转型。战略转型期间，企业面临着不断发布各项变革措施、探索新的符合企业发展道路的挑战，同时也会面临短期利益与长期利益之间的冲突和可能带来的不良后果。因此，企业需要建立分离机制，以降低对企业的影响。分离机制可以将受到影响较大的部门与受到影响最小的部门分离开来，从而降低企业的风险和损失。在分离机制的基础上，企业可以采取合适的措施来促进平稳转型。比如，制订科学合理的战略转型计划，明确各部门的职责与责任，并加强沟通协调，及时掌握各部门的实施进度，解决遇到的问题。企业还应该加强风险管理与控制。通过制定适当的风险管理策略，可以在战略转型期间有效地控制风险，避免出现严重的后果。

为了实现企业战略转型，必须明确转型方向，制定相应的组织机构和管理制度，以提高企业的管理效率和资源配置效率。企业战略转型的方向应该基于深入的市场和行业分析，结合企业自身的实际情况，确定适合企业长期发展的战略方向。在制定组织机构和管理制度时，应该注重在战略转型方向的基础上，考虑组织的前瞻性、稳定性和灵活性，使其能够适应市场和企业的变化，提高企业的管理效率和资源配置效率。

为了实现企业战略转型的顺利开展，需要明确各部门的职责，并建立高效的部门协作机制。在制定组织机构和任务分配时，应该根据企业战略转型的目标和需要，明确各部门的职责和任务，并建立相应的协作机制，以确保各部门之间的职责分工清晰，避免出现职能重叠或空白，从而提高企业的工作效率和资源利用效率。然而，当前很多企业存在着部门之间缺乏有效沟通和协作的问题，这会导致任务不能顺利完成，浪费企业的人力物力，降低企业的工作效率，影响企业战略转型的开展。因此，企业应该注重建立高效的部门协作机制，加强部门之间的沟通和协作，建立起跨部门的沟通和协作平台，促进信息共享和资源共享，以应对市场和企业的变化。企业应该注重建设良好的沟通和协作氛围，鼓励员工积极参与和贡献，建立相互信任和尊重的关系，避免出现推诿和扯皮的现象。企业可以定期或不定期开展沟通交流会，加强部门之间的交流和沟通，发现问题并及时解决，以提高企业的沟通能力和协作效率。

加强人力资源管理是企业在战略转型期间必须要关注和实施的重要措施。在这一过程中，企业需要通过建立长效机制、调整人力资源结构等方面来适应转型要求。首先，建立文化管理和价值观管理相统一的人力资源管理体系是非常重要的。企业需要通过深入研究员工行为背后的价值观和文化意识，以此来开发和管理员工的潜能。同时，建立一套尊重知识和人才成长的机制，建立公正、公平、公开的选拔机制，以及制定符合企业长期发展的培训和考核机制，都是必不可少的。其次，企业需要调整人力资源结构，加大力度，引进适应企业战略转型的人才。

第七章

企业财务体系建设的创新

第一节　财务数字化建设的路径

一、财务数字化建设的方向与角度

目前，企业的财务信息化发展滞后，财务信息的质量、及时性、有效性有待提升，还存在“部门墙”造成信息孤岛，对数据协同、信息共享的意识不足，对公司决策的支撑能力不够等问题，财务信息化水平与一流企业所需的水平相距甚远。通过财务数字化的建设可逐步实现企业内部信息互联互通，甚至实现企业内外信息的互联互通。

企业数字化建设，目标是实现财务数字化、设计数字化、工艺数字化、供应链数字化、仓储物流数字化、生产数字化、服务数字化等，最终实现企业各地分公司和子公司之间的信息互联互通，达到降本增效的目标。企业要把自己的数字化与业务生态平台相连接，实现平台数字化。

（一）财务数字化六大方向

数字化财务是企业数字化转型的重要方向之一，它可以提高财务管理效率、降低管理成本、提升决策支持能力，为企业可持续发展提供支撑。数字化财务的实现需要从多个方面入手，包括核算数据的全面共享、资金全面在线、财报自动编制、业务财务融合、决策支持智能和风险集中管控等六个方向。

1. 核算数据的全面共享

核算数据的全面共享是数字化财务的基础，它可以实现财务核算标准的统一和业务处理的集中高效。采用“会计工厂”模式，将原来分散在各地的财务报账、付款、记账工作集中至共享中心统一处理，实现数据共享和集中管理。

2. 资金全面在线

资金全面在线可以实现资金管理安全、高效、敏捷，为风险预警、头寸管理、资金分析等提供系统的数据支撑。

3. 财报自动编制

数字化财务还可以实现财报自动编制，通过 SAP、月结驾驶舱、财务报表机器人等实现内部结算、月结关账、合并报表等自动化水平的提高，进而实现月结高效和财报提速。

4. 业务财务融合

数字化财务还需要实现业务财务融合，集成业务系统，实现业务数据驱动财务核算在线化、自动化，同时将财务人员从基础核算中解放出来，深入分析业务、支持业务。

5. 决策支持智能

6. 风险集中管控

数字化财务还需要实现风险集中管控，建立风险指标体系，全面梳理资金、税务、成本、商务、营销全流程风险，实现风险可视、自动预警、跟踪反馈。

（二）财务数字化建设的角度

财务数字化建设是企业数字化转型的重要组成部分，其成功实施可以带动企业整体商业模式的创新与发展。

1. 实现财务与业务的深度融合是数字化建设的核心

通过开发财务分析系统，将业务数据与财务数据相结合，进行业务预测、业务分析、业务复盘等，为业务发展提供全面支持，同时实时跟踪不同业务场景中可能存在的风险，梳理历史财务数据中的异常。

2. 资源的高效整合是数字化建设的基础

企业内部资源包括人财物、信息技术、管理、可控市场等。通过数字化财务管控，可以形成一套资源可量化、数据智能化的财务体系，实现内外部资源整合，共享财务和业务数据，提高投入产出比。

3. 财务流程自动化、智能化与体系化是数字化建设的关键

通过利用财务机器人、财务分析模型等技术手段，对关键财务数据进行实时分析测算与对比，建立财务模型，实施自动化财务分析，把控业务关键点，同时简化数据采集方式，实现自动采集、共享、有效控制，并规范输出报表。

4. 打造智慧财务生态链是数字化建设的拓展

整合外部资源，搭建财务与外部合作伙伴的智慧财务生态链，实现企业内部与外部供应链、价值链的联通，形成合作、共享、互利、互助的关系，促进整个生态体系发展。

5. 打造强有力的财务团队是数字化建设的保障

为紧跟企业数字化建设的步伐，应对财务人员的专业素质和能力进行升级培训，招聘高素质的专业人员，稳定人才队伍，配置全面知识结构的团队，加快从传统财务管理模式向新型的财务管理的转型升级。

二、财务大数据化的用途及其实现途径

数字化时代，对财务进行大数据化，就是要利用好大数据中蕴含的经济价值，有效挖掘并快速收集、整理、分析、整合信息，形成自己的资源。

（一）财务大数据化的用途

1. 提升准确性或可依赖性

大数据的集合，使财务信息充分采集成为可能。人们可能会担心，当数据越来越多，有些错误的数据会随着大量的数据混入数据库中，由此产生误导。但是，我们应该看到，当数据量基本覆盖全体数据时，是数据最准确的时候。“错误数据”有可能是不同形态下的存在，甚至有可能是以前我们基于判断的“想当然”而在小数据或片面数据的情况下导致的一些错误观点。大数据的结论，将提供给财务未来发生的概率及选择，财务的准确性或可依赖性将得到进一步提升。

2. 提升各数据点的处理速度

对于大型的在全国范围铺点的企业来说，需要的数据集往往包括存储、网络、分析、归档和检索等，是海量数据。传统的财务系统已无法对海量数据进行快捷适时的处理，即使通过一些数据软件，也无力完成数据的整合、存储、分析等功能。而借助外部的托管、海量数据分析的平台供应商及云计算为基础的分析服务，则能充分发挥算法对数据的逻辑处理功能，从各种类型的数据中快速获得高价值的信息。

3. 丰富数据种类

财务需要的大数据类型多样复杂，涵盖了传统数据库、文件、用户画

像、商品营销、市场动态等各种复杂记录。有些记录，作为单一数据没有经济价值，但当各种数据综合在一起，形成大数据，并扩展到一定区域或全区域，数据的作用特别是经济作用就凸显出来了。

（二）财务大数据化的实现途径

1. 形成“大数据”思维

要实现财务大数据化，首先需要企业管理者及财务人员转变思维。

（1）财务团队要形成“大数据”思维

根据企业的战略布局、年度目标以及企业所设立的组织架构，财务以业务单元为核算点，必须对所有业务单元都有所了解。在数字经济时代，企业架构带有很明显的数据特色，模糊了属地概念，业务单元小而精干，管理流程缩减，业务密集化增加。企业的财务人员应形成“大数据”思维，根据企业业务形态，搭建财务管理的整体架构，通过配备合适的核算工具，建立科学的财务管理信息系统，实现布点到位、人员精干、核算精准、数据真实。

另外，数字化转型的关键要素是人才，需要配置一定数量的数字型人员，来充实财务团队。因此，必须要厘清财务在哪些环节需要数字型人员。一般来说，在财务信息系统的建立、二次开发和维护、各节点的安排设置以及需要系统完成的任务指令、数字迭代开发以及完成数字分析的工具运用等方面，均需要数字型人员来完成。配备合适的数字型人员，将是财务数据化的关键一步。

（2）形成全样本概念

在传统观念中，财务的很多价值界定方法都是采用抽样法，比如，“重置成本法”“公允价值计价”“可变现净值”“成本导向定价法”“市场导向定价法”“顾客导向定价法”等。这些会计方法，都是与抽样数据有关，通过局域性获得一些参考数据（主要是从行业上市公司披露资料中提取），据此确定计价额度。在数据采集难度大、获取成本高昂的时代，抽样是个高效的方法。其抽样的数据，无须花费大量的人力物力，只需要从某些设定区域中，选取有代表性的样品来分析即可。但是，抽样存在主观性，样品选取经过了有喜好的筛选，容易偏颇。样品也具有不稳定性，以少量的个体来评价整体，本身就具有不确定的风险，如果个体量未能达到一定比例，样本数量不够大，就不足以说明事件必然发生，由此产生的结论，就有以偏概全的风险。同时，基于谨慎性原则，财务人员往往会取其最保守的数据，作为定价的依据，这样容易导致数据失真，误导决策正确。

在大数据时代，数据获取便捷、完整，成本低廉，数据存储、调用、分析越来越容易。因此，财务人员无须固守抽样法，可通过大数据的运用来准确实现商品、服务计价，形成市场有效价格，从而让财务报告更有价值。

（3）形成概率思维

概率思维是概率论的体现，具体是指利用数学概率的方法，来思考问、分析问题、解决问题的一种思维模式。概率思维最重要的运用场景是对未来事件的预判。当预计一个事项发生时，可分辨可能随机出现其他事项的比例，从而作出相应的方案。概率思维有几个要点。首先是随机性。事项的发生，特别是因果关系不强烈的事项，具有发生或者不发生的随机性。财务人员往往缺乏对未来随机性的认识，因为面对的基本都是历史数据、历史资料。但如果以历史事实去推测未来，就容易陷入因环境变化而引起的困境。

（4）形成数据提取真相思维

数据获取的过程千变万化，来源渠道多种，真伪难辨。而作为财务数据来使用的数据，必须是真实的、未被篡改和调整过的。然而不是所有的数据都具有经济价值，财务人员要具有从数据中提取有价值数据的能力，从看似相关的数据中，找出真实相关性。因此，财务人员应多维度地观察和思考，从多样本中提取真相。大数据提供了相关性，但不具有因果性。只有把数据当成工具，进行分析提纯，才能发现真相，而不是从数据中寻找结论或原因。

2. 财务大数据的收集

财务要实现大数据化，则必须以大数据作为支撑，那么如何获取大数据呢？最直接的方法是从企业内部获得。这就要求所有经济节点上的经办人，都要通过信息系统，录入所经手的业务信息，主要包括了业务种类、工作时长、薪酬信息、费用种类及对价、成本。这还远远不够，还必须从外部数据集中取得大数据。企业财务人员从外部获取数据最经常使用的方法如下。

（1）从常年合作的会计师事务所或咨询机构中取得

这些机构接触的企业数量大，容易取得行业数据，虽然部分数据可能由于商业机密不予公开，但通过购买数据形式，还是可以取得相似或近似的数据集。

（2）从上市公司披露信息中提取

根据证券法相关要求，上市公司期末往往会进行较详尽的信息公告，企业可以从中截获有用的信息，从而转换成数据。

（3）从各政府机关、政法部门公布的数据中提取

如国家统计局定期发布的各项数据，均有很高的参考价值。

（4）从各种平台运营公司及互动平台中获取数据

如通过阿里巴巴及腾讯公司等公司获得有经济价值的数据；或是从上下游营销链，采集行业及垂直领域的数据。

3. 财务大数据的分析处理

财务通过什么手段来收集和标识大数据呢？可以从以下两个方面着手。

（1）用户画像

一般来说，用户画像是指用户的信息标签化，就是企业通过收集和分析相关企业的社会名称、属性、业务来源、生产资源配备、价格结构，以及人群的生活习惯、消费能力及行为等，可以作出企业或人群的商业画像。当收集到足够的信息量，企业能快速找到精准投放的用户群体、用户需求或企业合作伙伴的反馈信息。

企业为用户的信息打上标签，就是要精准地描述出用户信息和习惯，收集用户浏览的行为数据，包括用户在网站的浏览数据、商品数据、产品数据、行为数据等。相关数据的取得，可从合作网站、用户平台、自有营销渠道等方式获得。

（2）数据处理及分析

通过数据的清洗、合并，以及使用任务调度系统、搜索引擎进行大数据集群的快速检索。同时，通过一系列的分析选项，发现复杂的连接，并探索其数据中的内在相关性，构建出算法模型，实现大数据的智能化分析，精准获取数据。

三、数字资产的计量与披露

数字化时代，大数据就是商品。数字商品成为经济活动中的重要商品形态。它的载体具有多样性，包括计算机软件、代码、数据集合、多媒体产品、数据库、电子文档等。本质上，这些数字商品有共性，即有商业价值性、虚拟性，价值较难准确计量。如何准确确认、计量、核算、披露数字资金是财务面临的重大课题。

（一）资产及无形资产的定义及确认

《企业会计准则—基本准则》明确指出，资产是指“企业过去的交易或者事项形成的、由企业拥有或者控制的、预期会给企业带来经济利益的资源”。“前款所指的企业过去的交易或者事项包括购买、生产、建造行为或其他交易或者事项。预期在未来发生的交易或者事项不形成资产”，“由企业拥有或者控制，是指企业享有某项资源的所有权，或者虽然不享有某项资源的所有权，但该资源能被企业所控制”，“预期会给企业带来经济利益，是指直接或者间接导致现金和现金等价物流入企业的潜力”。

（二）数字资产的定义

企业数字化建设，形成企业的数字化产品及生产资源，但不是所有的数据都能成为资产。企业通过业务运营沉淀下来的数据并不能全部称为“数字资产”，只有按照企业的主题域进行规范存储、建设形成相对独立的数据库及数据模型，可以为决策分析提供标准支持的数据包才能称为“数字资产”。根据百度百科对数字资产的词条释义，数字资产（Digital Assets）是指“企业或个人拥有或控制的，以电子数据形式存在的，在日常活动中持有以备出售或处于生产过程中的非货币性资产”。数字资产既不同于有形资产，又不同于无形资产，数字资产是综合体，在企业获得的前期，既有资金的投入、硬件设备的建设，又有知识产权、专利权等无形资产的组成。

1. 可变现性

数字资产具有为企业创造经济价值的能力。在实践中，数字资产在使用过程或生产的产品，有市场需求，或其能形成独立的市场价值。如果未能确定是否能产生经济效益，不宜列入数字资产。

2. 可控制性

数字资产必须是企业合理合法控制和使用的资产。企业应当明晰界定数字的控制权及产权，分清属性，以其是否拥有控制性来确认资产。如企业通过平台获取的个人信息、行为画像等，其属性存在很大的争议，按现阶段的理论及规定，不宜纳入企业数字资产。利用“爬虫”等技术获取或抓取的数据，不具备数据的控制权及产权，不能纳入企业的数字资产。另外，该数字资产能为本企业带来经济利益，通过契约或协议形式，合法取得数字资源的权利，可以认为是数字资产，受到法律的保护。

3. 可量化性

数字资产与其他资产可以明确区分，可用货币进行可靠计量。其计量包括数据获取的成本、为支持数据获取投入的直接关联成本（包括设备投入）、数据的市场可评估价值等。

数据资产可以被视作企业无形资产的一个新类别，是企业在生产经营活动中产生的或从外部渠道获取的，具有所有权或控制权的，预期能够在一定时期内为企业持续带来经济利益的数据资源。

（三）数字资产的会计计量

如何对数字资产进行合理合规的计量，并正确入账，是数字资产会计核算的关键环节。数字资产计量应遵循公平性、客观性、合理性、独立性、系统性、替代性、科学性等原则。现阶段，根据企业会计准则规定，一般做法有以历史成本法计量、重置成本法计量、可变现净值法计量、现值或公允价值计量、市场评估法计量等方法。这几种方法各有优缺点。历史成本法计量符合传统财务会计的原则，会计信息具有客观性和历史性，容易取得依据。但由于数字资产价值的不稳定性，会计信息提供决策的准确性会大大降低，不利于管理层作经营和投资决策之用。当某项数字资产的市场价值超越开发成本，甚至成为整个行业的标准时，其价值将大大高于历史成本计量的金额。相对市场评估法计量而言，重置成本法计量较容易获得客观的定价支持，但对于设备类的重置计量，容易因设备不再生产而无法取得依据，或因设备老旧无法确认其成本，造成核算的困难。可变现净值法或现值法计量能较好地反映市场价值，但可能因净值较难核定而影响会计处理。市场评估法计量可能因精准度不够，造成核算的困难。

采用未来现金净流量进行会计计量相对来说更符合数字资产的特性。

该计量方法的前提是比较合理地确定数字资产的预期收益。其中一种计算预期收益的方法是“成本加利润”，即企业按投入的成本与预计利润值的合计作为产品商业销售价格，再乘以数字资产预计生产的产量或产能，合理确定数字资产的总额。另外，如果有确实的证据证明买方市场接受高于合理定价，也可以按买方市场平均定价作为计量数字资产的方法，这就需要具有一定资质的专业评估机构来客观评定。当然，后者计量的数字资产价格还必须得到会计界的认可，并在使用过程中应当注意税收风险。

在实际情况中，哪些开支符合资本化的条件，还需视企业具体情况而定。根据《企业会计准则》，对于研究开发阶段的支出，除为明确的项目支付并符合特定条件的开支外，均应按“研发费用”规定，列入当期损益，不宜资本化，特别是未成功的项目研发，只能列入当期损益。另外，对于数据的获取、确认、前期处理等价值不高、产权争议大的部分开支，宜列入当期费用，不宜资本化。对于数据深度挖掘、有效加工并形成数据包（库）的部分，可以整体或拆分销售，有一定的经济效益及商业价值的，应纳入数字资产。

数字资产一般来自两种渠道，一种是外购所得，另一种是自主研发。

1. 外购数字资产的会计计量

外购产品的会计计量较为简单。企业按其购入数字资产的实际支付价格，以及投入使用过程中发生的相关费用计入该项数字资产，再按预计使用期限进行摊销，会计处理可参照无形资产的计量方式进行。取得计算机产品成本及商品化软件研究开发费用、维持软件基本功能所必需的费用等可同时确认到“无形资产”科目下的“数字资产”明细中。同时，可采取“直线分摊法”，按预计使用年限，摊销入年度成本。也可按预计销售数量，将核定分摊的部分，分摊入产品成本。

2. 自主研发数字资产的会计计量

具有软件开发能力的企业，基本采用自行开发数据。企业采购电子设备，投入技术力量、研发团队、日常工作人员，主动获取、整理分析形成的数字资产，可按《企业会计准则》中对“无形资产”的会计处理方法进行确认及核算。其中开发成本构成数字资产原始价值的主体，投入生产前产生的评审鉴定费、注册费、版权费、测试费、处理费等也是数字资产成本的组成部分。

由于数字资产的市场价值与投入成本容易存在差异，其价值评估显得尤其重要。要客观有效地评估数字资产价值，就必须充分考虑相关因素。数字资产的价值影响因素包括技术因素、数据容量、数据价值密度、数据应用的商业模式和其他因素。影响数字资产的价值因素可从以下四个方面考虑。

(1) 数字资产的质量

数字资产的真实适用性、完整性、便利性和数据应用广泛性，以及获得数字资产的成本合理性，是数字资产质量的重要指标，也决定数字资产是否存在市场竞争力。

(2) 数字资产的市场占有率

如果一个产品在所属行业中已经占有一定的市场份额，具有较好的市场信誉、稳定的消费群体，数字资产价值就越高。同时，时效性反映数字资产的使用时限及生命周期，稀缺性显示所有者对资产的占有程度、利润获得的程度及稳定性，这些都是数字资产市场价值的重要因素。

(3) 宏观环境及市场环境

从宏观环境角度，判断国际国内各方面对数字资产的预期及持续情况。当宏观环境出现变化、技术革命出现断裂，数字资产的价值将有很大变化。当企业竞争对手涌现，市场竞争格局将发生很大变化，这将对数字资产的价值有较大影响。

(4) 企业自身的管理水平

企业拥有高技能人才、良好的企业文化、严格的管理制度和组织机制，是数字资产价值的重要保障。从企业自身来看，稳定住技术全面、有创新意识和开拓能力的人才，保证智力成果，即保住了企业数字资产的市场竞争力及收益。

(四) 数字资产的披露

1. 报表内列示

已列入企业报表的项目“无形资产—数字资产”项下的数字资产，通过会计报表统一披露数字资产总额。报表使用者将从企业的报表中了解到企业的数字资产情况。但是，由于会计准则的局限及价值评估方法的水平良莠不齐，会计报表不一定能准确反映整体价值。为避免数字资产被低估，企业还需增加报表附注或表外报送。

2. 数字资产的表外报送

资本市场已反映出互联网巨头的价值远远高于实体经济的企业。企业在会计报表附注中，应当就未全面披露的“数字资产”的价值，进行量化的说明。说明可包括数字资产的市场占有率、市场价格、产品所处的生命周期、专利数量等硬核要素；也可列示评估中介机构出具的价值数据，证明数字资产的价值额度及未来收益。

四、财税联通化建设

（一）财税联通化

我国税务机关持续深化“放管服”改革，开展“便民办税”活动，国家税务系统采用“金税三期”进行电子税务管理。该系统是全国范围内的税务一体化信息平台，采用大数据分析方法，以规范税务机关的征管和企业纳税行为，实现了税务平台和应用软件的大统一。

“金税三期”系统的特点是：业务规范统一化，全业务、全税种纳入，实现信息共享和管理。系统采用的“网络爬虫”软件，根据既定的目标，自动提取网页信息，获取涉税资料，实现分类抓取、实时监控和智能比对。“金税三期”系统可以将行业、业务性质、业务销量、比率等大数据和涉税事项进行精准定位，及时对企业纳税额度进行监控。只要企业的动态数据出现偏差，税负率偏低，系统会自动预警，企业可能会面临被税务机关约谈、要求补缴税款，甚至移送税务稽查的情况。

企业应当以此为契机，化压力为动力，用好数字化技术，提高网上税务处理水平，实现企业与税务系统的友好连接。随着企业内部网络的互联网化及电子发票的出现，财税数字化建设是企业实现数字驱动的智能税务管控及筹划的必经之路。

1. 财税联通化的优势

（1）防范税务风险

随着发票数据、申报数据的增长，企业面临的税务风险逐步上升；同时税务系统强大的监管功能，增加了企业经营的外部监控压力。企业采购、销售、费用支出等环节，均存在收开发票的行为，均需对发票进行验真、查重。业务与发票匹配后，及时入账，进行增值税款抵扣，需要通过连接税务系统进行确认。这就可以防范税务风险。另外，要实现税项分离、基础数据处理、自动计税、税务申报、税务核查、税务监控及税务政策咨询等功能，均应依托于财税联通化建设。

(2) 提升税务筹划能力

税务筹划是财务很重要的一项对外工作，如何将财务数字化与税务系统联通，实现适时税务筹划，是财务数字化不可忽视的关键点。成熟的财务数字化系统，可与税务系统直联，实现税务远程操作与标准化处理，实现总部对各业务机构或部门的税务管理，监控销售的真实数据及实时反映成本，实现多维度查询分析和数据共享，为整体税务筹划提供决策依据。

(3) 防范经营风险

用好税务信息，为企业防范经营风险提供保障。税务系统未来将为企业提供更多的信息。通过与税务系统联通，能为企业提供供应商及购买方的税务信息，如供应商或购买方是否具有较高的征信水平，成本率、税负率水平是否达到行业平均水平；从供应商的存货或原材料的税收进项税额，可以看出其是否有足够的存货；供应商是否有足够的固定资产折旧，证明其技术能力；如果供应商拖欠税款，可以说明其在现金方面存在一定的问题。企业可以根据税务信息，对供应商及购买方开展成本率分析、税负率分析、采购分析、可抵扣增值税发票分析、应收账款分析、现金流及资产情况分析等，有效防范经营风险。企业通过税务信息，加深对合作的信心，促进经营效率的提升。

(4) 提高管理效能

用好税务信息，可提升企业的管理效能。企业日常费用报销，通过财务数字化系统，与出纳、经办人以及票据流程、发票管理、电子发票系统无缝连接，获取发票后可直接传导入“金税三期”系统进行校真、校验识别，或者由税务“金税三期”系统直接导入电子发票到企业数字化系统，自动完成单据匹配并核销，同时生成增值税抵扣信息；在企业采用后端银企付款后，能完成付款，并生成会计凭证，大大降低中间环节出差错的风险，降低发票丢失、重开发票等风险，实现管理效能的大幅提升。

2. 增值税务管理

对于付款业务，从外部取得的增值税进项发票，可通过全国增值税发票查验平台实现远程校真。目前，部分财务管理系统及运用软件已与税务机关签订查询协议，实现扫描件校真，其辨真率可达到98%以上。只要企业取得发票，不管是哪个地区开具的增值税专用发票、增值税普通发票以及机动车发票、电子发票、出租车发票等，均能通过增值税发票查验平台进行查验。同时，可以在财务数字系统上，实现增值税认证抵扣并生成会计凭证，完成会计账务处理。

对于越来越普及的电子发票，由于其可以通过“微信端”或“支付宝端”获取，可便捷地连接到财务数字系统，在取得发票后，直接导入财务系统，实时确认成本并实现税务抵扣。

企业销售货物、提供劳务而产生的收款业务，需要开具增值税发票。一般依据合同约定，财务系统与合同管理系统相连接，预设好开票节点及判断要素，就能实现增值税发票的开具，直接计算增值税销项税额。但是，由于收入的多样性，导致税种不一，甚至可能存在一项收入分金额按不同税种纳税的情况，这就给数字系统自动处理纳税业务出了难题。至今为止，增值税开票系统依然限于本地开票，尚无法实现异地安装和异地使用税控机开票，这就要求企业对合同签署地、发票开具地和纳税地点进行统筹考虑。

企业分布在同一地区的不同分支机构，增值税开票系统可以通过财务系统统一搭建。特别是对于开具电子发票，更适合运用财务数字系统管理。通过财务共享中心或数字中台，建立财务系统与企业 ERP 系统、业务系统及合同管理系统的链接，通过系统的集成，自动抓取不同系统提供的业务数据和合同数据。比如，生产型企业在产品销售系统中提供了出货单或货运单，与销售合同核对无误后，生成增值税开票信息，按预设的税率计算公式及原则，按税种选择、金额拆分、发票红冲及作废等规则，智能地开具增值税销项发票。通过严格的校对、审核流程，完成发票的开票申请、打印。通过物流平台，可实现发票快递。这种快速处理发票的功能，已为京东等大型网购平台所运用。

增值税进项税额发票的集中认证已基本解决。通过财务数字系统，建立增值税进项统一数据库，发票通过扫描或电子发票直接导入，利用光学字符识别技术（扫描识别技术，OCR）识别发票信息后，将对接到全国增值税发票查验平台进行批量查验认证。普通的发票可以实现实时校验；对于增值税专用发票，根据全国增值税发票每天零时统计一次的限制，一般要隔天才能认证完毕。在发票校真后，数据进入核算系统，自动分发发票，形成自动匹配费用及预算的流程，或者根据填报人所填分类，在预算额度内，匹配费用科目，同步计算增值税进项抵扣金额，自动生成会计凭证。对于增值税进项发票，抵扣金额直接从发票中读取；对于租车车票及飞机票等，智能地按预定的税率，自动计算可抵扣金额，并在会计凭证上列示。

3. 税款纳税申报管理

企业的纳税申报，涵盖了企业完税需要的所有税种，包括增值税纳税申报、消费税纳税申报、城市维护建设税和教育费附加纳税申报、关税纳税申报、劳务费涉及的增值税税务申报、企业所得税纳税申报、个人所得税纳税申报，还有土地增值税及其他各税种的纳税申报等。一般有按次申报、按月申报、按季申报及按年申报等几种形式。申报表按税务局规定的申报表格来填写，包括了纳税人名称、税种、税目、应纳税项目、适用税率或单位税额、计税依据、应纳税款、税款属期等内容。增值税申报表还按进项税额、销项税额来区分。所得税申报表还包括销售收入、销售利润、应纳税所得额、应纳所得税额等内容。

纳税申报越来越规范，需要填报的内容也更复杂。面对这种表格，数据的完整性、逻辑性和准确性要求更高，填报的难度和工作量更大。由于报表的格式化、标准化，采用财务数字系统，通过精准地设置公式，有效抓取数据，将会极大地改善纳税申报的质量和速度。通过成熟的财务数字系统，对接税务局办税系统和各机构数据系统，设立好数据之间的勾稽关系、取数路径和数据分发，规定校验标准，就可以从财务的成本费用明细账、开票端、进项税额数据库等多种数据源取得详细准确的数据，然后汇总填入纳税申报表，快捷并精准地完成税款申报。

（二）业财融合

财务数字化的改变，除财务报销审批流程发生了历史性的变化外，还改变了各类业务的起点，在业务初始阶段就引进财务信息系统，推动了业财一体化的进程。

1. 提高业务获利水平

业财融合要求信息化系统能在交易或业务事项活动过程中实时采集、处理、存储、传输会计信息，财务人员能前置参与掌握企业业务的运作状况，并能延伸到采购、供应商、客户等环节，对经营活动可实施全面、实时的管控，协同业务部门发现和解决经营问题。业财融合，增强了事前、事中的管理能力，提高了会计信息的及时性与相关性，可在事前、事中预防和控制业务处理风险。通过财务数字化平台和实时的核算数据进行数据分析，为业务决策提供依据。另外，财务数字化系统能提升自动化和智能化作业水平，提高准确性，有利于业务部门通过财务系统，深入掌握成本及消耗的资源，改进业务流程，消除不增值作业成本，提高业务获利水平。

2. 优化企业价值链

业财融合实现了业务部门及财务部门的内部协同合作，打通了价值链的关卡。同时，对于价值捆绑的上下游贸易伙伴和客户，因为引进了财务平台，突破了企业组织的界限，从单一企业转变为信息技术环境下的虚拟价值链共同体。例如，BAT 的企业，通过平台链接，实现业财协同，形成了一个总部企业、分销企业、供应链、合作团队等的集合。某个企业的利益，与价值链的整体利益一致，实现了信息流、资金流、物流及数据流的协同，创造了竞争优势。从原材料采购链可以看到其优势。以往的采购业务，是由业务部门通过企业规定的选取供应商的方式，或建立局部供应库，或通过一定的招标流程，或沿用历史合作等方式，产生供应商，按合同履约后取得报销单据，完成付款流程。在业财一体化管理方式下，企业根据更多的人机交互场景来选择供应商，通过线上线下产品的实体或虚拟比较，寻找合适的供应商。因不受时间、空间影响，参加比较的产品，可能涉及全球供应商，备选产品数量成指数级增长，方便企业选择最优级产品。特别是选择电脑等电器产品及门槛较低的产品，为企业提供了更大的选择和议价空间。企业优选后，通过系统平台，可以自动进入购销环节，签订购销协议，对方履约供货。供应商直接将发货信息推送到系统平台，企业上传进货单、验收资料后，平台自动与供货商结算发票，进行支付。如果是企业与供应商签署了阶段性合作协议，可以实行自动定期取得汇总发票，定期结算货款。

3. 提高预算的准确性与指导性

企业的业财融合，纽带是全面预算管理，实现事前、事中及事后对业务的管控。打破业务与财务的条块分割局面、编制适宜的全面预算的关键是管理。业财融合可提升企业的预算管理水平，科学地编制预算，从而提高预算的准确性和指导性，达到统筹企业资源、强化管理协同的目标。

4. 提高绩效考核的完整性与全面性

业财融合，可以帮助企业更好地考核绩效目标是否达成，考核透明，可以起到激励员工的作用。从价值链的整体效益，考量业务及产品绩效，提高了评价的完整性和全面性。

业财融合，一般主要涉及财务与供应链业务的融合、财务与制造数据的集成、集团内财务与资金的融通、管理费用的分摊核算等方面。

（1）财务与供应链的融合

财务与供应链的融合，可以实现从业务合同签署开始，供应链模块的信息直接进入财务模块中，包括原材料入库数量、单价，产成品的出库数量、定价，生产过程的辅助材料、生产人员薪酬，需要分摊的各项间接费用和管理费用等，直接组合成产品的成本。同时，基本供应链的数据，与应收账款及合同金额进行匹配核对，形成往来账记录，反馈到财务模块中。

营销部门对供应链和财务模块提供的成本进行核对，同时匹配及分摊间接费用，形成管理凭证。当产品通过物流派送后，形成发货凭证，联动应收账款，发出收款提示。

（2）财务与制造数据的集成

生产过程的数据，包括收入、成本和费用，根据企业的核算方式，预设好内部凭证。内部流转的成本和费用，按内部交易价格进行结算，纳入产品总成本或费用中。

（3）集团内财务与资金的融通

涉及资金的业务，需要在收入和成本流入会计模块生成收款、税金及资金的会计处理，同时，按收款时点匹配成本的支付进度。

（4）管理费用的分摊核算

管理费用按企业的分配规定，按产成品入库的节奏，进行内部比例分配。

业财融合的典型例子，是保险业的保单审批流程。通过业财一体化的信息系统，保险员将保险费收入和赔付信息录入信息系统，根据企业预定的加工规则，转换为会计信息，传递到后台形成会计凭证及相关报表。

五、财务票据网络化建设

票据报销是企业很关心的问题，对于采取集约型管理的大型集团，更是难点痛点。如何实现票据报销的快捷方便，正确进行成本确认和费用划分，反映了公司的内控水平；对发票的审核和费用归属，可折射税控风险程度；有无个人开支列入公款费用、是否浪费公款或突破标准，反映了管理层的廉洁程度；费用开支的比例反映了企业的效率及效能。

（一）票据管控的难点

票据管控的难点，基本有以下六个方面。

1. 事前计划性不强

企业未能系统地安排费用预算，开支前没有申请及批准，采购及出差、接待没有报批，导致管理链条不透明、不完善。

2. 费用标准控制力度不够

虽然制定了明确的费用报销标准，但容易被突破，财务人员往往在事后才参与管控，标准及预算形同虚设。

3. 费用审核耗时长、效率低

填报单据时，容易因不规范而花费更多时间；财务人员对于发票的真伪需要花费大量的时间来核实；纸质单据在不同审批流中游转，需要消耗大量的时间和人力，导致效率低下。

4. 记账烦琐

集团企业的财务人员，往往需要花大量时间来审核单据，确认预算和匹配费用，做账占用时间很长，财务价值低下。

5. 费用统计难

审批流程长、入账进度慢，导致成本费用无法及时确认，费用无法及时分摊，多维度的统计工作无法实时完成，导致数据不准确。

6. 费用支付易出错

集团企业中财务人员手工劳动量大，负荷重，出错率高。特别是涉及资金支付的，因查找困难，资金难追还。

（二）票据网络化的功能

随着财务数字化的发展，通过数字财务平台，企业可以提高费用报销的管理能力。通过云计算及大数据技术等的应用，企业可实现票据报销的网络化、智能化，从而实现外部票据自动识别、自动审核和自动账务处理的功能。

报销票据网络化模块应能实现以下功能。

1. 实现报销电子化

支持PC端、移动端全功能应用，提供日常费用申请、借款、费用标准查询等员工费用报销功能（涉及不低于60个子单位，具体报销用户数根据实际需求据实确定，支持上述各单位按不同报销审批流程、财务报销标准的个性化配置）；集成电子发票，支持从发票拍照自动识别发起报销，简化员工报销填单环节，通过报销流程便捷化、审批流程线上电子化（嵌入电子签章），提升用户体验；通过内置财务报销标准，集成预算控制等，自动初核，实现费用报销制度的有效落地。报销的发票包括普通发票、增值税专用发票、的士票、路桥费等票据。

2. 与发票云便捷连接，实现无缝集成

用户发起报销时，可以便捷地选择发票，导入发票后自动生成费用报销单。具体步骤可以是：选择发票→导入发票→生成费用报销单。在选择发票时，可以支持多种发票获取方式，比如电脑端选票、微信小程序扫描、扫描枪扫描、微信卡包导入，且支持批量导入。在导入发票时还能进行发票验真、查重等风险管控，导入发票能通过OCR识别自动生成报销明细记录，并实现发票影像的电子化留存。根据业务需要，相应配置扫描枪。同时按各单位实际需求实现银企直连的对接，财务审批完成后，通过银企自动执行付款。

3. 实现预算管控

以单位、部门、项目、专项资金等为维度实现预算管控，电子报销与预算管控对接。同时预设特殊情况处理权限，特殊情况下可由集团业务管理员对流程流转进行调整。

4. 提供查询和统计功能

报销专员可以查询经办过的报销单据，可以统计某时间段内本部门的报销情况，并导出报表。业务管理员可以方便查询报销记录以及所关联的单据凭证，查询某时间段内的集团整体报销情况或是某部门、某项目的报销情况，并导出报表。报表可按不同报销类别、剩余额度等维度分别进行统计。

5. 实现分权管理

某部门的用户权限管理、本单位业务和流程配置等可以授权给部门业务子管理员处理。

（三）票据网络化后的发票信息采集

发票信息的采集包括实物发票的接收和扫描。通过采集发票信息，可以验证发票的真伪，证明业务发生的真实性，同时为后期处理提供依据。一般来说，发票信息的采集有两种方式，一是利用 OCR 系统，扫描需报销的原始单据，另一种是由供应商直接登录财务数字系统录入。

实现票据采集后，对发票信息进行税务校验核真，对取得的信息进行审核，并检查权限审批流程是否完成，是否与预算相符并有足够的额度，是否符合规定的报账标准。所有节点准确无误后，票据将转向应付账款或进行支付，转入银行付款节点。

（四）票据网络化后费用报销的角色定位

项目用户角色主要分为以下六类。

1. 报销专员

集团各部门设立报销专员，主要负责使用平台发起报销时选择发票并导入发票、填写发票持有人相关信息、提交报销表单供领导审批等。

2. 各级业务领导

对报销专员提交的报销表单进行审批。

3. 报销核算人员

根据报销专员提交的报销表单进行审核，在自动初验的基础上进行人工复核，对已进行核算无误的报销表单进行归档处理。

4. 业务管理员

进行系统总体业务管理和监控、集团级业务和流程配置、用户权限管理。

5. 业务子管理员

根据分权管理要求，进行本单位用户权限管理、本单位业务和流程配置。

6. 系统管理员

对平台后台进行技术管理和运维监控，为业务管理员和业务子管理员提供技术支持。

（五）票据网络化后对日常报账业务的处理

1. 日常费用报销

日常费用报销属于费用报销业务的一种，主要用于各项日常开支，员工代垫支付之后需要报销的业务场景（包括但不限于办公用品采购、交通费、差旅费、医药费等）。

每个业务场景或子单位要求所填的内容和审批流程会有所不同，可按不同的子单位和业务场景的审批流程和标准实现日常报销，设置各自的审批流程，并与预算管理无缝对接。报销时的报销明细可以对应多个收款人。按各单位实际需求实现银企直接的对接，在财务审批完成后，通过银企自动执行付款。

2. 对公付款

对公付款属于费用报销业务的一种，主要用于对供应商的结算，日常公对公结算费用（包括但不限于项目付款、机票报销、对公报销等）。供应商按照约定将结算单（账单）或发票寄送到公司，公司经办人对账单和发票采集后进行对公支付申请。付款时的付款明细可以对应多个收款单位和银行账户。

3. 借还款

（1）借款的处理

员工可以发起借款申请，按各单位的管理规定设置各自的申请报表和审批流程。在财务审批完成后，通过银企自动执行付款。

（2）还款的处理

在费用实际发生后，可以进行报销冲抵借款，主要分为两种情况：一是超额报销。通过借款单关联生成费用报销单，员工实际发生的费用超出借款金额，则需要在冲抵借款后向员工支付超额部分的费用报销款。二是小额报销通过借款单关联生成费用报销单，员工实际发生的费用小于借款金额，则需要在冲抵借款后将剩余款项归还公司，员工根据借款单生成还款单，同时线下打款，还款单审核通过后生成出纳收款单，用于核销银行收款记录。

（六）票据网络化后对差旅费的处理

数字平台要实现实时财务处理，费用的报销无法逾越。差旅费报销需要数字平台具备以下功能。

1. 数字平台应当具备与差旅费用服务提供商对接的功能

最简单的模式是在数字平台中嵌入服务提供商的链接，如 App 等，当用户打开财务数字平台后，可以通过链接跳转到差旅服务商页面，如直接对接去哪儿网、携程网等，获取相应的服务。这可以称为“伪对接”，数字平台仅提供链接，无法干预到差旅服务商的任何权益，也很难享受到特殊服务。这种模式可以快速实现数字平台的开发使用，但容易被一两家供应商垄断，企业很难通过比价获得最大的权益。

稍复杂一些的模式是数字平台直接与备选库中的多家旅店、航空公司、连锁酒店等差旅服务商签订服务协议，实现网络直连，信息接入财务数字平台。当出现差旅业务时，由平台推选出最合适的产品供业务人员直接使用。这种模式下，企业可获得最大的采购效益，打破服务商垄断，实现平台自动比价，流程透明。

2. 数字平台应当能够实现与服务供应商平台的直接结算

以往的费用报销方式，业务员在出差或招待后由员工垫付，取得正式发票后再回企业报销。这种模式给员工造成了很多资金上的困难，拉长了报销的时间，甚至有可能造成票据过期。如果由数字平台整合服务供应商的资源，实现网络连接，在签订合作协议后，由企业通过数字平台与供应商进行总量结算，以公对公的方式，取得统一的发票，会大大优化企业交易流程。这种模式对差旅需求数量较大的企业有较大好处。

在这种方式中，数字平台应具备对接外部供应商的接口，设计好对账系统和审核流程。同时，数字平台能满足订单报销需求，可以按纸质凭证或电子凭证、订单模式来确定报销及付款。

数字平台与差旅供应商的对接方式一般有以下两种。

(1) 简单方式

数字平台只承担费用报销环节的处理上取得票据，改从服务商端口取得票据，直接与服务商结算。这种方式，数字平台仅需加设核对环节和审批权流程即可，简单直接易行。

(2) 进阶方式

建立数字中台，承接供应商报价及选择、采购管理等职能。这种方式下，企业需要投入大量资金搭建差旅对接平台，但增加前端机票、住宿、用车的供应商选择，给业务员增加选择渠道。若企业这类业务量大，可以推广。如果企业需求量未达到供应水平，企业应当选择简单方式，或将差旅中台外包，减轻企业成本负担。

六、报告自动化建设

数字时代为了提高信息披露的时效性，要求财务人员快速提供财务报告。为此，报告自动化建设势在必行。什么是报告自动化？以前财务人员采用手工核算，需要编制分录，形成各类报表。现在运用信息系统，计算机代替人工，通过编制代码及运算程序，实现自动生成报表，减少人工干预，节省工作时间，提高工作效率。

（一）财务报表的分类

1. 外部报表

财务报表用于定期披露企业的经营状况、资产负债情况及现金流情况。按照《企业会计准则》规定，定期出具的报表必须有三表：资产负债表、利润表、现金流量表及附注。对于国有企业，在期末还要求编报资金平衡表、专用基金及专用拨款表、基建借款及专项借款表等资金报表。这些外部报表，按《企业会计准则》规定，有明确的报送时限，具有时效性。

2. 内部报表

企业根据管理层及股东的要求，往往需要财务人员编制各种管理报告来反映企业关键控制点的财务状况及进展情况。这些内部报表，一般涵盖成本控制、经营数据、环境等，如成本报表、人员报表、费用报表、收入报表、经营环境报表、预算编制报表、预算执行报表、财务分析等。内部报表是企业强化内部管理的管控手段，为决策者提供有效及时的信息，往往比外部报表更有实效性，因此，对内部报表的时效要求，往往会更高，质量的要求也更高。财务人员对此产生的压力更大，对报表自动化的要求也更迫切。

按照华为高层梁华的算法，每提前一天出具财务报告、管理报告，其价值是以亿元计的。提前一天出具财务报告，企业管理层及经营层就提早掌握了经营数据，有更充分的时间调整及安排接下来的任务。

（二）报表自动化的实现

那么，什么样的内容适合采用报表自动化呢？

原则上，能形成公式化的报表，都能实现报表自动化。对于重复性、固定模式的报表，企业都要尽量自动化。对于外部报表的三表，已普遍实现自动化。对于内部管理报表，由于数据归集较难，可能存在取数困难的问题。财务人员在信息系统开发阶段，就要有预见性，规划大数据的来源及布局。

报表自动化如何实现呢？形成报表，少不了数据的集成和整合。为实现报表自动化，首先要梳理工作流程，从初始数据开始，确定报表需要由哪些数据组成，以及数据源存储的相应位置；然后设定报表格式，制作报表模块；最后导出相关数据，形成报表。目前，企业通常使用的会计软件基本都已实现三表自动化。

（三）构建企业实时财务报表系统的步骤

企业实时财务报表系统的构建，需要财务人员或编报人员认真负责且了解企业情况，熟悉财会制度，按需求来设置公式。主要步骤如下。

1. 确定财物报表的信息、指标和时间周期

确定企业的财务报表所需的信息和指标，如收入、支出、现金流、资产负债等；确定每个财务报表所需的时间周期，如每日、每周、每月等。

2. 选择一套适合企业的财务管理软件

该软件能够自动化地处理数据，生成财务报表，并提供实时数据可视化图表。这样可以大大提高财务报表的准确性和生成效率。

3. 将企业的财务报表系统与企业的财务管理流程进行整合

这将确保财务报表可靠、高效地生成，并且反映企业的真实财务状况。

4. 对系统进行测试、培训和维护

测试要确保财务报表系统的正确性和可靠性。培训则是为了确保员工能够正确使用财务报表系统。维护则是不断地监控、更新并升级系统以确保系统的稳定性和可靠性。

七、财务决策数字化建设

企业数字化建设为财务部门的转型升级提供了契机，财务部门应借此在企业的规划、决策、评估中发挥战略性的作用。通过财务数字化，发展管理会计，以及时、高效、准确的数字洞察，支持战略决策，并把决策引进数字化平台，形成市场趋势与数字技术和业务模式结合形态，使用机器学习系统来辅助管理层决策，进而推进决策数字化建设。

（一）决策数字化系统的建设内容

1. 实现企业内部信息全流程、外部信息全流通的数字化

企业推行决策数字化，首先要实现企业内部信息全流程、外部信息全流通的数字化。企业应实现与上下游供应商及用户和社会的连接。通过数字化建设系统的搭建，可实现业务流程与财务流程连接、客户端与业务流程连接、外管部门与业务流程连接，打破数据壁垒，使数字同步流动，形成动态信息，为决策进行数据赋能。

2. 在财务数字化系统中应设置决策支持模块

例如，在决策支持系统中，纳入全面预算节点、资金一体化监督节点、应收账款预警节点、利润测算节点等信息流，完善支持决策系统的数据。决策系统应具备以下功能。

（1）能够发布财务管理信息和共享知识库。

（2）能够查询历史决策执行结果，适时反馈预算执行情况、工作进度，量化风险，及时警示。

（3）能够实时生成报表和自动高效抓取数据，形成分析结论。

（4）能够实时展现数据，能进行项目的完成率和风险控制的关键数值的列示，引入指标实现率、资产负债状况、现金流量状况、投资收益、净资产收益率等。

（5）能够细分决策业务。

（6）能够提供投融资决策辅助。

（7）能够为项目开发决策提供辅助，在企业进行新项目开发前，提供大量的商务概算分析和盈利设计。

（二）决策数字化具体需关注的内容

决策支持系统内预设智能决策模型，从财务数字化系统中抓取业务表单的内部数据，根据决策模型算法集成智能表单，并通过一定的授权，进行未来的采购、销售的决策。如商品销售，根据客户端的销量，及时增加旺销品的采购，减少滞销品的采购，并相应加大旺销品上线的次数和频率，进一步开拓市场销量。

要达到决策支持的效能，应当重点关注与决策密切相关的以下内容。

1. 关注财务数字化信息

从财务数字化平台导出的历史数据，经决策系统中设置的决策模型处

理后，可进行财务规划，制定长期或短期预算；也可进行子产品的规划、预算和预测分解，用好用活财务数字。

2. 关注经营分析

应充分关注经营状况的分析，如企业规模分析、利润分析、运营资产效率分析、经营风险分析、供应商及购买人群分析等。

3. 关注内部的指挥协调

决策支持系统作为信息集成中心，必须发挥驱动、协调的功能，以数据传递方式，指挥各模块协同联动。从合同模块开始，通过抓取合同模块的执行数据，触发订货、下单操作并形成数据；触发供应链备货、发货操作并形成数据；触发客服模块及时安装验收；触发合同模块确认收款流程，开具发票，催收款项；触发财务模块实时准确入账，形成收入及成本数据。

根据经营流程数据，匹配经营目标，形成经营分析报告，分析流程各环节可能存在的问题，总体筹划或调整下一时期的目标。

4. 关注成本度量

决策支持系统可以在业务场景中设定总成本模型，抓取实际发生的数据，研究现阶段总成本的结构，监控成本目标与实际的差异，从中长期角度，改进成本构成，提升产品的盈利能力。

5. 关注费用管理

决策支持系统关注团队的费用方案、费用预算，监控和揭示风险。量化项目费用构成，与战略规划、产品规划匹配费用内容，强化费用在项目中的绩效，采用低风险、可追溯的方式，确保费用可控。

6. 关注定价策略与利润目标

将管理团队的中长期经营目标及任务分解，与相关决策定义的产品定价策略相匹配，将盈利目标引入产品的基本计价模型。决策支持系统以权限分级，划分各区域定价授权规则，对于超出授权价的项目，决策支持系统将自动推送上层评议。

7. 关注风险和内控

决策支持系统将密切关注公司风险点，关注内部控制关键点；根据公司的风险管理流程，协同业务节点，识别关键风险，提出应对策略及措施，并适时示警。

8. 关注投资决策

决策支持系统关注产品线在投资决策中的财务评估，投资评估模型实时分析并进行决策评审，对产品的投资效率和效益、投资组合是否优化、资源配置是否合理到位、业务是否可持续增长、盈利能力是否可预测及可达成进行评估。

9. 关注交易模式

参与新商业模式的可行性分析，参与决策评审，提供新的财务模型，评估短期投入、中长期创收盈利能力，进行经营风险预测、项目概算和预算等。

八、财务管理集中化

企业集团的快速发展，使得组织架构日趋复杂，集团财务管理难度越来越大，财务管理成为推动企业成长的核心力量。企业财务团队必须有“战略家”思维，做到“战略财务”。首先，要认识到财务工作不再是生产经营的附属内容，而是关系到整体效益的重要工作。其次，要认识到实施主体是全体企业人员，财务管理从制定到实施，从总部到各级成员单位，均应参与。同时，财务管理应渗透到各板块、各部门、各方面，由总部统筹协调，构建集中管理的财务模式，以适应企业发展。

（一）财务管理集中化的优越性

1. 信息技术发展有利于财务集中管理

随着信息技术的发展、数字的取得日益便捷，让以往为满足时效性要求而采取的分散管理，向集约型集团管理的转变成为可能。通过 IT 与管理融合的创新策略，可推进企业财务管控体系的构建。运用互联网、财务共享平台、云计算技术、电子商务技术等，可以快捷地搭建财务数字化信息平台，实现集中化财务管理，从而达到节约成本、优化资源资金、提升效能、提升管理组织灵活度、增强企业的核心竞争力和市场应变力的目的。

2. 有利于企业战略目标达成

对于大型企业集团，推行财务管理集中化，可保证集团和成员单位财务战略目标的一致性。根据企业整体战略，从企业总部层面制定统一的财务战略，采取与企业相匹配的财务制度、财务报销流程、财务控制及内部控制模式、考核评价体系，从而实现企业的战略目标。根据管控和协同的需要，明确集团与成员单位的权责利，切分“集权”与“分权”的界限，充分调动各级的主观能动性，发挥企业的效能。

3. 有利于提高财务质量

推行财务管理集中化有利于加强财务质量管控，降低企业财务信息失真的风险。在企业内部，各成员单位形成纵横价值链，不同层级的成员单位，按照集团统一的财务核算体系，客观、准确地反映经济业务信息；按照统一的会计政策，正确、完整地录入财务信息；信息汇总、上报、合并，实现时效性及口径一致，保证财务数字的真实性、有效性和准确性，使各项工作在财务战略轨道上有序、高效运转。

4. 有利于高效配置和管控资金

企业内部及与供应商关联的体系内，实现资金的高效配置和管控，也是企业战略达成的重要手段。推行财务管理集中化能更好地实现资金高效配置及管控的目标。资金是企业的生命线，“现金为王”是现代企业管理的基本理念。实现财务集中管理，也就把握住了资金的统一，通过内部融通资金、盘活资金，提高资金使用率，减少银行信贷成本，降低企业负债风险。

5. 有利于强化会计控制职能

通过财务集中化管理，可以强化会计的控制职能。数字的实时性，提升了财务对预算实时控制的能力，可以同时对销售进程、成本使用、费用开支进行配套监控，设置各种管控“按钮”，对业务流程中违规或超标的项目自动“退出”，充分发挥财务的监控职能，提高资金效能及经营效能，进一步防范经营风险。

（二）财务集中管理的核心

在财务管理上，实施财务集中管理的核心是实现数字化集中管理。通过搭建企业总部与成员单位的财务数据体系和信息共享机制，设立业财一体化平台，实现数字流、物流、资金流、资源流的集成管理，实时采集业务过程的数据，自动生成财务核算数据源，保证数据的实时传输和共享，财务与业务记录同步生成，实现财务与业务的进程一体化，可以更好地发挥财务的服务职能。

（三）财务集中管理的原则

1. 总原则

（1）与战略目标协调一致。

（2）合理配置人力资源，提高成本效益。

（3）合理调度资金，提高资金使用效率。

（4）规范会计核算，统一会计政策，提高会计信息质量。

（5）强化财务监控，维护企业集团整体利益。

2. 明确权限的原则

（1）企业总部统一配置财务团队，可以采用所有财务人员归集统一管理模式，或者采用分级管理模式，企业总部派出财务机构负责人及财会人员，对派出人员实行监督管理。

（2）企业总部统一管理会计业务、财会人员的档案、职称评聘、职务晋升、内部调动、福利报酬、奖惩等。

（3）企业总部负责考核财务人员，可以采用总部+成员单位双向考核的方式，即成员单位考核出勤情况、服务态度，企业总部考核工作效率、工作责任。

3. 资金统一管理的原则

集中资金管理，统筹资金的调度。成员单位持有的资金，进入企业资金池，需要使用时提出申请，在企业系统内按调拨额度控制支付；企业总部定期与成员单位进行往来资金结算。

4. 费用分级审批原则

根据企业及成员单位的公司治理结构，合理授权，自负盈亏。由授权的责任人，在权限内承担费用审批责任，企业总部承担管理和执行责任。

（四）实现企业财务集中管理的条件

1. 企业采取集权型的战略管理模式

即企业集团对成员单位的股权链条清晰，具有绝对管理权和决策权，总部能统一财务制度、调度财务人员、调剂资金。如果企业成员单位以松散型股权架构为主，则无法控制投资权、财产处置权、收益分配权以及人事权，无法实现财务集中管理。

2. 各成员单位地理位置分布相对集中

这样既便于总部财务部门及时了解、掌握经营情况和财务状况，又便于各成员单位办理报销业务，减少沟通成本，提高办事效率。部分企业，其成员单位分布地域较广，若实行财务集中管理模式，在设立财务共享中心时，要充分考虑交通和网络便利，匹配合适的操作平台，这样才能实现有效集中。

3. 企业总部具有良好的财务状况和较强的融资能力

财务集中管理的核心是资金统一管理，只有当整体维持良好的财务形象、取得较高的银行信用时，企业系统内资金运作方能进入良性循环。否则，资金的统一管理反而不利于成员单位的对外融资，财务集中管理就没有了存在的意义。

（五）实现财务管理集中化的具体操作方式

1. 实现资金的集中管理

实行企业整体“收支两条线”，通过资金归口管理，统一开设收入账户及支出账户，对已有账户进行整合、直联，控制资金流入、流出，动态监控成员单位的经营活动。同时，对资金进行统一调配，减少资金沉淀，提高资金利用效率，节约资金成本。

2. 实行全面预算管理

预算管理是根据企业战略目标，通过对资金、资源的分配，分解营收计划和成本费用，实现经营创收和资产保值增值目标的一种有效形式。全面预算管理是企业财务管理中不可或缺的控制模式，可有效量化企业资源，更好地实现决策管理目标。预算管理体系明确界定了各责任主体的责、权、利，依托统一的信息平台，按节奏下达预算指标，成员单位根据审批通过的预算来执行。

3. 信息集中管理

实现财务集中化管理，前提条件是业务及流程信息化。企业可以通过信息硬件设施的建立，分步推动信息集中管理标准化、体系化。根据规范的编码和流程，信息获取部门将相关数据上传到信息系统中，数据使用部门从数据库中提取数据，实现信息的实时传递与共享目标。

4. 统一主要的财务管理制度及会计政策

为了加强企业集团的战略协同，保证企业财务的统一性，规范成员单位的经营行为，保证经营成果具有可比性，应制定统一的企业集团财务管理制度。这些财务管理制度包括“三重一大”审批制度、授权审批制度、对外投资管理制度、融资担保制度；同时，要在通用的信息平台上运行会计核算软件，实现数据无缝链接，提高会计信息质量。

5. 实行财务人员统一管理制度

为规范财务信息，企业可以设立财务结算中心或财务共享中心，对财务人员实行统一管理、统一调拨。成员单位不再设立专职财务，其报销及成本支付，通过“作业池”分配到财务人员，最终实现财务透明。

过渡期间，可以采用“委派”模式，企业总部下派财务人员负责成员单位的财务管理、预算管理、会计核算、成本费用控制等工作。委派的财务负责人列席成员单位的决策性会议，适时或定期向企业总部报告成员单位的财务情况，并定期向企业总部述职。

6. 强化企业内部审计

内部审计是实施内部监督、事后控制的重要手段。内部审计的主要业务为年度审计、专项审计、离任审计、专案审计和内部控制审计。内部审计有以下职责：一是财务收支审计。审计的内容以财务状况和经营成果为主。主要关注财务预算的执行情况、财务收支及其有关的经济活动的真实性、合法性、内部控制制度等，保证财产安全、完整及合理使用。二是制度审计。关注成员单位对财务制度及相关法律法规执行的情况，内部控制完善情况，预防经济犯罪的发生和堵塞财务漏洞，确保公司的经营方针、策略、政策以及制度的贯彻执行。三是管理审计。采用独立的、客观的分析方法，对组织架构、控制制度、职能进行检查，评价公司的经营效益及贡献能力，提出建设性意见和改进措施，协助管理人员更有效地管理和控制各项活动，提高经营管理水平，合理使用资源，提高经济效益。

（六）资金集中管理

财务管理集中化，关键是资金的集中管理。借助数字技术和信息化平台，可优化资金配置和金融资源管控策略，有效管理资金的流量和流速，提高资金的使用效率。

实现资金集中管理，要从资金管理的组织架构、资金制度、审批流程等方面出发，制订企业的资金计划，以及结算管理、调度、记账、融资、风险分析等解决方案。在规划信息系统时，应设置资金账户和现金池管理模块、资金计划模块、资金调度模块、往来账管理模块、资金结算模块、票据模块、现金流量模块等。

资金集中管理，除了技术层面外，还要注重法律手续是否齐备。作为独立法人的下属公司，将货币资金纳入企业总部的管理账户，要有法律依据。根据股权所属关系，企业总部以出资人身份，依据财产所有权，对下属全资及控股公司实行资本控制。资金集中管理的法律基础必须建立在这个上面。

资金的集中管理模式可以分为统收统支、拨付备用金、建立结算中心、设置内部银行与建立财务公司或司库等。采取哪种模式，视企业发展阶段而定。一般来说，当企业集团初创时，公司总部对下属公司有可能采取统收统支与拨付备用金的资金管理模式；企业集团发展成熟时，企业总部可以采取内部资金结算中心、财务共享中心或内部银行的结算模式，通过自有平台办理结算，资金流向均由总部发出指令，有偿调剂和调度资金，最大限度地降低资金融资成本。

企业要实现资金集中管理，需要银行的配合。企业在不断扩张过程中，由于跨地域经营、行业多元化等原因，与多家银行建立了业务关系。现阶段，各银行的结算系统相互独立，资金各自存储，无法流通。如何通过银行的电子产品，实现资金统一管理，需要取得技术支持。现阶段银行对企业的产品，主要有电子银行、存款业务、信贷业务、机构业务、国际业务、住房金融、中间业务、资产推介、基金信托业务等；能实现跨银行现金管理的，有“企业网银”和“银企直联”等方式。

（七）银企直联

银企直联是指银行系统和企业的财务系统相连接，企业直接通过银行搭建数字平台。企业通过财务信息系统的接口，采用信息交互方式，办理账户管理、转账支付等银行服务。根据企业资金管理的需要，银行提供定制的个性化服务，通过数字平台实现统筹付款、收款、定期或不定期的资金归集下拨、账户余额保留、电子对账、员工工资发放等多种功能。同时可以提供资金的查询及分析报表的生成，是新型的网上银行业务。

1. 银企直联功能

（1）数字信息系统支持

银企直联与企业数字信息系统对接，将企业总部及成员单位的所有银行账户纳入平台，实行统一管理，通过流程再造、改进审批流程等进行信息交互，便捷地进行资金管理与信息维护。

（2）直联付款

由企业数字信息系统提交付款指令，以银行约定的方式（中间表或报文）进行信息传递，银行付款后反馈支付结果。

（3）资金信息查询

根据银行约定的时间，通过中间表或报文，企业从信息系统中读取账户的资金收付款信息，并对信息进行汇总、整理及分析。

①收款管理。通过筛选收款记录，整理收款信息，数据自动传递到数字信息系统的收款管理模块中进行核算与财务管理。

②银行对账。企业数字信息系统将银企直联传递的银行收付款信息，与自身系统记录的数据进行核对，及时提醒财务人员是否存在资金账务漏记、错记的情况，同时自动编制银行余额调节表，记录未达账项。

③自动记账。企业财务人员手工录入银行账，容易出现错误、遗漏等情况，与银行对账时有可能出现无法匹配的问题。通过银企直联的收付信息查询功能，可实现自动将银行流水整理为企业资金账入账，大大节省了人力成本，降低了对账难度。

（4）资金信息分析

根据企业数字信息系统整合的基础数据信息与日常交易信息，企业资金管理部门可据此编制管理日报、收益查询等报表，对企业资金活动进行分析，为决策提供依据。

2. 银企直联的实现方式

目前银企直联的实现方式主要分为两种，即嵌入式及前置机式。嵌入式是采用银行开发成熟的应用软件，直接从企业数字信息系统数据库或接口获取指令并处理数据；前置机式是采用企业与银行各自准备的文件服务器，通过 SFTP/HTTPS 等方式进行数据的传输及处理。下面简述这两种实现方式的原理与优缺点。

（1）嵌入式接口

银行推出了跨银行资金管理系统，企业数字信息系统的数据库通过互联网与银行结算系统联通，根据业务不同，结合两方的数据进行信息交互。企业将支付信息输入与银行结算系统的接口表，银行读取后发出处理指令，并将付款结果通过接口表的特定字段，推送给企业的系统。企业系统在成功支付后，自动对发票创建付款；若支付失败，则通知外围系统发邮件提醒付款相关人员。

银行结算系统会定期向企业信息系统推送银行交易中间表，反映各账户的流水以及余额等信息，企业系统读取流水后，形成数据传递到资金模块。企业按照一定对账规则，勾兑银行流水与企业日记账。

该方式的优点在于，企业无须投入过多的开发成本，根据银行提供的联通与接口设计即可实现数据的抓取；缺点在于，该方式要求银行的配合程度高，企业需求受制于银行信息，反馈周期较长。

（2）前置机式接口

银行与企业采用传统报文交互的方式，通过前置机与银行服务进行通信。根据业务不同，通过不同格式的报文加以区分，企业系统与前置机的交易数据报文，采用 SOCKET TCP/IP 同步短连接方式。

银行读取企业付款的报文信息，在校验文件格式后处理付款。处理完毕后返回报文告知企业付款是否受理。如果支付失败，则通知外围系统发邮件提醒付款相关人员。同时，银行定期传递资金流水至前置机。

该方式的优点在于，通用性较高，能满足企业对于数据安全性的需求；缺点在于，客户化开发程度要求较高，且相较于国外，国内没有相对规范的报文格式，前期文档规范的调研等工作需要花费较长时间。另外由于采用网络传输文件的方式，存在丢数据包的可能性，在方案设计阶段，对于异常情况的处理需要有较为全面的考虑，对方案设计的要求较高。

（八）资金池

资金池（Cash Pooling）是企业用于归集总部及成员单位资金所使用的金融工具。它把资金汇集到一起，形成蓄水池一样的储存资金的空间，用于归集企业所有资金，并在企业内部进行自主调配和共享，降低企业的融资成本，实现资金资源效用的最大化。资金池最早是由国外公司与国际银行一起开发的资金管理工具，用于统一调拨全球资金，降低企业信贷成本。主要包括的事项有余额划拨、成员企业短期现金透支、资金拨付与收款、成员单位之间委托贷款以及向企业总部的上存、下借分别计息等。资金池的具体业务流程如下。

1. 开设资金池账户

企业根据开户的情况，选择一家信誉好、与企业契合度高、开户数量大的银行，与之建立合作关系，设立资金池账户，将企业其他银行的账户与之连接，或在资金池银行中重新开户。集团企业总部开设总账户，下属各成员单位开设子账户，或把原账户与总账户建立连接。同时，确定资金池账户结构。其结构主要由三个层次构成，上层为主账户，中间层是委托贷款专户，下层是子账户，各层次之间的业务往来由资金池银行完成。

2. 日常操作流程

资金池主要业务有子账户余额上划、子账户间资金拨付、对主账户的收款和透支、子账户资金的上划和下划计算利息等。日常操作流程分日间和日终业务流程。在日间，资金池内的主账户和所有子账户的收支业务都可以正常进行。如果正常收支业务往来中出现子账户对外支付余额不足的情况，可以通过主账户向银行适时透支支付。透支额度以资金头寸余额为限，超过这一限度则不能完成支付。在日终，资金池将会根据事先设定好的规则自动地把资金划拨到各子账户中，用以补充透支的金额。与此同时，银行自动扣减在固定期间内结算的委托贷款利息。

九、数字化财务的内部控制

（一）数字化财务的系统风险

数字化财务带来的系统风险主要有以下五个方面。

1. 特殊业务无法识别的风险

对于标准化、规范化的业务，数字信息系统处理起来得心应手。但对于非标准化的业务，特别是合规、合流程但不合理的业务，系统无识别能力。如一些费用不真实，但支持性文件齐备，则系统无法进行有效识别。

2. 数据安全性风险

数据存储中心和计算中心对环境的要求较高，对温度、湿度、清洁度都有一定的要求，容易出现备份不足产生丢失或损毁数据的情况。另外，由于系统开放，各种端口可以进入，特别是移动端，存在网络安全性风险。

3. 系统舞弊风险

由于系统自动化程度高，数据处理和存储高度集中，有可能存在不相容职务集中的风险。另外，如果系统初始时程序设计有缺陷，会导致数据有很大的偏差，甚至存在隐性犯罪。如果程序设计不周或对于输出文件不进行人工检查，有可能导致不合规的业务和数据游离于监管之外，造成数据失真。

4. 差错重复出现的风险

手工操作时，错误一般都是个别现象，发现后往往容易纠正。但在数字信息系统发生错误时，由于处理速度快，自动化程度高，当差错出现时，可能会由于无法及时发现或阻止而造成连串的差错，在短时间内蔓延，造成更大的损失。还可能由于对差错的反应不及时，出现反复执行同一错误操作，造成多次错误。

5. 程序被恶意改动风险

信息系统由很多的程序组成，每段程序都由特定的程序员负责，对程序调用或修改的控制，是至关重要的。如果对程序员权限没有一定的控制和隔离，容易发生程序被未授权的人非法操作的情况。由于程序设计的漏洞造成的差错更加隐蔽，潜在的风险更大。

（二）数字信息系统内部控制的分类

1. 按照控制实施的范围，可分为一般控制和应用控制

一般控制是对信息系统的主要因素（人、机器、文件）与数字处理环境的控制，一般又分为组织架构控制、系统开发与维护控制、硬件及系统软件控制及安全控制，是针对整个信息系统进行的框架控制。应用控制是对具体功能模块及某个业务处理流程环节的控制，有输入控制、中间审批控制、插件控制、查询控制、输出控制等。应用控制适用于特定的处理节点，是一般控制的具体化。

2. 按照控制采用的手段，可分为手工控制和程序控制

手工控制是指在某些关键环节，实行手工操作，如审批环节、支付环节，以减少系统处理的风险。程序控制是由信息系统自动完成的控制，如预算管控、差旅费标准、住宿标准等。

3. 按照控制的层级，分为预防性控制、检查性控制和纠正型控制

预防性控制作为事前控制，为防止不利事件的发生而进行的控制，如前期按岗位设定不同员工有不同的授权。检查性控制是事中控制，在事件进行中检查的控制，如在系统中预设逻辑关系的匹配和核对等。纠正型控制作为事后控制，有一定的滞后性，是为了今后消除或减少不利事件设置的控制，如发生错误支付后的短信示警及对经办人进行追索的控制。

4. 按照实施主体的不同，分为信息部门控制和用户控制

信息部门控制是由系统员或程序直接实施的控制，如系统过热保护控制、数据自动备份控制、录入密码错误锁定控制等。用户控制则是指使用部门对数据进行的控制，如定期更换登录密码、定期轮岗等。

（三）数字信息系统内部控制的显著优势

内部控制自身的管理手段，从人工控制向自动控制转变。传统内部控

制，以人工控制为主，设定一定量的内部控制岗位，由人员进行检查及监控。人工控制一般存在于规模小、生产流程不复杂的企业。内部控制一般重点在于审批和复核业务活动，对事项进行跟踪并控制。随着数字化平台的建设，内部控制的管理手段必将向自动控制转变。内部控制部门通过设计好的控制策略和干预措施，在生产环节安装检测装置，当出现偏差时，装置将进行自动矫正，令其回归预期状态。

自动控制一般运用于大型企业，以嵌入计算机程序的控制为主，利用信息系统控制业务的生成、记录、处理和报告的生成过程。

运用数字信息系统开展的内部控制有显著的优势，能提高效率和效果。首先，在数据量的处理上，可以进行大量的交易和复杂的运算；其次，能及时、迅速地获取信息，提高准确性，同时有利于数据的深入分析；再次，能提高对经营业绩和政策执行情况的监督能力；最后，通过应用程序、数据库系统和操作系统进行安全控制，还能提高不相容职务分离的有效性。

企业实现数字化财务后，内部控制应当根据其数据集中、处理量大、存储磁化、流程自动化、系统开放、授权分散、内部稽核难等特点作适当调整。

（四）具体控制内容

1. 不相容职务控制

（1）不相容职务分离控制

由少数人（通常 1 人）担任某些敏感职务时，有可能发生差错或舞弊行为，企业应当在岗位设置时充分考虑控制的关联性，采取一定的隔离和牵制措施降低或规避风险。不相容职务分离控制，要求企业目标和职能清晰、合理，按授权分离方式，设定不相容职务的界限，实施相应的分离措施，制定各司其职、各负其责、相互制约的工作流程。同时，应考虑岗位特点和重要性，对关键岗位及风险系数大的岗位，实行定期轮岗制度，可以规定三年一轮岗，最长不超过五年轮岗。还可以采用强制休假制度，强制离岗一周，防范岗位履行过程中存在的风险。

（2）不相容职务的存在方式

不相容职务通常存在于以下四种流程中。

①采购和使用流程，不相容职务涉及的事项主要有：申请采购与审

批、询价与确定供应商、采购合同拟订与审批、采购与验收、采购与会计记录、验收与会计记录、付款申请与审批、付款审批与支付。

②财务流程，不相容职务涉及的事项主要有：会计记录与出纳、往来账与出纳、往来账与银行对账、出纳与银行对账、会计记录与仓库管理、会计记录与实物管理、会计记录与财产保管等。

③业务流程，不相容职务涉及的事项主要有：业务申请与授权审批、业务经办与审批等。

④监督流程，不相容职务涉及的事项主要有：业务审批与监督、业务经办与监督、会计记录与监督、出纳支付与监督、供应商选取与监督、合同签订与监督等。

自动控制在开展不相容职务控制方面，有其明显优势。企业通过在信息系统上设定不同的授权，从流程上即可自动实现不相容职务的相互分离。程序员和系统管理员独立于流程以外，按权限等级进行信息系统的初始设定。

2. 授权审批控制

授权审批控制是在职责分工的基础上，按企业分配的授权层级，为相关岗位及人员分配权限和责任，做到每项业务都有适当的责任人和权限等级，承担绩效指标的实现和法律责任。

（1）授权管理

授权管理要求企业管理层建立权限等级，形成书面文件，从上至下委托授权。授权书明确管理职责分工、授权原则、授权具体内容和权限范围、授权期限和条件，保证各级权责明晰、执行有序。

（2）授权要遵守的原则

①分级授权原则，授权应当从上到下，逐级实行，不得越级。

②有限授权原则，授权者应当在权限范围内授权，不得超越权限范围授权，否则为无效授权。

③权责对等原则，被授权者在享有授权的范围内，承担相应的责任，作为企业内部绩效考核的依据。

④全过程监督原则，被授权者应当自觉接受监督，并定期反映职责情况。

（3）授权种类

企业授权的种类，有常规性授权和特殊授权。常规性授权是指企业日常生产经营过程中按岗位聘用的职责、按流程所处的位置进行的授权，主要有预算审批授权、业务审批授权、支出审批授权、合同审批授权、投融资金授权、销售和运营授权、采购授权、资产管理授权、法律事务授权等。特殊授权是指特别项目或特定时期的临时授权，如新项目业务权限、投资、对外担保、关联交易等特别事项的授权。

（4）审批控制

企业的各级人员在授权范围内办理业务，不得超越授权或未经授权开展业务。被授权人对业务的真实性、合规性、合法性及完整性进行复核和审查，以签名或签章的方式提出审批意见。对于符合企业要求，需要集体决策的重大问题决策、重要人事任免、重大项目投资决策、大额资金使用等事项，企业可采用集体会议决定或会签制度；需要由董事会或股东大会决定的事项，应当按规定进行，个人不得单独决策，或擅自改变集体决策。

3. 会计事项控制

根据民法典和其他法律法规的要求，企业要设置会计机构，配置专业的会计人员，按会计行业的职业道德操守和业务胜任能力开展工作。如会计人员应当受过专业会计教育，会计机构负责人应取得会计师以上专业技术职称，大型企业应当配置总会计师或财务总监岗位，一般企业应至少设置会计和出纳两个岗位。企业应当设置会计负责人岗位。

企业应当严格按统一的会计准则及企业的会计政策、会计制度开展会计工作，明确会计凭证、会计账簿和财务报告的编制流程，规范会计政策和会计事项，明确收入成本费用的确认、计量、记录和报告，监督会计核算合法合规。企业可定期对会计核算进行检查，包括审计和稽查，防范核算风险。

4. 资产保值控制

资产的保值增值是企业的职责，也是发展的基础。资产的合理使用与妥善保管，贯穿于企业经营的全过程。企业的内部控制应当强调对资产的管理。

（1）建立健全资产记录制度

财务部门对企业所有的资产进行入账登记，以总账和明细账及报表的方式列示。资产管理部门应根据实物，建立资产台账，如实记录资产的现状，并要定期盘点，定期与会计账进行核对。

（2）特定资产特殊管理

对于现金和与银行相关的印鉴、签章、支票、有价证券等，应当有特殊的保管方式，如指定特定人员管理、设立保险箱、设定物理隔离设备、配置监控设备等。对于价值高的物品，如珠宝、玉器及黄金等，还可以通过专业的存储空间，如银行保险柜等方式来管理。

（3）加强存货管理

企业的原材料、在产品、产成品、代销商品等，都是有价物资，要有明确的控制管理方式。建立仓储管理流程，规范验收入库、如实记录、定期盘点、领用记录、出库记录等，都是保护存货的有效控制手段。还要针对存货的特性，提供合适的保管场地，如做好防火、防洪、防潮、防虫、防霉等保护设施。

（4）购买重要资产保险

企业对重要资产要适当购买保险，以降低企业的风险。根据资产的性质，选择投保范围和投保金额。如发生损失的，要及时办理理赔手续。

（5）资产处置管理

资产处置一般包括调拨、出售、投资转出、捐赠、交换、报废等。企业应当制定一定的资产处置报批流程，按规定的权限审批后执行。重大的资产处置，如房屋、车辆及土地使用权等，应当委托有资质的第三方中介进行资产评估，按评估价挂牌转让或出售。对于非正常的资产损毁、丢失或报废，应当及时分析原因、落实责任，按资产管理的流程层层上报处理。如果无法判断原因，还应当请专业部门进行技术鉴定。

（6）绩效考评控制

企业对各责任部门及全体员工，定期考核其业绩完成情况并进行客观评价，得出绩效考评结果。员工的考核结果，将作为薪酬及职务晋升、评优、调岗、辞退的依据。企业建立合适的运营及管理目标，并将其层层分解到责任部门及员工，通过定期的绩效考评，作为对责任部门及员工工作完成情况的界定，具有很大的激励作用。同时也有利于挖掘潜在能力，发现问题，优化资源资产分配，助力企业进一步提高管理能力。

（7）档案管理控制

企业的日常运营活动，都需要以文件及记录形式存档，如何合理存储档案，是企业需要重视的问题。一般档案有企业规章制度、人力资源文件、管理文件、会议纪要、交易事项、合同及协议、会计资料、资产资料、对外报送的各项资料等。建立健全档案管理控制制度，是企业开展业务的重要依据，是企业有效获取、追溯和检验信息的手段。文件记录的介质可以是纸质、光盘、照片、磁带、音像制品等。留档的资料，一般都需要原件，或高清版、经确认盖章的复印件，否则，失去存档的意义。档案应统一编号，分类保管，尽量建立电子档案和实物档案；重要资料及数据，应有完好的备份。建立借阅及销毁制度，设立一定的管理权限及责任人。

5. 信息系统控制

企业的数字信息系统随着使用面的拓展，其内部控制难度也越来越大。企业应加强对数字信息系统的开发和维护、访问与记录、数据输入与输出、文件存储和保管、网络安全等风险的管控，保障信息系统的高效运作。信息系统控制应关注以下重点环节。

（1）系统开发环节

企业信息系统开发建设是一项系统工程，首先，其控制的重点在于规划控制，控制好整体设计，分清长期目标与短期开发、投入与资金匹配、规划与岗位配置、规划与组织架构、效率与协同等界限，有步骤、有层次地开展系统开发。

其次，开发建设要着重控制供应商或开发单位的选择，合理配置人员，明确系统设计、编程、安装调试、试用、上线等各环节的控制。强调执行过程与规划一致，人员及资源、资金的到位，项目关键环节有阶段性评审并且可控。如果发生不一致，要查明原因，看是初始规划不合理，还是执行阶段出现偏差，应适时作出更正。

另外，如果企业采取外包方式来搭建信息系统，则要关注外包的供应商是否具有行业优越性，产品是否与企业需求相匹配。此时，一是充分了解供应商的市场信誉、资质条件、技术力量、财务状况、服务能力、既往的成功案例等，择优选用。可采用公开招标或集体决策等形式来规避决策风险。二是研究产品的实操性，该产品是否符合企业需求。明确涉及的工作范围、合作内容、责任切分、双方技术对接、人员配置、所有权属、保密体系、数据及文件归档，以及合作期限、付款方式等，签订协议或合同，以此保障系统建设如期执行。

（2）信息系统运行与维护环节

信息系统运行与维护环节也是企业需要关注的控制点。具体有日常运行维护、系统更新升级和日常使用管理。

①信息系统日常运行维护环节的控制。主要针对日常操作、日常巡检、维修、运行监控、报告及偏差处理等。一般通过建立规范的日常运行管理制度，设置维保人员岗位，进行定期巡检、有效备份、应急处理等来控制；也可以通过委托外包维保公司，来系统完成日常运行的监控。

设置防火墙和安全门户，是保障企业数据及系统安全有序运行的前提。企业可通过操作系统、数据库系统、应用系统提供的安全机制，设置安全参数，保证访问安全；安装安全防护软件，防范恶意病毒等的破坏；也可以委托专业的信息系统维保公司，安装有效的防护软件实时监控，达到安全保密的目的。

②系统更新升级环节的控制。当信息系统不适合企业需求时，需要对信息系统进行重新评价，更新升级或更换其他系统。这一环节，要做好承上启下转换工作的控制。首先，对于旧系统的数据和资料，要有安全的存储管理措施，规划好存储的方式、地点和环境，做好数据保护。对于应输入新系统的数据，要做好系统格式的转换，并有序录入新系统，避免在此过程中数据的丢失、遗漏或出差错。其次，对预计更新升级的内容，按照系统开发环节的控制来执行，确保系统可控。

③系统日常使用环节的控制。信息系统在具体的使用过程中，涉及企业的方方面面，控制要落实到位。首先，对数据输入环节要有恰当的控制，要做到录入权限有控制、处理审批有控制、数据合理性有检验校对、业务真实性有核对、时效性有检验，以及有审计跟踪查询节点、有备份和数据查找及恢复的控制，确保输入的信息是经授权的、有效的信息。其次，对数据输出环节进行控制，确保输出的数据无偏差，内部处理符合预设的流程，形成的结果可信，款项支付无误，输出的信息正确。具体措施有数据流程的内部校对、复核汇总或合并数据的准确性、匹配数据勾稽关系、手工审批节点的辨真、输出节点的授权完整等。

6. 全面预算控制

全面预算管理，是企业为统筹安排企业资源和资产，合理分解任务并落实经营责任的管理方法；是全方位、全过程、全员参与的管理模式；是企业提升管理水平和运营效率的有效手段；同时，也是内部控制及规避风险的有效手段。为控制其风险，企业应当关注以下四点。

（1）控制企业全面预算工作的组织架构，确保预算按规定及流程实施

充分发挥预算管理委员会的管理协调和控制职能，制定实施预算管理的制度、办法和要求等；明确每年的企业战略规划和运营目标；设定预算计划，确定预算分解方案、编制方法和编制流程；组织全企业进行预算编报并按预算实施；年末对预算总体执行情况进行分析、评价与考核。

（2）企业根据权责分类实行不同的控制方式

可以按投资中心、利润中心、成本中心、费用中心和收入中心等分类。对这些责任单位的控制，着重关注其预算编制的合理性、预算收支实现的可行性、预算成本核定的节约性，以及是否严格按经批准的预算执行。同时，及时分析、报告责任单位的预算执行情况，做好预算的综合平衡、考核及绩效奖惩的工作。

（3）企业运用数字信息系统来管理全面预算，应在适当的授权范围内对各环节加强控制

不管企业采用零基预算，或是滚动预算，都要重点关注各节点。预算管理委员会按企业收入及成本构成，细分明细。如收入部分，列明各责任单位的创收计划，按时间空间细分到每个月、每个星期、每个地域预计创收的金额；对于支出部分，按人员成本、原料成本、机器成本、营销费用、管理费用等细分，减少盲目一口价的预算编制方法。

另外，在执行过程中，重点关注责任单位是否按预算执行，如项目人数是否满足项目需求，原料、机器是否有闲置现象，创收活动是否有开展，是否完成创收指标，等等。

（4）有效考核预算

考核预算，是对责任单位的激励和约束机制，把预算与考核相结合，考核结果与经济利益挂钩，能最大限度地调动各责任单位的积极性和创造性。对考核的控制，应着重关注以下方面：首先，建立健全预算考核制度。考核制度只有科学性、客观性、公正透明性，量化考核制度指标，使

考核指标具有可控性、可达到性和明晰性。其次，所有责任单位都按统一的考核制度进行考核，尽量减少特殊性，体现公开性、公平性、公正性。最后，奖惩措施要及时落实，注意利益分配的合理性，防止实施中的人情因素。

7. 信息与沟通控制

企业应当建立良好的信息与沟通机制，及时、准确地收集、传递各项信息，确保顺畅、无误地有效沟通。加强信息与沟通控制，主要关注信息收集、内部沟通流程、外部沟通模式、舆情管控等。企业要关注信息的收集，包括外部信息和内部信息收集。外部信息通过各种行业协会、专业机构、主管行政机关、政府、财政部门、税务局、市场、证券交易所、供应商、咨询机构等渠道，获取企业需要的信息。通过对信息的筛选、整理、提炼，得到有价值的信息，为企业的决策服务，提高企业管理水平与运营能力。同时，加强与投资者、债权人、监管部门、客户及律师、外部会计师等的沟通，获得企业的社会地位，树立良好的公众形象。

内部信息的沟通，关系到企业文化的培养。企业通过员工相互交流、座谈、培训、业务沙龙、企业活动、文件传阅、通讯交流等各种方式，收集和传递、共享信息，提高工作效率，增强协作能力，强化员工认同感和责任心，实现企业战略的有效达成。

信息沟通的控制，要关注信息源、信息发布者、编码、传递通道、信息接收者、信息使用者六个方面。要关注信息的真实性、信息表达的恰当性、信息使用的正确性，以及信息解读的情况和使用者的反馈。企业应正面引导信息的沟通，增强正能量的传递，提高信息的效率与效果。

第二节　数字化财务助力企业价值提升

一、数字化财务提升企业综合价值

数字化财务给企业带来的最大效益，是以数字化反映了财务的一切信息，为企业管理层决策及时提供有力支撑。数字化信息系统实现了数据的收集、分析、反馈和应用，助力企业的效率提升，使数字化的成果及时呈现。

（一）数字化财务对企业价值的具体体现

（1）企业从数字化系统中，获得制造数据、供应链数据、智能数据、财务数据、经营数据等支持数据池，可以使企业进出货物、物料的准备、销售产品的提供更加精确。

（2）通过数字化信息系统，使产品研发数字化，为产品的参数、配方、配比等提供核对与校正的依据，通过与外部市场产品对比，提供改良的参考，大大提升研发的效率和质量，保证研发的数据和方案的可行性。

（3）数字化系统助力企业数字化营销，通过线上方式，开展互联网端的远程营销。

（4）数字化财务推进企业合规化、合法化。企业的各项决策，必须符合法律、法规和税务的管理规定，数字化系统通过真实反映各项数据，与律师、会计师及税务局等有效连接，能为企业提供合规合法的建议和意见，保障企业综合价值。

（5）数字化财务助力数字化决策，利用数据池，分析并细分决策，将大量的数据筛选为高价值的资产，为企业管理层提供数据支撑，便于决策。

（二）数字化财务助力企业价值提升的三步骤

（1）利用数字信息重新定义商业模式，加强对数字化的建设投资，将数字技术与管理融合，获得持续增长的基础。

（2）建立高效的组织架构。根据数字化转型需求，促进组织流程再造。以市场链为基础，再造业务流程，建立快速响应市场的高效组织架构。

（3）充分利用数字化体系，以良好的数字流转形成企业新的价值创造，形成新型的市场盈利模式，企业获得更大价值。

（三）数字化财务系统使财务从服务中心向管理中心转变

数字化财务系统是基于提高会计核算能力而建立的，但它的作用绝不仅仅于此。深度开发数字化财务系统，实现从服务中心转变为财务管理中心，需要设计者有高超的管理能力。一般所说的财务管理，都集中于财务信息的分析和利用，以此预测未来。收入分成、成本分摊、多维度的投入效益管理，以及经营分析、全面预算管理、成本费用管控，都是财务管理的核心内容。通过数字化财务系统，获得财务管理需要的数据积累，采集到财务数据以外的业务数据，是实现转变的基石。财务人员对采集的数据，通过预设的规范及数据抓取软件，对数据进行加工处理，开展管理分析，提交各类管理报表，为企业提出优化和改进的方案。

（四）数字化财务系统从成本中心向利润中心转变

数字化财务通过提供有效服务，可以从成本中心转化为利润中心。根据战略部署，企业可以建立市场化的财务系统，如设立法人主体的财务共享中心，定位为集团子公司或分公司的财务核算服务商，为企业内部提供标准化、流程化的财务核算及管理服务，同时，根据不同需求，进行方案补充设计，提供个性化服务。条件成熟后，以其专业化管理推向市场，为行业或跨行业、上下游相关企业提供财务共享服务。由于其具有丰富的内部管理经验，拥有成熟的内部运营基础和客户资源，往往有较强的专业能力和抗风险能力，实现服务收费，能较好地发挥经济实体的功能。

（五）数字化财务系统向利润中心转变应具备的条件

为实现成本中心向利润中心的转变，财务中心必须具备以下四个条件。

1. 有明确的战略目标

财务中心在设立初期，就应当定位为独立经营的共享服务机构。这样，可以减少初始定位不明朗而导致的机构设置障碍，可以避免重复设置及后期转变的成本。

2. 建立健全与委托方的结算模式

初始设置的财务中心，主要服务对象是集团内各分支机构或子公司。如何与委托方结算费用，是财务中心应当充分考虑的问题。财务中心应当按全成本核算方式，从互利共赢的角度来分摊。具体分摊的方式，可以参照市场成本法，对应类似行业同等服务价格进行分摊。可以按标准配置法，假设委托方自主配置财务团队需要的费用，按一定的折扣计算出委托财务中心的价格；也可以按资源使用法，按委托方占用了财务中心多少资源，包括人员成本、专属设备及共享设备的分摊成本（可按折旧额计算），以及配置的管理成本、间接费用等，计算委托价格。

3. 运营成本可管控

财务中心同样需要设置合理的组织架构，按阶段投入系统建设，按需聘用人员，有效管控运营成本。通过与集团内部机构的业务委托，强化协同效应，争取足够的资金、资源支持。如前期资金的支持、场地免费或优惠支持、管理成本的支持等，则要充分培养自身的竞争优势。

4. 具有市场开拓能力

市场化运营的财务中心，必须具备核心竞争力。要挖掘自身的优势，包括技术优势、专业知识优势、人员成本优势、管理优势、行业优势。这些优势都是财务中心成功的有力保障。深度挖掘同行业或上下游企业的潜在客户，使其成为财务中心的新兴客户。特别是同行业的中小型企业，往往顾及开发成本，更愿意通过委托财务业务来获得优质的服务，是财务系统中心开拓的对象。

（六）从价值体现出发，规划财务数字化系统

为实现企业综合价值，财务数字化系统应当认真做好以下四项规划。

1. 应用层规划

为企业长远利益着想，财务数字化系统要扎实做好底层数据池，将实际应用落实到企业体系的各个毛细管中。从销售、采购、CIM、供应链、财务、资金、合同、项目管理、仓储、物流等方面，设计分类清晰，授权明确。特别需要强调的是，数字化系统重点打通各子系统、模块的数据互通、接口互通，将核心数据、产品数据、人工数据、BOM 单据、客商数据、银行账号等关键数据，整合成主数据进行管理，统一编码，统一语言，统一规则，做好数据池的建设，使数据无缝流动，为后续的整合提供便利。

2. 智能合约规划

对于设计在网络端的新型企业，实现其综合价值，要注重智能合约，如企业与上下游的合作，企业与消费平台、税务机关、银行机构的合约，都应当注重智能契合。实现数据语言规则一致，沟通流动通畅。

3. 数字中台规划

针对系统所产生的数据，要做好整合、抽样、处理，结合企业需求，安装合适的数字中台，做好基础的 IT 素材和资源包。

4. 人才储备规划

鼓励员工自我学习和提高，从如何与公司业务结合的角度，提高自我专业素质和能力。

二、数字化财务提升财务分析能力

财务分析，一般理解为评价、解释和预测，即通过对企业会计报表和会计信息的阅读，进行比较分析，评价财务状况和经营成果。财务分析的基础是财务数据，以财务报表为关键依据，对企业的财务状况、营收情况及资产变动进行合理性和时效性分析，评价企业的收益及风险，预测企业的财务趋势，为管理层及数据使用者提供参考。财务分析的数据使用者主要以企业投资者、企业债权者为主，他们需要从股权保值增值、偿债能力大小、经营状况是否良好、盈利水平等方面了解企业的真实状况。作为企业对外报送财务信息的窗口，财务分析显得尤为重要。

随着大数据技术的发展，数字化财务建设一方面可以帮助企业构建一系列的财务数据分析基础，另一方面可以通过数据提升管理价值。数字化财务使企业追踪和获取数据的成本大大减少，为数据分析提供了渠道。财务人员运用数字化财务，通过对公司基础数据的挖掘与分析，为公司的运行和财务管理提供更详细的数据证明，使企业绩效得到更大的提升。

（一）数字化财务分析的优势

1. 使账务分析变得快捷、容易、简便、全面

传统财务分析，是通过手工对财务报表及信息进行选择性的分类、汇总及梳理，数据量大、公式烦琐，财务信息有很多的局限性和局部性。引用数字化财务后，财务分析变得快捷、容易、简便、全面，通过预设的规则，建立多维度的分析模型，财务人员能够全面、快速地分析财务状况，结合各种环境因素，形成有价值的财务分析报告。

现在比较常用的方法有趋势分析法和比率分析法。趋势分析法是针对连续数期的财务报表及财务数据，比较前后的增减情况，提示财务和经营的动态变化和趋势。比率分析法是通过对各项资产负债及重要财务指标的横向、纵向比较，分析其所占比例是否合理，分析资源资产配置是否到位。

2. 提供管理改进的建议

数字化财务利用大数据，加强了自身的运营管理能力。通过数据分

析，可以发现管理中的弱点，提出改进的建议。比如，管理流程的顺畅是否保证；单据流转是否及时、合理；管理权限划分是否合理。再如，根据出差的机票申请，可以看到各业务单位的出差计划安排是否合理。出差的机票、车票等如果存在扎堆现象，则反映出临时出差现象；同时，对订票折扣率显著低于其他部门的业务部门，需要了解该部门出差计划是不完善、准确性不高，还是员工预订习惯未养成，是否需要提升出差计划性，完善差旅管理能力。对于差旅集中的几个城市，可以建议业务部门，以其租房方式替代酒店，节约差旅费用。

充分利用财务数据，分析和深度挖掘数据背后的原因，如原材料供应商的价格变动以及提供商品的进度、结算方式。通过找到管理问题，发现线索，推动效益改进。

3. 修补业务流程的缺陷

企业普及数字化财务，财务管理位于业务开始的前端，从企业成本费用反映的比例和流程发生的节点，可以发现业务流程中的缺陷。例如，上面所提到的差旅流程，财务通过数据分析，可以对差旅进行前置化管理。

4. 提供供应商诚信调整的参考

供应商与企业之间的货银结算，是企业资金链的重要一环。企业可以根据供应商历史诚信，设定结算方式和进度。通过财务数字化平台的实时监控，企业可以掌握供应商的诚信是否有偏离。一旦发现异常，企业可以迅速调整收付款进度，或改变合作模式，最大限度地保障企业安全。

5. 为内部部门及员工诚信评级及绩效考核提供依据

比如通过数据汇总，可以发现哪些部门违规现象较多，哪些业务员诚信欠缺。找出问题所在，分清客观原因还是主观原因，进行企业内部信用评级，同时，可以依据业务员诚信情况，如申报数据的真实性比例，作为绩效考核的一个维度，为个人绩效核定提供依据。

6. 提高成本费用的管控能力

分权式组织架构，各机构各子公司独立运营，管理水平高低不等，负责人管理态度难以一致，往往存在成本费用的管控力度和能力不足的情况。采取集权式的数字化财务管理模式，对分散式的成本费用管控可以实现统一管理。同时，数字化财务的规范性和标准性，迫使企业的成本费用标准统一，使各子公司管理水平和管理能力高度一致。

（二）数字化财务对分析能力的要求

数字化财务对财务人员的分析能力提出了以下三点要求。

（1）充分利用数字化平台获取富足的数据，细化财务分析，来有效解决内部资源的问题。

（2）不仅从数字化平台提取内部数据，也应当从外部广泛收集与挖掘数据，包括行业、主管部门、外部竞争者数据和政府相关单位的数据。

（3）应适时收集与汇总数据，在线更新和补充、在线服务支持、在线分析、在线咨询等。

（三）数字化财务分析关注的重点

（1）通过分析客户付款行为，了解客户的信用等级，评价其信用风险，预测其信用额度对收入的影响。

（2）开展事前风险分析、事中数据分析、事后业绩分析等。

（3）通过获取的非结构化和半结构化数据，挖掘相关性，提炼财务分析的证据。

（4）通过引入目标标准、行业标准和历史标准，对其进行横向、纵向比较，获得企业发展的经纬度。

（5）细分财务各项指标，关注所占比例，评价企业成本分布的合理性，资源资产分配的有效性。

（6）按照预算计划，考核财务各项指标的完成程度、执行进度，以此来动态调整及规划企业财务管理。

（四）财务分析的对标标准

财务分析有其明确的标准，通过比较可鉴别出优劣。一般对标标准有以下三点。

（1）目标标准，即企业对标。通过对理想目标的比较，可以知道企业完成计划或实现预算的尺度。一般用于内部考核。

（2）行业标准，即同行业的平均水平。分析人员可以从行业的相关资料中取得参照数据。通过比较，可以知道企业在行业中所处的位置，判断企业是否有行业优势。

（3）历史标准，即本企业历史上的最佳状况或最近一期的状况。该标准应当是在剔除非常规项目及特殊因素后的企业真实水平。通过寻找最合适的历史对比标准，能有效揭示企业的现状。

（五）数字化财务分析目标

在充分应用传统财务分析方法的基础上，强化数字化数据提取的便捷性，达成以下目标。

（1）最大限度地综合不同的大数据，广泛搜集相关信息，形成数据库。

（2）针对数据库，利用数据挖掘和分析技术发现并推断未知关系，并预测发展趋势。

（3）依据数据分析结果，并结合实际情况，得出相关结论，实施应用或服务于决策。

（4）分析一段时间内的数据，交叉引用两个数据集，来研究两者的关系。

（5）比较不同来源的数据，确认数据的一致性；从数据中提取信息，然后进行趋势和行为模式预测。

三、数字化财务提升数字分析能力

数字分析是指对企业内部及外部数据进行统计分析，提取有效信息并评价而形成分析报告。数字化财务用数据说话，重视数字定量分析，为企业的经营、科学研究、政府部门等提供咨询和决策服务。

（一）数字分析的重要性

1. 数字分析能完整反映状况

大数据的发展，提升了数据分析的完整性，通过对大数据的加工制作、分析研究，可使结论趋向完整，更接近真实情况，能更系统、全面地反映状况。

2. 数字分析能进一步增强监督的作用

大数据的产生，为企业提供了社会及公司运营发展变化情况。数据的口径和范围可以完整描述业务的流程和资金流向，更客观地反映经营状况及重要经济指标完成情况，起到监督执行的作用。

3. 为实现管理科学起到推动作用

数字分析的丰富资源，可以透过表象深入事务的内在本质，从现象找到内在联系的规律，发现管理存在的漏洞，挖掘企业的潜力。

4. 数字分析能为企业增效提值

数字分析的目的，往往是解决企业存在的瓶颈或问题，并提出解决的方法。通过数字分析，为企业解决战略或日常的问题，带来更多的商业价值。

(二) 数字分析的模式和重点

企业数字分析基本有两种模式，一种是外包，即委托专业服务机构提供企业数据分析，如新浪与尼尔森公司的合作、长虹与奥维的合作；另一种是企业内设部门专职开展数据分析工作，如中国移动、京东、联想等企业，均通过自己的数字化平台开展数据分析。

做好数字分析，企业需要在数据平台、数据支持和数据应用三个重点方面下功夫。

1. 数据平台

企业开展数字分析，首先要有数据平台。数字化财务搭建在企业的数据平台上，打通了企业内部的营销、供应商、财务、生产链、员工、管理、外部数据等壁垒，可以通过 CRM、ERP 等管理软件，搭好 IT 架构，做好数据初始化及维护工作。

2. 数据支持

根据各部门的需求，数据平台整合企业数据后，提供用户、竞争对手、市场情况、内外部环境等分析。相关分析可在企业数据平台上快速发布，按查询权限调阅。

3. 数据应用

数据是企业的关键支持性资料，是企业核心价值的体现。企业只有在数据的基础上进行的数字分析，才能用于战略、投融资、营销策略等方面。数字分析可以从市场机会分析、市场定位分析、业务选择分析等方面，对战略进行定位或调整；从市场潜力预测、项目收益分析、项目风险预警等方面，对投融资进行建议；从量化销售计划、客户管理、员工量化考核、产品与定价分析，对营销提出指导；通过对市场份额分析、客户流入流出分析、品牌资产分析，对营销策略进行诊断；对广告效果评估、营销渠道测评、客户满意度分析，可以对营销效果进行评估。

(三) 建立有效的数字分析模型

数字分析模型是数字化企业重要的数字资产。企业建立数字分析模型，需要从整体业务出发，分层设计数字采集和集合的层级，可以按功能性和量级分成四层：底层操作性数据（Operational Data Store，ODS 层）、明细宽表级数据（Data Warehouse Detail，DWD 层）、公共汇总数据（Data Warehouse Service，DWS 层）、专业应用汇总数据（Application Data Store，ADS 层）。其中 DWD 层、DWS 层是中间层，是整个分析模型的核心和灵魂。数字分析模型的基础工作是元数据的管理。

1. 元数据

元数据（Metadata），又称中介数据、中继数据，是指描述其他数据的数据。它可以描述数据的内容、结构、格式、来源、用途等信息。元数据是数据管理的重要组成部分，用于管理和维护数据，帮助人们更好地理解、使用和共享数据，提高数据的可靠性、准确性和完整性。在信息技术领域，元数据有着广泛的应用，例如数据仓库、数据集成、数据挖掘、搜索引擎、数字图书馆等领域。通过使用元数据，用户可以更加方便快捷地找到所需的数据，并且能够更好地理解数据的含义和价值。

2. ODS 层

ODS 层是一个面向主题的、集成的、可变的、当前的细节数据集合，用于支持企业对于即时性的、操作性的、集成的全体信息的需求，其主要作用是为其他逻辑层提供数据。各个系统通过业务埋点数据等方式同步到操作性数据 ODS 层中，形成基础数据来源。由此产生业务源接口表和对应的 ODS 表，分析模型与业务系统模型一致。

3. DWD 层

DWD 层是业务层与数据仓库的隔离层，主要作用是对 ODS 层数据做数据清洗和规范化的操作，同时通过不同维度对数据进行集合、合并，形成数据宽表。

4. DWS 层

DWS 层基于上层基础数据，整合汇总成分析某一个主题域的服务数据层，形成主题宽表。该表中聚合用户、商品、经销商或厂家的运动轨迹，形成全方位的公共基础宽表，并建立实体模型。如涵盖用户的基础信息、购物记录、偏好、习惯的用户画像，可用于进行后续的业务查询、专题分析、数据分发，以及数据挖掘、KPI 报表等。

5. ADS 层

ADS 层主要是根据各种报表及可视化数据来生成统计数据，通常这些报表及可视化数据都是基于某些维度的汇总统计。采用维度建模，面向应用分析，按分析需求提取数据及指标。主要用于前端的报表展现、专题分析及 KPI 报表。

（四）数字分析的三种分析维度

数字分析是企业建设数字资产的一个重要内容，是企业数字化营销场景下标准化程度的具体反映。标准的数字分析可为业务运营提供决策支撑。数字分析的方法和维度有很多种，视企业不同阶段的分析目标而定。比如产品投放初期，关注用户数、订单数；后续考虑用户活跃度、回购率、客单价，等等。对于电商企业而言，除定期分析外，还需分析各类活动效果，以进一步优化方案或者挑选最合适的方案，留下某个分析模型便于后续活动对比预测；着重分析广告投放，在预算内让营收最大化；分析如何增强用户黏性，提高用户活跃度等。

按“人、货、场”为脉络来沉淀标准的数字分析。这里介绍用户留存分析、转化漏斗分析、商品分析与交易分析等三种分析维度。

1. 用户留存分析

关注用户留存分析可帮助企业提升用户黏性，为运营提供方向。分析内容主要包括用户的人数、不同阶段留存率、访问数；可以包括分次日留存、7 天留存、14 天留存及 30 天留存等。

2. 转化漏斗分析

通过分析用户在电商平台触发的痕迹，提炼用户关键节点的访问、购买、付款等信息，形成转化漏斗分析，方便企业监控产品与用户关系，寻找优化空间，提高销售转化率。

3. 商品分析与交易分析

平台通过监控用户对产品的浏览、关注、购买及售后情况，研究其产品的各项指标，指导厂家优化销售结构、活动选品，从而触动购买欲望。交易情况能直观展示平台的竞争力和交易活跃度。

四、数字分析师应具备的专业能力

企业要做好数字分析，就要有专业的团队。数字分析师首先需要有相关的专业知识，有教育背景、基本素质和技能经验。专业知识方面，要求分析师具备统计学、心理学、社会学、营销学及财务管理等方面的知识，这些知识能够培养分析的思维和技能。同时，分析师应具备一定的逻辑思维能力，以及坚持不懈、认真细心、对工作严谨负责的态度，还要有一定的沟通能力。

（一）逻辑能力

数字分析师应具有较强的逻辑分析能力，达到假设合理、层次分明、推理严密。比如当企业遇到难题时，信息可能是不对称的，数字分析师要依据清晰的逻辑、合理的假设、系统的层次及严密的推理，找到关键点，提出解决的意见和建议。数字分析师还要对数字敏感，具有数字直觉能力。

（二）技能经验

数字分析师在技能方面，需要了解数据库结构，至少掌握一种编程语言，包括 ASP、Java、PHP、C++、Hadoop 等。在经验方面，需要有数据库开发、测试、优化和管理等相关经验，熟悉数据分析的过程。

（三）业务分析能力

数字分析师的业务分析能力，着重从五个方面来加强：问题识别能力、方案设计能力、分析方法能力、展现演示能力、价值应用能力。

（四）市场规模估算能力

市场规模是一个产品在市场上的被需求量、意愿购买人群量和实际销售额，根据市场的不同维度和层次分级分析。数字分析师应有对市场规模进行估算的思路与能力。主要的思路有构成关系、类比关系、惯性关系、相关关系等。构成关系是根据预计的用户量，与意愿购买比例计算估计的方法，该方法适合量化指标；类比关系是找出类似区域作同比，简单列举；惯性关系是参照上一时期或上一阶段的购买人群和数量进行的估算；相关关系是利用现有市场，综合考虑正面、反面因素得出定量的分析。

培养市场规模的估算能力时，要注意四点：一是了解和认识业务特征，厘清上下游逻辑关系；从多维度建立分析模型时，要注意选择最简单、数据最可靠的维度，通过回归分析和时间序列分析法进行预测，关注数据的时效性和匹配度；基础数据要取自官方权威发布的数据；引进概率论，对多角度分析时，以风险系数进行方案的修正。

（五）强化数字分析的深度、广度和时效性

数字分析师要对企业有深度了解，知道企业的现状和问题所在，以及问题产生的深层原因。结合市场及行业的情况，可以进一步挖掘数字后面的含义，提高分析的意义。各期数字要有可比性，描述要全面，所采用的数据要有时效性，尽量使用最新数据。同时，多采用图片、表格形式，因为它们更容易产生视觉冲击，容易产生共鸣。

（六）专业分析态度

数字分析师是用数字来反映或折射现状的，因此要理性决策、系统分析，避免从众心理，避免偏见，不受思维定式的影响。同时，培养合理怀疑、换位思考的思维习惯，通过假设检验等方法，核实分析结论。

（七）熟练掌握分析模型

数字分析师应当熟练掌握各种分析模型，如分析竞争对手，可以采用波特五力分析法；分析外部环境，可以运用 PEST 分析法；分析用户偏好，可采用科特勒的用户决策流程。熟练运用各种分析模型，通过数字信息系统建立模型算法，提高分析的能力。数字分析师还可以充分利用回归分析、方差分析、t 检验等分析模块来辅助分析。Excel 作为常用的分析工具，可以实现基本的分析工作，在商业智能领域 Cognos、Style Intelligence、Microsirategy K Brio、BO 和 Oracle 以及国内产品如大数据魔镜、FineBi、Yonghong Z-Suite BI 套件等，都可以为数据分析提供辅助。

（八）熟练掌握数字分析步骤

数字分析师应当对数字分析的各步骤了如指掌。一般的步骤是明确分析思路→数据采集→数据处理→数据分析→图表展现和报告撰写。运用思维管理方式，以统计和运筹知识，通过信息系统的操作，完成报告。

五、“数字资产表”体现企业价值提升

大数据时代，仅靠财务数据评判企业价值，已远远不够。有些企业财务收入表现很好，甚至是增长，股价却下降；有些创业企业，财务报表可能乏善可陈，但在用户增长速度、用户活跃度、用户画像以及渠道数据、产品数据等方面都取得了很好的成绩，这些成绩支撑着它们的高估值。“数字资产表”旨在指导企业推进以“用户数据、产品、渠道和财务”等不同维度提升企业价值，是在传统的利润表、资产负债表、现金流量表之外形成的数据报表。其融合了价值管理与企业管理，通过数据和价值的连接，揭示用户数据与财务之间的关系，帮助企业将数据变现，并实现事前决策。

（一）数字资产表的主要内容

1. 企业绩效

融合了四大维度的分析指标，搭建业务、财务相结合，内部、外部相结合的企业绩效分析体系。

2. 数据资产

构建企业内部数据管理体系，配套数据管理技术，建构一套完备的数据治理体系。

3. 四大分析维度

用户、产品、渠道和财务四个维度的分析体系是第四张报表的核心，从财务、业务、内部和外部等方面全方位地评估企业的价值。

4. 企业价值

解构企业价值动因，通过四大维度和数据资产的评估，形成可量化的企业价值衡量标准。

（二）数字资产表编制的三个维度

数字资产表可以从内容运营、活动运营及用户运营三个维度来积累数据，形成数字资产表的核心内容。

1. 内容运营维度

内容运营维度反映用户、平台与产品三者之间的关系。厂家通过文字、图片、视频、音频方式对产品或业务进行描述，在 App、H5 或 PC 端等平台进行发布，用户通过阅读或体验发布内容，变为可转化的流量。这里，要求厂家发布的内容与用户高度契合，方能保证内容流转效率和数字平台营销转化率。平台在采集到产品与用户信息后，需要保证双方的交易顺利完成，并维护两者的关系。数字营销平台通过数据埋点，跟踪、抓取用户信息，了解内容的传播到达程度、传播时间及轨道的长短，得出潜在的价值。由于数据可实现实时变化，方便了厂家或营销团队适时调整营销策略，契合用户喜好去精准推荐内容。

在这个维度中，数字营销平台实时生成报表，显示网页浏览量、分享量、用户数量、用户画像、所处地域、社交影响力等信息。通过这张表，厂家可以了解到用户群体在哪、是谁、通常什么时候活跃（购买曲线）、关注的热点是什么、什么产品能契合、哪些人是意见领袖。这些信息为企业和厂家产品价值提升提供了清晰可视的指引。

2. 活动运营维度

活动运营维度是反映厂家不同的营销活动带动的产品销售的前、中、后期及总结性阶段的情况。该维度可以了解到以下相关信息。

(1) 活动的前期策划、活动主题是否鲜明、易记，是否能激发客户兴趣。

(2) 活动宣传是否到位、是否有效传导到针对人群、时间是否恰当。

(3) 广告投放是否渠道恰当、时间是否吻合、投入产出比率的高低。

(4) 监测结构是否完整、效果是否显著，是否实现投放渠道监控、用户交互监控、交易监控、售后监控、优惠发放监控等。当监测发现预期与实现有偏差时，能即时自动形成报表，反馈到企业。

(5) 事后评估效果是否达到预期，收益率（ROI）是否理想，品牌曝光率、产品曝光率是否达到预期。查找活动存在问题及改进措施，形成活动分析报表。

3. 用户运营维度

用户运营维度是以用户为中心进行分析。主要是围绕用户的获取、激活、留存、转化、传播来开展，并对其进行优化，形成系列报表，反映企业用户数据及潜在的商业价值。该维度主要从以下三个方面进行分析。

(1) 对用户进行分级管理。根据用户不同习惯，可按来源渠道、注册新旧、下单频次、购买量大小、重复购买率、留存与流失数量等来区分，管理不同用户，分析渠道质量。

(2) 用户活跃指标分析。通过了解用户活跃情况分析相关指标，如活跃天数、访问频次、评论或分享频次、购买频次等。

(3) 用户转化率分析。通过用户下单量、付费额、咨询量、重复购买率等，了解优化购物场景，实现千人千面、精准推介，实现营销闭环。

目前银行业、电商零售业、视频网站等互联网公司受数字化浪潮冲击最大，上市公司也需要其他指标来客观估量市值，因此它们应该最早尝试这一新工具。随着业务边界的消亡、科技革命的深入、全渠道的扩张，任何企业都将成为某种意义上的“数字化企业”，数字资产表的使用范围将会不断扩大。

第三节　数字化财务的未来

数字化财务从杂乱的电子连接中，走向系统的、有规划的整体建设。数字化财务的未来，脱离了信息孤岛，紧紧抓住“降本增效、融合创新、极致体验”三个方面融合发展，重新定义企业价值，构建“财务、运营、技术、增长、生态、客户、产品、人才”集成的企业体系，为企业赋能。

数字化财务的未来，随着数字中台、智能化、机器人等创新，从企业顶层设计开始推动财务发展；公共设施和数字基础服务推动财务创新；业务数据化和服务数据化逼迫财务转型；信息技术支持企业财务提升。财务正向中台化、产业化、智能化、场景化推进，管理会计与新技术的融合，为企业实现综合价值提升创造新的天地。

一、数字中台构建是财务发展的方向

未来财务的发展，离不开新型数字管理理念和 IT 技术框架支持，数字中台能保障企业在未来实现数字化转型，有助于解决企业在用户个性画像、商品智能推送、营销线上监控、数字资产价值体现及企业生态发展上的应变和响应能力不足的问题。

企业数字化建设的两大核心是：客户极致体验和数字平台。供给侧结构性改革及反向驱动需求链，均面临着客户及消费者对新产品的认同，通过线上、线下体验（更多的是线上体验），打破时间、空间的限制，实现整个经济活动及经济链条无时间壁垒。数字中台则是实现的基础。

基于企业的数据中心和财务共享服务平台而建立的数字中台，能进一步提高财务共享服务中心抓取和分析数据的能力，更加快捷地处理数据，将各节点（分公司、各授权员工、业务单位）纳入系统，实时共享。数字中台与共享中心的关系，实际上是分与合的关系，是局部与总部的关系。

共享中心与企业互联网架构，是搭建企业数字中台的核心，数字中台是共享中心最终要走向的目标。

（一）数字中台的作用

1. 实现资源统筹调度，信息共享

数字中台作为企业的主营业务系统，可起到业务梳理、整理、综合、编排、流程规范等作用，甚至能起到企业内部资源资产配置的作用，实现复杂业务简约化、规范化、模式化、计量化。并且，由于其有良好的复制和灵活性，可以随着业务变化而快速调整，能适应新的业务场景。数字中台是企业数字能力共享平台，是平台的平台。数字中台通过统一的标准和流程，实现资源统筹调度，信息共享。

2. 实现互联互通，促进业务优化

由于中台系统连接并支撑各个前台业务，能友好而无缝地打通各业务的关键点，实现互联互通，让看似无关联、差异大的业务，通过特定的人、事、物产生相关性，从而实现业务的互相扶持和竞争，形成资源资产的有效流动，促进业务优化和发展。

（二）数字中台建设四步法

数字中台的建设需经业务规划、领域分析、中台实现、业务运营四个步骤。

1. 业务规划

企业要有明确的中台建设的愿景和强烈的战略意识，做好数据梳理，明确需要开展的业务模式，在有了清楚的认识后，进行详尽的描绘。这也就是我们通常所说的做好业务规划。该业务规划，不仅会影响到数字中台的建设，而且会影响企业未来的组织架构，是非常重要的一步。

2. 对企业所处领域进行详细分析

可以请一些外部咨询机构，结合企业实际情况来分析。通过分析明确顾客需求、用户群体、数据流向，确定硬件分布和部署，实现企业战略和战术定位。该步可采取问卷、调研等方式来完成。

3. 中台的搭建

主要是确定服务接口，并建设服务治理基础设施。可以咨询专业的数据服务公司，如 MohTech，协助企业构建数字中台。典型的中台是把内部通用性技术平台、支撑平台打包后建立连接，形成技术中台；或把现有的

数据仓库、数据治理平台、数据运维平台整合，形成数据中台等。企业可以选择外采的方式，购入开发的“容器”放支持产品，如SEB、Portal、IDM、MDM、BI等技术中台、数字中台可提供能力支撑。由于数据量日趋庞大，技术要求越来越高，数据来源越来越隐秘，自建数字中台的企业已越来越少，而找合适的数据平台服务商，是很多传统企业数字化转型的最快捷、最佳的方式。

4. 业务运营

可推动业务运营和财务管理的转型升级，达到业务运营。

（三）如何寻找数字中台的合作伙伴

1. 要考虑的是合作伙伴的业务能力

合作伙伴要对企业所在行业有深刻的了解，业务流程精准清晰，组织架构趋同或可改造，完成从业务流程到财务系统的连接。

2. 要考虑合作伙伴的服务能力

拥有系统的数字中台矩阵，数字产品多样化、多元化，满足企业所需业务要素，同时具有二次开发及迭代升级能力。

3. 要考虑合作伙伴是否拥有先进的技术能力

所建设的数字中台应具有界面友好、技术先进、架构严谨、安全性良好、兼容性强大、有很强的外展性和国际性。

4. 考虑合作伙伴的运营能力

数字中台的原点是促进企业数字发展，有利于企业的经济效益及业务达成，是适应市场、行业、本企业的业务、营销的产品，拥有在现阶段或未来产生经济回报的价值，为企业提供高效运营的产品。

搭建数字中台，需要一定的成本。企业应按自身发展阶段来确定数字化的推进。一般来说，企业建设中台应具备以下先决条件：一是企业已具备一定的规模，已有一定的数据储备；二是企业有多种产品链或产品业态，产品之间互相有重复叠加业务，有重复的功能模块；三是企业的管理模式有重复设计，结构复杂，上下游沟通需求强烈。

二、智能化引领财务的未来

智能化是当今世界和科技界最热门的话题，也是可预见的未来。智能化一般是指由互联网与信息技术、计算机网络技术、行业技术、智能控制技术汇集而成，用于满足人类特定需求的应用。

智能化的特点主要有：一是具有感知能力，这是产生智能活动的前提条件和必要条件；二是具有记忆和思维能力，能够利用已有的知识对信息进行分析、计算、比较、判断、联想、决策；三是具有学习能力和自我适应能力，不断学习积累知识；四是具有行为决策能力，形成决策并传达相应的信息。

（一）财务智能化

数字化财务的未来，其中一个就是财务智能化。数字化财务提供的数据基础、组织基础和技术基础，使财务智能化的达成成为可能。

财务的最初目标并不是实现智能，而是在不断地提高会计核算效率、提升会计信息质量和增强管控能力的同时，对智能化提出的需求。在标准化的财务信息构建体系的基础上，随着财务共享服务中心的搭建，连接、共享、数字中台等理念不断植入财务共享服务中心。数字化财务系统通过具有学习能力的智能提升，对复杂的叠加态、多元态的业务，能有效地进行细化、分析、分解，智能化地完成非标准化作业，挖掘出数据的相关性，识别业务形态，并根据一定的算法，推算出新的模型和规律，从而形成具有实际价值的财务模型库，为财务智能化提供了基础。尤其是当财务机器人（RPA）技术不断应用于财务共享时，财务共享服务的效率得到进一步提升，智能财务的应用雏形逐渐显现。

财务智能化的具体路径是：财务共享服务平台向采购、信息、人力、税收等大共享平台转变，融合管理会计工具，数据、算力、算法等方面的能力不断提升，为后台提供高质量的数据服务。此时，数字中台这一信息系统分离了前台业务和后台服务与决策，充当数据采集与转换中心（大数据中心）的角色。当更多的人工智能技术应用到数字中台时，智能财务又向前迈进了一大步。随着财务智能化的发展，凭证和票据自动识别、自动审核和自动账务处理可以实现。

财务智能化的作用：一是降低差错率。智能化使分析的一致性和准确度得到提高，避免了人为判断的主观影响，能改善决策制定流程。二是为财务人员对海量交易数据进行高速、有效分析并发现风险提供技术支持。该技术能够监控交易活动并发现舞弊行为。

但必须看到，这仅仅是弱人工智能技术的产物。当效率提升与数据积累到一定程度时，颠覆性创新使得人工智能的应用产生更多的应用场景，这将为强人工智能技术的应用提供可能。

（二）商业智能

财务数字化转型与智能财务的实现，不仅需要应用数字技术，还需要组织架构、业务流程的再造及集团管控模式的转变，更涉及思维理念与企业文化的转变。这里，引出了“商业智能”（Business Intelligence，BI）概念，是商业辅助决策的解决方案。

1. 商业智能的主要内容

（1）BI能依据各种方法、技术和软件，提高企业运营能力。

（2）通过组建企业级数据仓库，建立数据全局视图。

（3）利用工具处理分析数据。通过查询和分析工具、数据挖掘（Data mining）、联机分析处理（QLAP）等工具，对数据进行分析和处理，形成有用的信息。

（4）构建基于商业智能的智能财务数字化平台。

（5）获得多维度、立体化的数据。从BI系统，按不同用户需求分类取得信息，支撑管理层决策智能化。

2. 商业智能的四个层面

（1）信息系统层面。主要涵盖业务信息系统、财务信息系统、决策分析系统等。

（2）数据分析层面。包括一系列算法、工具或模型，通过它们对获取的数据进行自动或人工参与，分析信息，得出结论。

（3）知识发现层面。将数据转为信息，并发现信息内所反映的认知、知识。

（4）战略层面。获得的认知或知识可辅助企业的战略实施，帮助企业形成新的战略方向。

（三）区块链在财务数字化中的运用

区块链技术是一种集分布式记账、共识机制、智能合约等新技术于一体的新型应用模式，以极低的成本巧妙地解决了诚信的问题。其防伪、防篡改的特性，构建出更加共享开放、更透明可信并可核查追溯的体系，可用于任何数字形式的资产认证、记录、登记、注册、存储、交易、支付、流通。区块链的核心价值在于去中心化及不可篡改，是一个巨型的账本，可以实现财务数据规范、透明、真实的终极目标，在财务管理的发展中，必将起到不可替代的作用。区块链在财务数字化运用方面的优势如下。

1. 去中心化提高数字处理能力

区块链技术去中心化的特点，以及数据交叉验证、共同监管的功能，使其无须通过中介来传递数据。企业通过区块链网络，可以开展点对点交易，免去了流转中授权的环节，提高了结算和支付的效率，有效提高资金流转和使用效率。

2. 大大降低财务管理成本

由于区块链技术的每个区块都与上一个区块相连，可以无障碍地溯源，形成完整的数据链条，保证信息无偏差。由此进行的交易，有足够的互相监控，无须银行、律师就能自动核实。其代码简单，边际成本为零。同时，还能帮助企业降低搜索成本，企业在需要时通过区块链发布相关信息，其他企业很容易找到供应商，降低选择成本。

3. 提高财务信息真实性

区块链的块间链接，头部是通过两个区块连接起来，第二个区块是第一个区块的哈希指针（含有一个“时间戳”把区块链连起来），使得企业基于业务产生的财务信息透明、规范，不可修改。以区块链搭建的财务信息系统，企业交易均在区块链技术的支持下被记录，流程清晰，结果明朗，提高了财务信息的可信度，提高了企业的诚信。

4. 实现数据到价值的转换

区块链通过数据的集合，可以把数据转换为价值。比特币是区块链最典型的运用，由于其被认可为数字资产，比特币交易就实现了价值的转移。

参考文献

[1]王宛濮,韩红蕾,杨晓霞.国际贸易与经济管理[M].北京:航空工业出版社,2019.

[2]颜廷君,顾建光.中国经济与管理(2019 第 1 辑)[M].北京:中国书籍出版社,2019.

[3]郭春荣.基于国际视阈的经济管理人才培养理论研究与实践探索[M].北京:中国时代经济出版社,2019.

[4]许志龙.企业管理的经济学分析[M].北京:海洋出版社,2019.

[5]栾世红,李森.管理经济学案例研究[M].沈阳:辽宁人民出版社,2019.

[6]易高峰,常玉苗,李双玲.数字经济与创新创业管理实务[M].北京:中国经济出版社,2019.

[7]罗进.新经济环境下企业财务管理实务研究[M].北京:中国商业出版社,2019.

[8]朱伏平,杨方燕.经济管理[M].成都:西南交通大学出版社,2018.

[9]王关义.经济管理理论与中国经济发展研究[M].北京:中央编译出版社,2018.

[10]郑长德.博弈论及其在经济管理中的应用[M].北京:中国经济出版社,2018.

[11]郭泽林.新形势下企业经济管理的创新策略[M].北京:九州出版社,2018.

[12]易高峰.数字经济与创新管理实务[M].北京:中国经济出版社,2018.

[13]刘晓莉.企业经济发展与管理创新研究[M].北京:中央民族大学出版社,2018.

[14]张霞,王爱忠,张宏博.生态经济视阈下的乡村旅游开发与管理研究[M].成都:电子科技大学出版社,2018.

[15]王喆.新经济环境下现代企业战略管理研究[M].北京:中国商业出版社,2018.
[16]张育洁,刘静茹.经济全球化背景下市场营销管理的理论与应用[M].长春:东北师范大学出版社,2018.
[17]邓金堂,胡树林.经济管理基础[M].北京:机械工业出版社,2018.
[18]李树青,曹杰,蒋伟伟.经济管理信息的检索与利用[M].北京:清华大学出版社,2018.
[19]刘军荣,任文举,廖晓莉.经济管理多视角研究[M].成都:西南财经大学出版社,2018.
[20]李涛,高军.经济管理基础[M].北京:机械工业出版社,2020.
[21]陈莉,张纪平,孟山.现代经济管理与商业模式[M].哈尔滨:哈尔滨出版社,2020.
[22]李雪莲,李虹贤.现代农村经济管理概论[M].昆明:云南大学出版社,2020.
[23]石振武,程有坤.道路经济与管理[M].武汉:华中科技大学出版社,2020.
[24]王道平.企业经济管理与会计实践创新[M].长春:吉林人民出版社,2020.
[25]李萌昕.信息时代的经济变革网络经济与管理研究[M].昆明:云南人民出版社,2020.
[26]刘守刚.财政思想与经典传承(公共经济与管理·财政学系列)[M].上海:复旦大学出版社,2020.
[27]何小燕,杨文华.新时代经济管理类大学数学教学改革与实践探究[M].长春:吉林人民出版社,2020.